AF881241

Edizioni R.E.I.

Tutti i nostri ebook possono essere letti sui seguenti dispositivi: computer, eReader, IOS, android, blackberry, windows, tablet, cellulari.

Degregori & Partners

Azioni, Obbligazioni e Titoli di Stato

ISBN 978-2-37297-2567

Edizioni R.E.I. France
www.edizionirei.webnode.com
edizionireifrance@outlook.com

Degregori & Partners

Azioni Obbligazioni e Titoli di Stato

Edizioni R.E.I. France

Indice

Definizione di Obbligazione

Le Obbligazioni (spesso chiamate con il termine inglese bonds) sono titoli a reddito fisso che vengono emessi da società e Stati come mezzo per raccogliere capitale di debito e quindi costituiscono una provvista finanziaria. Quando emette un'obbligazione, l'emittente s'impegna a:

- Restituire il capitale scritto sul titolo, valore nominale, alla scadenza del prestito.
- Effettuare una serie di pagamenti periodici, cedole, calcolati in base a un tasso d'interesse prestabilito.

Le obbligazioni sono, quindi, emesse allo scopo di reperire, direttamente tra i risparmiatori e a condizioni più vantaggiose rispetto a quelle dei prestiti bancari, capitali da investire. Tali condizioni derivano dalla possibilità che l'investitore ha di smobilizzare il proprio investimento sul mercato secondario.

- Mentre le azioni attribuiscono ai possessori un diritto al dividendo, che è subordinato alla realizzazione di utili, le obbligazioni attribuiscono un diritto di credito, ovvero, un interesse che può essere fisso o variabile, pagabile con una cedola avente periodicità trimestrale, semestrale, o annuale.

Prima dell'entrata in vigore della disciplina sulla dematerializzazione degli strumenti finanziari (soppressione della circolazione cartacea), le obbligazioni erano rappresentate fisicamente da certificati, ognuno dei quali era costituito da due componenti:

- Il mantello, contenente le informazioni relative alla società emittente, il valore del prestito, la scadenza, le date di pagamento degli interessi, è la parte più larga del titolo.
- Le cedole (quando previste), attaccate al mantello e costituite da una serie di tagliandi, identificabili singolarmente, che davano diritto, dietro presentazione all'emittente (il cosiddetto "stacco delle cedole"), alla corresponsione degli interessi.

I certificati rappresentativi delle obbligazioni avevano circolazione autonoma e potevano essere liberamente scambiati nei mercati mobiliari; attualmente, a seguito dell'attuazione della dematerializzazione degli strumenti finanziari precedentemente citata, la circolazione fisica non è più prevista e il trasferimento della proprietà dei titoli avviene unicamente attraverso scritture contabili gestite da un sistema di gestione accentrata degli strumenti finanziari.
La prima fase di vita di un'obbligazione è l'emissione che è il momento in cui l'emittente delle obbligazioni (il primo venditore) vende la sua promessa sul mercato e ottiene in cambio una somma di denaro. Questa somma rappresenta il prezzo o valore di emissione dell'obbligazione.
Dopo questo primo scambio, chiamato appunto emissione, l'obbligazione circola tra gli investitori, i quali la scambieranno determinando il prezzo al quale avviene la negoziazione.
Questo prezzo, a cui una parte è disposta a vendere e un'altra a comprare, si chiama appunto prezzo di mercato. Il comparto obbligazionario viene solitamente definito "comparto del reddito fisso", in opposizione al comparto azionario, definito "variabile", che non assicura un rendimento certo. Le azioni vengono, infatti, remunerate dagli utili che vengono realizzati e dai dividendi che le imprese decidono di distribuire, in modo "quasi" del tutto imprevedibile a priori.

- L'espressione "reddito fisso" deriva dalla struttura dei flussi di cassa che l'obbligazione permette di ottenere: i flussi, infatti, non dipendono dalla volontà del debitore/emittente, ma dai termini fissati al momento dell'emissione.

Quanto stabilito non può più essere modificato, se non con l'assenso del proprietario dell'obbligazione. L'investitore in obbligazioni sa che può far conto di ricevere quanto promesso, almeno fino a quando il debitore è in grado di far fronte ai propri impegni; si consideri che anche l'obbligazionista, seppur in misura ridotta rispetto a un azionista, corre il rischio di perdere tutto nel momento in cui il debitore risulti insolvente e questo è tanto più vero nel caso in cui si investa in obbligazioni di imprese o di debitori che si trovino in difficoltà.

Di solito, il rimborso del capitale avviene alla scadenza al valore nominale e in un'unica soluzione, mentre gli interessi sono liquidati periodicamente: trimestralmente, semestralmente o annualmente.
Le obbligazioni possono essere emesse:

- Alla pari - Nel caso di un'obbligazione emessa alla pari (at par), esiste una corrispondenza tra prezzo di emissione dell'obbligazione e valore nominale della stessa. Ad esempio, 100 euro di un par bond richiedono un investimento di 100 euro nell'obbligazione.
- Sotto la pari - Un'obbligazione emessa sotto la pari (at a discount) vede la presenza di un prezzo di emissione del titolo inferiore al valore nominale dello stesso. Il rendimento di un'obbligazione emessa sotto la pari può essere calcolato facendo la differenza tra valore nominale (il prezzo di rimborso alla scadenza del titolo) e il prezzo di emissione (ovvero il prezzo di sottoscrizione, al quale si è acquistato il titolo durante la fase di emissione). Le obbligazioni possono essere emesse sotto la pari per invogliare la sottoscrizione da parte degli investitori, in quanto aumenta il rendimento dell'obbligazione stessa. Un investitore compra per esempio 90 euro di bond (emissione al 90%) e riceve alla scadenza 100 euro. Esempi di obbligazioni sotto la pari sono costituite dalle obbligazioni zero coupon o senza cedola (come nel caso dei Buoni Ordinari del Tesoro, i BOT).
- Sopra la pari - Infine, un'obbligazione emessa sopra la pari (at a premium) prevede che il prezzo di emissione del titolo sia superiore rispetto al valore nominale o di rimborso dello stesso.

Spesso, per incentivare la sottoscrizione, l'emissione è sotto la pari: in questo caso, infatti, il fatto che il prezzo di sottoscrizione (che è quello che si paga) sia inferiore al valore nominale (che è il prezzo di rimborso a scadenza) aumenta il rendimento. Per garantire i sottoscrittori dal rischio di insolvenza dell'emittente, l'emissione di obbligazioni può essere accompagnata da garanzie. La riforma del 2003 ha previsto la possibilità di emettere obbligazioni per una somma non eccedente il doppio del capitale sociale sottoscritto, della riserva legale e delle riserve disponibili risultanti dall'ultimo bilancio approvato.

Una società, tuttavia,può emettere obbligazioni oltre il limite:

- Se le obbligazioni emesse in precedenza sono destinate a investitori professionali, i quali, in caso di trasferimento delle stesse a terzi non investitori professionali, rispondono della solvibilità della società se le obbligazioni sono garantite da ipoteca di primo grado su immobili di proprietà della società.
- Se ricorrono particolari ragioni di economia nazionale e sempre previa autorizzazione dell'autorità governativa.

Inoltre, il limite non vale per:

- S.p.a. quotate, limitatamente alle obbligazioni destinate alla negoziazione.
- Società bancarie.

La differenza fondamentale tra un'obbligazione e un'azione è che l'investimento azionario ha dei rendimenti incerti, mentre, quando un ente o una società emette un'obbligazione s'impegna formalmente a ripagarne il capitale a scadenza e gli interessi periodici. I titoli obbligazionari possono essere distinti in funzione di differenti approcci; quelli da noi presi in considerazione basano la propria analisi su tre criteri:

- La remunerazione dell'obbligazione.
- L'emittente dell'obbligazione.
- La rischiosità dell'obbligazione.

Il primo criterio, la remunerazione dell'obbligazione, considera il modo di calcolo dell'interesse. Abbiamo visto analizzando le caratteristiche generali di un'obbligazione che gli interessi possono essere corrisposti attraverso lo stacco di cedole periodiche. Tuttavia, la corresponsione di cedole non è obbligatoria e, pertanto, è possibile distinguere tra:

- Obbligazioni senza cedola (zero coupon): sono obbligazioni che non danno diritto a ricevere un interesse periodico e il rendimento è dato dalla differenza fra il prezzo rimborso e quello di acquisto
- Obbligazioni con cedola: sono obbligazioni che distribuiscono una cedola periodica il cui ammontare può

essere stabilito in misura fissa o variabile; pertanto, possiamo avere:

- Obbligazioni con cedola fissa (fixed income), in cui l'ammontare delle cedole è predeterminato e se ne conosce fin dall'emissione l'entità.
- Obbligazioni con cedola variabile (floater), in cui, generalmente, è fissata l'entità della prima cedola mentre l'entità delle successive è collegata all'andamento di un certo parametro di mercato e viene calcolata al momento della scadenza delle cedole.

Il secondo criterio di analisi si basa sull'emittente delle obbligazioni, ossia il soggetto che vende sul mercato primario i titoli per finanziarsi; si distinguono quindi:

- Obbligazioni statali (Governement Bond), meglio note come titoli di Stato, sono emesse da governi nazionali e rappresentano la fattispecie più diffusa sui mercati italiani.
- Obbligazioni di emittente pubblico, emesse da amministrazioni locali o da enti pubblici.
- Obbligazioni private (corporate bond), emesse da imprese private. Le obbligazioni corporate a loro volta si possono distinguere in subordinate, dette obbligazioni junior, e non subordinate, dette obbligazioni senior, in funzione della precedenza di liquidazione in caso di insolvenza del debitore.

Inoltre, esistono alcune particolari tipologie di obbligazioni che possono essere emesse dalle società:

- Obbligazioni con warrant, che ` incorporano un diritto d'opzione (il warrant) per l'acquisto di un certo quantitativo di azioni dell'emittente o di altra società.
- Obbligazioni convertibili in azioni, che danno diritto all'obbligazionista di convertire le obbligazioni in azioni dell'emittente secondo una certa proporzione.
- Obbligazioni strutturate, che sono titoli ottenuti combinando normali obbligazioni (obbligazioni plain vanilla) con altri strumenti finanziari, generalmente strumenti derivati. Le obbligazioni strutturate sono studiate per affrontare determinate esigenze di mercato e sono

costruite con particolari clausole che incidono sulle modalità del rimborso e sull'entità delle cedole.

Il terzo criterio di analisi si basa sulla valutazione del rischio di credito dell'emittente dei titoli, che viene effettuato da agenzie di rating specializzate, le quali fondano il loro giudizio di affidabilità dell'emittente sulla solidità economico-patrimoniale dell'azienda; si distinguono così:

- Obbligazioni investment grade, titoli emessi da società che hanno mostrato una certa capacità a rispettare i propri impegni e presentano quindi un rischio di credito basso o moderato.
- Obbligazioni speculative grade, titoli speculativi che offrono un rendimento elevato, proporzionale al rischio di credito dell'emittente.

La scadenza è la data alla quale è fissato il rimborso del valore nominale dell'obbligazione.
Esistono tre categorie di obbligazioni:

- Fino a 18 mesi: titoli a breve termine.
- Da 18 mesi a 5 anni: titoli a medio termine.
- Oltre i 5 anni: titoli a lungo termine.

Il valore del titolo risente, inoltre, dell'andamento dei tassi di interesse:

- Se i tassi crescono l'obbligazione a cedola fissa diminuisce e il variabile tende a restare stabile.
- Se i tassi diminuiscono l'obbligazione a cedola fissa acquista valore mentre il variabile resta neutro.

Le Agenzie di Rating

Per attribuire una valutazione di qualità a un titolo obbligazionario si fa solitamente riferimento al rating.

- Il rating costituisce una valutazione del rischio di credito di una società emittente obbligazioni, ovvero una valutazione della capacità dell'emittente di assolvere agli impegni di pagamento (rimborso del capitale e corresponsione delle cedole di interesse) assunti a seguito dell'emissione delle obbligazioni.

Si può far risalire l'origine del rating con il documento "History of Railroads and Canals in the United States" (Storia finanziaria delle ferrovie e dei canali degli Stati Uniti), pubblicato da Henry Varnum Poor. Durante la sua vita Poor si batté affinché le aziende fossero obbligate a rendere pubblici i propri bilanci, in particolare ai possibili investitori. Riuscì a cogliere questa possibilità il figlio Henry William, che, insieme a Luther Lee Blake, un analista finanziario, creò indici finanziari chiari e trasparenti, fino alla fondazione dell'agenzia di rating Standard & Poor's. Una storia simile riguarda un giornalista economico, John Moody, interessato alla trasparenza finanziaria delle aziende, causa, secondo lui, di un mini-crash finanziario del 1909. Già nel 1900 pubblicò il Manual of industrial securities e successivamente nel 1909 fondò Moody's.
Oggi, Standard & Poor's e Moody's sono le due maggiori agenzie di rating al mondo. Il rating viene espresso attraverso un voto in lettere in base al quale il mercato stabilisce un premio per il rischio da richiedere all'azienda per accettare quel determinato investimento. Scendendo nel rating aumenta il premio per il rischio richiesto e quindi l'emittente deve pagare uno spread maggiore rispetto al tasso risk-free.
Una prima tipologia di potenziale conflitto di interesse riguarda i soggetti che pubblicano i rating e nel contempo svolgono attività di banca di investimenti. Il rating potrebbe essere strumentalizzato nell'interesse della banca ovvero dei clienti per attività speculative in Borsa, o per l'acquisizione di asset a prezzi di realizzo. Un declassamento del rating di aziende o soggetti pubblici particolarmente indebitati, ha la conseguenza a breve termine di

provocare un rialzo degli interessi applicati ai prestiti in corso, e quindi un aumento degli oneri finanziari. Il debitore potrebbe cedere beni immobili e mobili di sua proprietà a prezzi di realizzo, per evitare un peggioramento del rating.

- Non raramente, la maggior fonte di finanziamento dei costosi studi che portano a valutare il rating, non sono le agenzie di stampa e la comunità finanziaria, ma le stesse società emittenti oggetto dell'indagine e singoli investitori con molta liquidità.

In questi casi, è evidente un conflitto d'interessi. Infatti, per avere un rating, una società, una banca o uno Stato devono rivolgere una richiesta esplicita a una delle agenzie di rating. Il servizio è a pagamento. Ottenuto l'incarico, l'agenzia inizia l'analisi della società, della banca o dello Stato. L'analista incaricato attinge da informazioni pubbliche (ad esempio, i bilanci), studia i fondamentali economici e finanziari e incontra i manager per raccogliere tutte le informazioni necessarie. Solo dopo questa analisi è possibile esprimere un voto sull'affidabilità creditizia della società che ha richiesto il rating. Terminato il lavoro dell'analista, entra in azione un comitato. Sarà, infatti, un organo collegiale - e non un singolo analista - a valutare tutto il materiale raccolto e a esprimere un giudizio sotto forma di rating. In seguito, il rating viene votato a maggioranza dal comitato, formato da esperti del settore in cui opera la società che si sta valutando. Dopo la votazione del rating, questo viene comunicato alla società, banca o Stato richiedente. Questo può appellarsi, fornendo informazioni aggiuntive e chiedendo di avere un'ulteriore analisi. Il comitato può, se lo ritiene necessario, riunirsi e deliberare di nuovo sul rating alla luce delle informazioni aggiuntive, decidendo di cambiare il voto o di mantenere quello deciso in precedenza. Una volta notificato il rating alla società che ha voluto farsi valutare, si passa alla pubblicazione.

- La società può chiedere che il rating non venga pubblicato: in tal caso resterà riservato e non di pubblico dominio. In caso di pubblicazione, invece, il rating diventa noto al mercato.

Da questo momento in poi l'agenzia di valutazione tiene sotto monitoraggio il rating, per valutare eventuali promozioni o declassamenti. Questo meccanismo espone al rischio di aggiotaggio e insider trading, ovvero all'omissione di comunicazione al mercato di informazioni in grado di abbassare il prezzo del titolo, che correttamente per la teoria economica deve incorporare nel prezzo tutte le informazioni disponibili in un dato istante. L'omissione o la ritardata diffusione non tempestiva avviene per favorire un cliente dell'agenzia di rating che può pagare per avere informazioni privilegiate oppure fornire una percentuale su guadagni ottenuti speculando a breve termine al ribasso, con la vendita del titolo a prezzi ancora remunerativi prima che la diffusione delle informazioni sulla reale situazione dell'emittente induca il crollo del corso azionario. Più che un guadagno si tratta di una mancata perdita, a meno che il prezzo di vendita non superi comunque quello di acquisto del titolo. È più probabile un ritardo nella diffusione delle informazioni critiche piuttosto che una completa omissione, che desterebbe dubbi sull'attendibilità delle fonti informative dell'agenzia, che forse non era per nulla al corrente dei fatti; cosa che dimostra falsa, con un annuncio tardivo. In alternativa, è possibile una speculazione al rialzo, ossia nel lungo termine, con l'acquisto di titoli da rivendere a prezzi più alti. L'agenzia può avere interesse a sovrastimare per lunghi periodi il rating di un titolo, per stimolare il mercato ad acquistarlo e creare una domanda artificiale che ne alza il prezzo. Il divario tra prezzo d'acquisto e di vendita, e il guadagno dello speculatore, sono maggiori se il rialzo artificioso del rating e del prezzo sono preceduti da un declassamento immotivato da reali peggioramenti della solvibilità dell'emittente.

- Il declassamento consente di acquistare titoli quando tutto il mercato vende, per attendere la vendita delle proprie posizioni al primo riapprezzamento del titolo (anche ai valori "normali" che precedevano la crisi).

Esiste poi una seconda forma, più "strutturale", di conflitto d'interessi. La realizzazione di uno studio di settore o particolareggiato su un titolo, determina un costo fisso che deve essere remunerato. Chi paga gli studi di settore finanzia quest'attività e a sua volta desidera che le informazioni in suo possesso siano redditizie; propriamente non paga solo le informazioni, ma la disponibilità di queste informazioni che devono restare riservate, al limite disponibili a chi paga altrettanto per venirne a conoscenza. Se vengono diffuse e incorporate nel prezzo, non sono più una fonte di profitto. Difficilmente poi chi paga un'informazione accetta che poco tempo dopo venga resa nota al mercato al prezzo di un quotidiano o di un'agenzia di stampa. Un modello differente prevede che gli studi siano finanziati dalla comunità finanziaria che compra un quotidiano economico a diffusione di massa e a basso costo, tale da rendere accessibile in modo tempestivo (come quotidiano) e a un largo pubblico l'informazione finanziaria. Una seconda entrata deriverebbe dalle agenzie convocate tempestivamente in conferenza stampa non appena siano acquisite informazioni price-sensitive. Tuttavia, è difficile dire quanto un modello di business così etico sia remunerativo dei costi della struttura. Quando l'informazione tempestiva è comunque obbligatoria per legge, il potere contrattuale maggiore è di chi fruisce le notizie, non di chi le produce. La società che realizza lo studio di settore non deve pubblicarle almeno per il tempo sufficiente perché il prezzo di mercato non risenta dei nuovi dati e sia possibile vendere senza perdite. Viceversa, un'informazione tempestiva al mercato è un dovere prima di tutto dell'emittente, che è il principale responsabile di un'omissione, ma anche di quanti sono a conoscenza di una situazione d'insolvenza che viene taciuta. Un secondo problema viene a crearsi quando i risultati di uno studio di settore non aggiungono nessuna informazione che possa cambiare rating e prezzo di un titolo, e semplicemente confermano la solvibilità dell'emittente e il rating attuale. Non c'è rating sottovalutato per titoli da comprare, né rating sopravvalutato per titoli da acquistare, e in definitiva informazione che qualche acquirente abbia interesse a comprare. Lo studio è comunque un costo sostenuto da remunerare. Questo rende sconvenienti accertamenti delle informazioni che costano tempo e denaro e rischiano di ripetere informazioni già dette senza produrre nulla di nuovo. L'autore dello studio può avere interesse a modificare le conclusioni dello studio in modo da rendere il prodotto una potenziale fonte di profitto, più interessante e vendibile.

La società emittente il titolo ha invece interesse a uno studio che nuovamente confermi solvibilità e rating del titolo, stabilizzandone il prezzo. Uno studio del genere rafforza l'immagine (brand) dell'emittente che è disposto a finanziare questa pubblicità. Se ha un forte potere contrattuale, può chiedere all'agenzia di ritoccare in meglio il rating del titolo. Studi di settore e valutazioni sul rating dei titoli sono pubblicati dagli analisti di borsa. Davanti al declassamento di un titolo la comunità finanziaria raramente non reagisce con un deprezzamento, privilegiando le decisioni degli analisti rispetto alle ragioni portate dall'emittente. In questo senso, si è parlato di "dittatura degli analisti", per il potere di condizionare la Borsa, riconosciuto loro dal mercato che in parte non tiene conto dei conflitti d'interesse talora esistenti, in altra parte è relativamente interessato a un rating veritiero e a un giusto prezzo dei titoli. Un declassamento o una sovrastima del rating aprono (a chi ha le giuste informazioni) occasioni di guadagno speculativo.

- Spetta alle autority nazionali il riconoscimento delle tipologie di attività nelle quali il rating rilasciato da un'agenzia ha valore "ufficiale", e può essere utilizzato secondo quanto previsto dalle leggi vigenti.

Ad esempio, l'autority nazionale indica le Agenzie di Rating (ECAI) la cui valutazione può essere usata per gli accantonamenti di capitale previsti da Basilea II. La Banca dei Regolamenti Internazionali (BIS) indica i criteri internazionali di valutazione per la Agenzie di Rating, che le banche centrali devono applicare. Il rating è uno strumento di notevole utilità per un investitore: è, infatti, lo strumento che gli consente di valutare il rischio di credito connesso all'investimento in un determinato strumento finanziario e, dunque, il rendimento a esso associato.

- Talune società non sono classificate dalle aziende di rating. Esse sono dette unrated, ma non sono necessariamente meno sicure di altre. In effetti, quanto maggiore è il rating di una società emittente titoli obbligazionari, tanto minore è il rischio per l'investitore di non vedersi remunerato il proprio credito e quindi tanto minore è il tasso di interesse pagato dall'emittente.

Il rating è legato anche all'andamento del prezzo di mercato di un titolo: se, ad esempio, una società si vede diminuire il rating (downgrade), ciò comporterà una riduzione nel prezzo di mercato; viceversa se si verifica un miglioramento nel rating (upgrade). Dalla scelta dell'emittente di un'obbligazione deriva il grado di rischio che l'investitore è disposto ad assumere. Gli Stati sono fra i debitori più sicuri, ma questo non vuol dire che tutti i titoli di Stato

sono sicuri; a volte il grado di rischio differisce notevolmente tra un Paese e l'altro.
Per confrontare il grado di rischio associato ai diversi Paesi si può utilizzare il rapporto debito/Pil: quanto più è alto tanto più il titolo sarà rischioso. I titoli italiani sono, ad esempio, considerati più rischiosi di quelli tedeschi a causa del maggiore indebitamento pubblico. Non per questo bisogna considerare un investimento in BTP rischioso. Anzi, siccome un default dello Stato italiano è molto improbabile, potrebbe essere più conveniente investire in titoli italiani che in Bund tedeschi.
Il default è l'inadempienza nel pagamento di un debito o di una rata di rimborso di un prestito. E' l'inizio di una procedura che porta all'insolvenza. Ogni emissione è comunque sottoposta a valutazione dalle società di Rating che classificano ogni prestito secondo la scala di valori interamente riportata nelle pagine successive.
Tre sono le società che a livello internazionale si occupano di assegnare il Rating:

- Standard and Poor's
- Moody's
- Fitch

Standard and Poor's

Standard and Poor's Corporation (S&P) è una società privata con base negli Stati Uniti che realizza ricerche finanziarie e analisi su titoli azionari e obbligazioni, fra le prime tre agenzie di rating (valutazione) al mondo insieme a Moody's e Fitch Ratings. È ben nota per i suoi indici di borsa: S&P 500 per gli Stati Uniti, S&P 200 per l'Australia, S&P/TSX per il Canada, S&P CNX Nifty per l'India e S&P/MIB per l'Italia. S&P non è quotata in borsa ed è posseduta dal gruppo McGraw-Hill (di cui azionista di maggioranza è Capital World Investment), che è presente invece sul listino dello Stock Exchange di New York.

- Si può far risalire l'origine delle valutazioni al documento "History of Railroads and Canals in the United States" (Storia finanziaria delle ferrovie e dei canali degli Stati Uniti), pubblicato da Henry Varnum Poor nel 1860, contenente un dettagliato resoconto delle informazioni operative e finanziarie di tutte le compagnie ferroviarie attive negli Stati Uniti.

Durante la sua vita Poor si batté affinché le aziende fossero obbligate a rendere pubblici i loro bilanci alla gente e a possibili investitori. Colse questo appello il figlio Henry William, che insieme a Luther Lee Blake, un analista finanziario, crearono indici finanziari trasparenti. Risale al 1941 la nascita dell'agenzia nella forma attuale, acquistata nel 1966 dal colosso dell'informazione finanziaria McGraw-Hill. La società classifica la capacità di credito usando una scala standardizzata di valutazione. Il totale del debito sottoposto in un centinaio di paesi al rating di S&P risulta pari a 35.000 miliardi di dollari, più del doppio del Pil degli Stati Uniti, con una percentuale di copertura del mercato delle valutazioni pari al 39%, contro il 40% di Moody's e il 16% di Fitch. Sono invece 870.000 i giudizi espressi ogni anno. Nell'azionariato compaiono in evidenza, a fine 2009, oltre all'azionista di controllo McGraw-Hill, detenuta da Capital World Investors, uno dei primi gestori indipendenti di fondi negli Usa, la società di asset management State Street Corporation; altre come la società d'investimento

BlackRock, la società finanziaria Fidelity Investments e Vanguard Group.
Figurano inoltre numerose altre banche e gruppi finanziari di proporzioni inferiori. Malgrado essa goda d'indubbia autorevolezza e consolidata considerazione internazionale, tuttavia negli ultimi anni i suoi indici e i criteri di valutazione adottati hanno destato critiche da parte di osservatori, media e studiosi. In particolare agli inizi del 2012, a proposito del downgrade aberrante dei valori attribuiti a diversi paesi dell'Unione europea relativamente al loro grado di redimibilità.
Tali giudizi sono stati considerati sospetti tenendo conto di come tutti gli investitori azionisti in S&P, come nelle altre agenzie di rating, non possano ritenersi soggetti terzi super partes, ma potrebbero essere degli interessati utilizzatori delle loro stesse valutazioni di solvibilità nell'acquisto di titoli e/od obbligazioni sul mercato finanziario. Altri casi celebri come quelli di aziende come Parmalat, Enron e Lehman Brothers, tutte dichiarate insolventi sebbene giudicate nel breve periodo affidabili da parte di S&P, hanno sollevato critiche relativamente all'attendibilità delle valutazioni emesse dall'agenzia. Standard & Poor's venne posta sotto inchiesta negli Stati Uniti nel 2011 per aver manipolato il mercato con dati falsi sui titoli tossici.

- Anche in Italia nel 2012, Standard & Poor’s è stata messa sotto inchiesta dalla magistratura per aver manipolato il mercato azionario con dati falsi. Standard & Poor's è accusata di manipolazione pluriaggravata e continuata del mercato finanziario.

Cinque persone accusate: gli analisti Eileen Zhang e Frank Gill, dipendenti dell'agenzia con sede a Londra, e Moritz Kraemer, dipendente di Francoforte, anche il responsabile dei servizi per l'Europa e l'Africa Yeann Le Pallec e l'ex presidente di Standard & Poor's, l'indiano Deven Sharma.
Nella lista degli indagati è finita anche l’amministratore delegato per l’Italia di S&P Maria Pierdicchi, con l’ipotesi di favoreggiamento degli analisti stessi. Nelle conclusioni del pubblico ministero si contesta agli imputati di aver attuato il 20 maggio, il 23 maggio e il 1° luglio del 2011, "una serie di artifici concretamente idonei a provocare una destabilizzazione dell'immagine, prestigio e affidamento creditizio dell'Italia sui

mercati finanziari". Il Pubblico Ministero e la Guardia di Finanza contestano a S&P anche l'aggravante di «aver cagionato alla Repubblica Italiana un danno patrimoniale di rilevantissima gravitá», che dovranno risarcire. Mario Draghi, Presidente della Banca centrale europea, il 24 gennaio 2011, ha detto al Pubblico Ministero della procura di Trani: Bisogna fare a meno delle agenzie di rating: sono altamente carenti e discreditate.
Il 5 febbraio 2013 gli avvocati della Casa Bianca hanno fatto causa all'agenzia di rating Standard & Poor's. Sono stati richiesti cinque miliardi di dollari di risarcimento danni, per aver gonfiato alcuni titoli immobiliari, i mutui subprime, contribuendo a determinare la crisi dei mutui subprime nel 2008.
Si distingue tra rating dell'emittente e rating di un'emissione.

- Il rating di un emittente - detto anche rating di controparte, o issue credit rating - fornisce una valutazione globale della solvibilità di un determinato soggetto.
- Il rating di un'emissione valuta la capacità dell'emittente di rimborsare il capitale e corrispondere gli interessi alla data stabilita.

Nel fornire il proprio giudizio le agenzie di rating si basano su un'analisi dettagliata della situazione finanziaria della società da valutare (financial profile), sull'analisi del settore di appartenenza della società e sul posizionamento di questa all'interno del settore (business profile), su visite presso la società ed incontri con il management. Il rating viene espresso attraverso un codice appartenente a scale che variano a seconda dell'agenzia che ha effettuato la valutazione. Ad esempio, il rating emesso da Standard & Poor's e da Moody's varia tra un valore AAA (valore massimo di affidabilità dell'emittente) e un valore D (valore minimo, attribuito a emittenti in condizione fallimentare).
Di seguito la tabella di valutazione di Standard and Poor's relativa al debito a lungo termine.

- AAA : Eccellenti capacità di onorare le obbligazioni assunte.
- AA+ : Alta qualità e rischio molto basso, ma la suscettibilità nel lungo periodo appare superiore a quello delle AAA.
- AA/AA- : Ottime capacità di onorare le obbligazioni assunte. Minime differenze rispetto al grado più alto.

- A+/A/A- : Buone capacità di rispettare gli obblighi finanziari, ma in qualche modo sono maggiormente suscettibili ai cambiamenti delle circostanze e delle condizioni economiche, rispetto agli obbligati con un rating migliore.
- BBB+/BBB/BBB- : Adeguate capacità di rispettare gli obblighi finanziari. Tuttavia, condizioni economiche avverse sono più facilmente associabili a una minore capacità di adempiere gli obblighi finanziari assunti.
- BB+/BB/BB- : Meno vulnerabili nel breve periodo rispetto a obbligati con rating inferiore. Tuttavia, il dover fronteggiare condizioni di incertezza economica, finanziaria e amministrativa potrebbe interferire con le capacità di soddisfacimento degli obblighi assunti.
- B+/B/B- : Più vulnerabili rispetto agli obbligati valutati BB, ma vi sono ancora le capacità per rispettare gli impegni finanziari. Condizioni economiche e finanziarie impreviste ridurranno probabilmente le capacità e la volontà dell'obbligato di adempiere.
- CCC+/CCC/CCC- : Attualmente vulnerabile e la solvibilità delle obbligazioni assunte dipende prevalentemente da condizioni economiche e finanziarie favorevoli.
- CC : Attualmente molto vulnerabile e la solvibilità delle obbligazioni assunte dipende prevalentemente da condizioni economiche e finanziarie favorevoli.
- C : Estremamente vulnerabile, forse in bancarotta o in ritardo nei pagamenti, che ancora vengono comunque effettuati.
- CI : Pagamento degli interessi non pervenuto.
- R : Amministrazione controllata/Liquidazione. Durante questo periodo gli obbligati potrebbero decidere di pagare soltanto una parte dei creditori.
- SD : Default selettivo. Alcune obbligazioni non sono state rimborsate.
- D : Default/Insolvenza di tutte o la maggior parte delle obbligazioni assunte.
- NR: Non valutato.

Moody's

Moody's Corporation è una società privata con sede a New York che esegue ricerche finanziarie e analisi sulle attività di imprese commerciali e statali. Per le attività che analizza, l'azienda realizza il rating che porta il suo nome: si tratta di un indice che misura la capacità di restituire i crediti ricevuti in base a una scala standardizzata e suddivisa tra debiti contratti a medio termine e a lungo termine. Moody's, insieme a Standard & Poor's, è una delle due maggiori agenzie di rating al mondo.
La sua quota di mercato (al 2006) era del 40%, contro il 39% di Standard & Poor's e il 16% di Fitch Ratings.
A. M. Best detiene una quota (2006) del 3%.
Dal 19 giugno 1998 Moody's è quotata al New York Stock Exchange e dal 4 agosto 2011 è indagata per aggiotaggio.
Del suo azionariato fa parte il magnate statunitense Warren Buffett, in posizione di azionista di controllo. Moody's è stata fondata nel 1909 da John Moody, un giornalista economico interessato alla trasparenza finanziaria delle aziende, causa secondo lui di un mini-crash finanziario del 1909. Già nel 1900 pubblicò il Manual of industrial securities e successivamente nel 1909 fondò Moody's. Primo analista finanziario, nello stesso 1909 cominciò ad assegnare valutazioni alle obbligazioni emesse dalle imprese ferroviarie degli Stati Uniti. Il primo azionista di Moody's, con una quota maggioritaria del capitale, risulta Warren Buffett, con il suo fondo Berkshire Hathaway. Successivamente, compaiono in ordine Capital World Investment (con il 12,60%), ValueAct Capital, T. Rowe, Vanguard, State Street e BlackRock. Alcuni critici hanno evidenziato come Moody's, alla pari di altre agenzie, sia remunerata dalle stesse società su cui è chiamata a esprimere giudizi di redimibilità. Inoltre, i suoi stessi azionisti principali (banche, gruppi finanziari, fondi privati), si servono dei suoi rating per acquistare prodotti finanziari sul mercato finanziario, evidenziando una situazione di conflitto di interesse.
L'agenzia Moody's è criticata per aver riconosciuto un rating di massima affidabilità (la cosiddetta tripla A) alla Banca Lehman Brothers, fino a poco tempo prima della bancarotta, malgrado l'amministratore della banca, Richard Fuld, avesse da tempo

presentato dei falsi bilanci e malgrado si sapesse che negli ultimi dieci anni aveva versato 300 mila dollari a deputati e senatori del congresso americano per corromperli. A causa dei ripetuti e clamorosi errori di valutazione, evidenti dagli anni '90 le Borse, in vari casi, hanno mostrato di ignorare il downgrade di Moody's. Insieme a Standard & Poor's, Moody's è sotto inchiesta per l'accusa di aver manipolato il mercato con dati falsi sui titoli tossici. Il magistrato indaga, per aggiotaggio e market abuse, Ross Abercromby, l'analista di Moody's che ha firmato il report diffuso il 6 maggio del 2010 a mercati aperti in cui si affermava che il sistema bancario italiano, in seguito al tracollo della Grecia, era tra quelli a rischio. La diffusione del report, che la Procura ritiene basato su «giudizi infondati e imprudenti» provocò il crollo del mercato dei titoli italiani.

- Il Pubblico Ministero e la Guardia di Finanza contestano alle agenzie di rating anche l'aggravante di «aver cagionato alla Repubblica Italiana un danno patrimoniale di rilevantissima gravità», che dovranno risarcire. La European Securities and Markets Authority (ESMA), l'autorità paneuropea di vigilanza sui mercati, il 2 Luglio 2012, ha avviato un'indagine sulle procedure seguite dalle tre principali agenzie di rating nella loro valutazione della solidità patrimoniale delle banche.

Il presidente dell'Esma, Steven Maijoor, dopo i recenti "downgrade di massa", ha sollevato il dubbio "se vi siano sufficienti risorse analitiche" presso le tre agenzie. Di seguito la tabella di valutazione di Moody's relativa al debito a lungo termine.

- Aaa : Eccellente qualità. Rischio d'insolvenza più basso.
- Aa1/Aa2/Aa3 : Alta qualità. Rischio d'insolvenza molto basso.
- A1/A2/A3 : Qualità superiore alla media. Rischio d'insolvenza basso.
- Baa1/Baa2/Baa3 : Media qualità, qualche elemento speculativo. Rischio d'insolvenza medio.
- Ba1/Ba2/Ba3 : Titoli speculativi con rischio d'insolvenza significativo.
- B1/B2/B3 : Speculativo, alto rischio d'insolvenza.
- Caa1/Caa2/Caa3 : Scarsa qualità con rischio molto alto.

- Ca : Estremamente speculativo, con la possibilità di essere sull'orlo del default. Qualche possibilità di ottenere il pagamento di interessi e capitale.
- C : La peggiore qualità, di solito in default o comunque con scarse o addirittura assenti possibilità di recuperare sia gli interessi sia il capitale investito.

Fitch

Fitch Ratings Inc./Ltd. è un'agenzia internazionale di valutazione del credito e rating con due quartier generali, a New York City e a Londra. Fitch Ratings e Fitch Solutions, così come Algorithmics, leader nelle soluzioni di Enterprise Risk Management, sono parte del Fitch Group. Il Fitch Group è una sussidiaria a maggioranza controllata dalla Fimalac, S.A., basata a Parigi. Il 24 dicembre 1913 nasce, fondata da John Knowles Fitch, Fitch Investor Services, con sede a New York.
Fin dal 1975, con la fondazione del Nationally Recognized Statistical Rating Organizations, Fitch fa parte delle tre agenzie di valutazione del credito, le altre erano Moody's e Standard & Poor, indicate dalla Securities and Exchange Commission (SEC). A queste tre, nel 2003 si aggiunse la canadese Dominion Bond Rating Service, e nel 2005 la statunitense A.M. Best.
Nel dicembre 1997, la finanziaria francese Fimalac acquisisce Fitch Investor Services e la fonde con l'agenzia di rating londinese IBCA Limited, nata nel 1978 e acquisita da Fimalac nel 1992, creando Fitch IBCA. Nell'aprile del 2000, Fitch IBCA ha acquisito la statunitense, nata nel 1932 e con sede a Chicago, Duff & Phelps Credit Rating Co., creando Fitch IBCA Duff & Phelps. Sempre nel 2000, avviene il cambio del nome da Fitch IBCA Duff & Phelps in Fitch Ratings. Nel dicembre del 2000, Fitch acquista da Thomson Financial la canadese BankWatch, fondata nel 1978. Nel 2005, avviene l'acquisizione della canadese Algorithmics, fondata nel 1989, e al successiva creazione di Fitch Group. Fimalac vende metà di Fitch Groupalla Hearst Corporation: nell'aprile del 2006 vende il 20% della società, il 2 novembre 2009 vende un altro 20%, e l'11 aprile 2012 vende un altro 10%. Benché si sia sviluppato con molte acquisizioni, Fitch rimane la più piccola delle tre grandi agenzie di rating; dagli anni '70 e fino al 2003, queste tre agenzie erano le uniche riconosciute dal Nationally Recognized Statistical Rating Organization (NRSRO) degli Stati Uniti.
La sua quota di mercato (2006) è del 16%, contro il 40% di Standard & Poor's e il 39% di Moody's; A.M. Best ha una quota (2006) del 3%. Frequentemente, Fitch viene usato come ago della bilancia, quando le altre due agenzie (Standard & Poor's e Moody's)

hanno valutazioni simili, ma non uguali. Fitch, insieme a Standard & Poor's e Moody's è sotto inchiesta per l'accusa di aver manipolato il mercato con dati falsi, in modo pluriaggravato e continuato. Gli indagati sono due dirigenti dell'agenzia che ha sede a Parigi e il legale rappresentante in Italia della società stessa. Il Pubblico Ministero e la Guardia di Finanza contestano alle agenzie di rating l'aggravante di «aver cagionato alla Repubblica Italiana un danno patrimoniale di rilevantissima gravità», che dovranno risarcire. Di seguito la tabella di valutazione di Fitch relativa al debito a lungo termine.

- AAA : Eccellenti capacità di onorare le obbligazioni assunte.
- AA+ : Alta qualità, rischio molto basso, ma la suscettibilità nel lungo periodo appare superiore a quello delle AAA.
- AA/AA- : Ottime capacità di onorare le obbligazioni assunte. Minime differenze rispetto al grado più alto.
- A+/A/A- : Buone capacità di rispettare gli obblighi finanziari, ma in qualche modo sono maggiormente suscettibili ai cambiamenti delle circostanze e delle condizioni economiche, rispetto agli obbligati con un rating migliore.
- BBB+/BBB/BBB- : Adeguate capacità di rispettare gli obblighi finanziari. Tuttavia, condizioni economiche avverse sono più facilmente associabili a una minore capacità di adempiere gli obblighi finanziari assunti.
- BB+/BB/BB- : Meno vulnerabili nel breve periodo rispetto a obbligati con rating inferiore. Tuttavia, il dover fronteggiare condizioni di incertezza economica, finanziaria e amministrativa potrebbe interferire con le capacità di soddisfacimento degli obblighi assunti.
- B+/B/B- : Più vulnerabili rispetto agli obbligati valutati BB, ma vi sono ancora le capacità per rispettare gli impegni finanziari. Condizioni economiche e finanziarie impreviste ridurranno probabilmente le capacità e la volontà dell'obbligato di adempiere.
- CCC+/CCC/CCC- : Attualmente vulnerabile e la solvibilità delle obbligazioni assunte dipende prevalentemente da condizioni economiche e finanziarie favorevoli.

- CC : Attualmente molto vulnerabile e la solvibilità delle obbligazioni assunte dipende prevalentemente da condizioni economiche e finanziarie favorevoli.
- C : Estremamente vulnerabile, forse in bancarotta o in ritardo nei pagamenti, che ancora vengono comunque effettuati.
- D : Default/Insolvenza di tutte o la maggior parte delle obbligazioni emesse.
- NR: Non valutato.

Prezzo delle obbligazioni

Il prezzo di un'obbligazione è determinato dai seguenti parametri:

- Tasso d'interesse di mercato.
- Cedola (tasso d'interesse pagato dall'emittente).
- Scadenza dell'obbligazione (maturità).
- Rischiosità.

Il Tasso d'interesse: Il corso di un titolo obbligazionario è legato all'andamento dei tassi d'interesse di mercato per la divisa di riferimento.

- A un aumento del livello dei tassi verrà matematicamente osservata una diminuzione del prezzo dell'obbligazione.
- Al contrario, qualora i tassi d'interesse scendessero, il valore di mercato dell'obbligazione salirebbe.

La spiegazione di questo fenomeno è abbastanza intuitiva: immaginiamo di acquistare oggi un'obbligazione che ci verserà, ogni anno, il 2,75% d'interesse e rating AAA. Tale obbligazione è quotata attorno alla pari (100%). Il tasso d'interesse di mercato osservato per la scadenza è di 2,75%. La nostra obbligazione ci paga dunque un livello di interesse pari a quello offertoci dal mercato.
Immaginiamo ora che il tasso d'interesse di mercato salga dello 0,25% (25 bps) e si attesti al 3% in seguito a una decisione della banca centrale; ci troveremo così a essere detentori di un attivo che ci versa il 2,75% contro un tasso di mercato del 3%, la nostra obbligazione paga dunque meno di quanto otterremmo con una semplice operazione di deposito a termine.

- Tale constatazione si traduce in una riduzione del prezzo dell'obbligazione, che andrà a valere meno sul mercato a ragione della sua inferiore remunerazione rispetto al mercato stesso.

Riassumendo: il mercato, aumentando il tasso d'interesse, offre dei flussi d'interesse superiori; in termini concreti il valore di un attivo che versa un dato livello di cedola è negativamente influenzato da un tasso d'interesse superiore.

Il tasso d'interesse è scomponibile nel tasso risk-free che è tipicamente quello dei BOT, più altre componenti che devono remunerare i rischi dello strumento finanziario: rischio di cambio se la valuta è diversa da quella desiderata dal contraente, rischio temporale legato alla durata dell'investimento, rischio di insolvenza dell'emittente.

La Cedola: La cedola è l'interesse pagato dall'obbligazione secondo modalità prefissate.
Le obbligazioni possono essere distinte in funzione delle modalità di pagamento delle cedole:

- Obbligazioni senza cedola dette anche zero coupon, ad esempio, BOT e CTZ.
- Obbligazioni con cedola fissa (dette anche a tasso fisso) che predeterminano l'importo da pagare per ogni scadenza, ad esempio, i BTP.
- Obbligazioni a tasso variabile indicizzate a predeterminati parametri, ad esempio, inflation linked bonds, CCT.

La rischiosità dei titoli suddetti è, a parità di altre condizioni, direttamente proporzionale all'importo delle cedole rispetto al prezzo, cioè più è alto il rapporto cedole/prezzo e più sono rischiosi, e alla presenza o meno di una indicizzazione, se le cedole non sono indicizzate il titolo è più rischioso.
Per capire quest'ultimo punto faremo un esempio.
Poniamo che esista un titolo emesso alle condizioni di mercato ossia che esista un titolo alla pari a 100 e con cedola annuale di 5. Il tasso d'interesse pagato è quindi pari al 5% (cedola/prezzo titolo = 5/100). Dato che sul mercato (per ogni mercato), in equilibrio, esiste un unico prezzo, il 5% è il prezzo dell'interesse sul mercato dei capitali. Se i tassi di mercato cambiassero passando al 6% il titolo precedentemente emesso "dovrà" necessariamente adeguarsi alle nuove condizioni, ovvero dovrà rendere anch'esso il 6%.
Risolvendo l'equazione:

Tasso = cedola/prezzo titolo

dove l'incognita è il prezzo del titolo avremo:

prezzo titolo = cedola/tasso = 5/6% = 83,33

Quindi il nuovo prezzo sarà 83,33.

Più in generale la ricezione di una cedola superiore (interesse superiore che ci viene pagato) implica che sul mercato l'obbligazione (titolo) che garantisce quella cedola diminuirà di valore dato che il tasso (nel nostro modello semplificato) è unico.

La Scadenza: All'aumentare della scadenza dell'obbligazione, il rimborso del capitale (credito concesso dall'acquirente all'emittente) si allontana nel tempo. Il suo valore attuale dunque diminuisce riducendo la somma ottenuta (corso a oggi inferiore). In termini concreti, aumentando la scadenza, rinunciamo per un lasso di tempo maggiore al capitale di nostra pertinenza. L'effetto di diminuzione viene parzialmente contrastato dagli eventuali flussi cedolari periodici corrisposti al possessore del titolo.

La Rischiosità: Il rendimento di un'obbligazione è direttamente proporzionale alla rischiosità dell'emittente. Un'emittente con rating basso dovrà pagare cedole maggiori per trovare investitori disposti a finanziarla rispetto a un'emittente con rating più alto.
La differenza di rendimento rispetto a un'emittente priva di rischio è detta premio per il rischio. Il prezzo di un'obbligazione è detto prezzo tel-quel e si calcola come sommatoria dei flussi finanziari attualizzati all'istante presente t = 0.
I flussi finanziari futuri FF(t) sono il rimborso del valore nominale (uguale o superiore al prezzo pagato per l'obbligazione) alla scadenza (maturity T) del titolo e le cedole intermedie che vengono staccate. Valore nominale e cedole sono note all'acquisto dell'obbligazione e ne rendono noto il prezzo; diversamente da un'azione, un'obbligazione ha un prezzo univoco in ogni istante.

$$P_{TQ} = \sum_{t=1}^{T} \left(\frac{FF(t)}{(1+r_t)^t} \right)$$

Il termine (1 + rt) ^{-t} è detto fattore di attualizzazione
Per prezzare un'obbligazione che si intende vendere prima della scadenza, è necessario calcolare la quota di cedola maturata che

spetta al venditore dall'ultimo stacco cedola sino a oggi, che andrà stornata perché l'acquirente la incasserà poi per intero.
Questa quota (chiamata anche "dietimo") è un rateo che viene stornato dal prezzo tel-quel dell'obbligazione per ottenere il corso secco. Il valore di un'obbligazione attualizzato e senza rateo maturato è detto corso secco e rappresenta il valore del capitale in quel preciso momento.
Vale che:

Corso secco = prezzo tel-quel - rateo maturato

dove:

Rateo maturato =
(Valore della cedola netta) * [(Delta t dalla data dell' ultimo distacco) / (Delta t fra il pagamento di due cedole)]

La cedola lorda, pari a una percentuale del valore nominale, è poi assoggetta all'aliquota di imposta vigente pari al 12,5% per i Titoli di Stato (sia italiani che degli altri paesi iscritti nella White List) e al 26% per le altre obbligazioni emesse da aziende o banche (aliquota salita dal 20% al 26% dal 1° luglio 2014).
Quindi una cedola lorda del 5% per un'obbligazione aziendale o bancaria corrisponde una cedola netta pari al 3,70% ossia:

5 * (1-26%) = 3,70%

Collocamento delle obbligazioni

I meccanismi di collocamento delle obbligazioni sono quelle pratiche che ogni emittente di obbligazioni ha la necessità di trovare, definite le caratteristiche dei titoli, al fine di raggiungere un accordo tra prezzo di collocamento e volumi. Ad eccezione del private placement, dove l'azienda contatta direttamente gli investitori potenziali, assistita da intermediari specializzati, stabilendo in maniera concertata caratteristiche dei titoli e quantità, il più delle volte le prassi impiegate si basano su regole ben precise.
Per i titoli di Stato, l'asta viene effettuata presso la Banca d'Italia, Amministrazione Centrale, alla presenza di un funzionario della Banca d'Italia stessa e di un funzionario del Ministero dell'Economia e delle Finanze (MEF), detto ufficiale rogante, che rappresenta il Ministro ed è responsabile della regolarità dell'asta.
Gli operatori abilitati possono inviare le proprie domande in relazione all'emissione di ciascun titolo in maniera telematica attraverso la Rete Nazionale Interbancaria. Ciascun operatore può presentare fino a un massimo di 3 domande per ogni titolo offerto, che appariranno sullo schermo di ricezione installato presso la Banca d'Italia in forma codificata, entro le ore 11.00 del giorno d'asta. Oltre tale termine, il sistema respingerà automaticamente le domande. Ciascuna domanda potrà, sempre entro il termine ultimo appena menzionato, modificare più volte la propria richiesta sovrapponendola alla precedente. L'ultima richiesta inserita verrà considerata valida ai fini del proseguimento del meccanismo d'asta.
Solo dopo le ore 11.00 il funzionario della Banca d'Italia, attraverso un'apposita "chiave informatica", decodificherà le domande permettendo poi al sistema di porre in essere procedure automatiche al fine di ordinare le richieste in ordine decrescente di prezzo o crescente di rendimento e produrre un tabulato riepilogativo.
Quest'ultimo costituisce parte integrante del verbale d'asta, che è sottoscritto dall'ufficiale rogante e dal funzionario della Banca d'Italia e riporta gli esiti dell'asta medesima e le circostanze che ne hanno caratterizzato lo svolgimento.
Viene, inoltre, diramato il comunicato stampa contenente le notizie di maggior interesse per il mercato sui risultati dell'asta.

Sono previste procedure di emergenza di recovery nel caso in cui un operatore si trovi di fronte al mancato funzionamento della propria postazione informatica ovvero in caso di malfunzionamento dell'intera rete informatica.
Per i titoli di Stato a medio-lungo termine e per i BOT a sei e dodici mesi è prevista una riapertura riservata agli Specialisti in titoli di Stato.

- L'importo massimo offerto nella riapertura dei BOT è pari al 10% dell'emissione ordinaria
- Per i titoli a medio-lungo termine è pari al 25% del quantitativo offerto nella 1ª tranche di ogni nuovo titolo e al 10% per le successive riaperture.

Il Tesoro ha esteso la riapertura fino alle ore 15.30 del giorno lavorativo successivo a quello dell'asta pubblica.
Le modalità di collocamento sono essenzialmente tre:

- Collocamento a fermo.
- Collocamento a rubinetto.
- Collocamento attraverso asta.

Collocamento a fermo

Collocamento a fermo, per obbligazioni societarie e bancarie. Nel collocamento a fermo l'emittente comunica le condizioni di prezzo e volume che ha stabilito. Gli acquirenti fanno a questo punto le loro richieste entro un lasso di tempo breve (generalmente una settimana). L'emittente che utilizza questa modalità corre il rischio derivante da un'erronea valutazione dell'appetibilità dei propri titoli, in quanto se la domanda è più alta dell'offerta si perde la possibilità di un collocamento a un prezzo superiore, mentre se la domanda è più bassa dell'offerta non si ha il collocamento completo dei titoli emessi.

Collocamento a rubinetto

Collocamento a rubinetto, per Buoni postali e certificati di deposito bancari. Nel collocamento a rubinetto l'emittente fissa il prezzo dei titoli ma non la quantità. Le richieste possono pervenire in tempi molto lunghi, con possibilità di ritoccare il prezzo stesso nella finestra temporale. Tale modalità di collocamento consente di ridurre i costi (ad esempio, in caso di eccesso di domanda, consente di aumentare la raccolta senza impatto sul costo).

Collocamento attraverso asta

Collocamento attraverso asta, utilizzata per i titoli di Stato. Il collocamento attraverso asta è la modalità standard di collocamento utilizzata in Italia per i titoli di Stato. Esso si articola in tre tipologie fondamentali:

- L'asta marginale, per i BTP e i CCT. Tale asta marginale prevede una determinazione discrezionale del prezzo di aggiudicazione e della quantità emessa. Essa prevede, infatti, che i richiedenti si aggiudichino le quantità richieste tutti allo stesso prezzo, il prezzo marginale. L'ammontare collocato viene determinato escludendo le offerte formulate a prezzi ritenuti non convenienti sulla base delle condizioni di mercato. Ciascun operatore può formulare sino a un massimo di 3 offerte, ciascuna a un prezzo diverso e per un importo non inferiore a 500.000 euro di capitale nominale e non superiore all'importo in emissione, il cui ammontare è compreso all'interno di un intervallo di emissione precedentemente annunciato. I prezzi delle diverse domande devono differenziarsi di un importo minimo di un centesimo di euro; eventuali variazioni di importo diverso vengono arrotondate per eccesso. Così come per l'asta marginale dei CTZ, anche in questo caso il prezzo marginale è il prezzo dell'ultima domanda che, una volta ordinate le diverse richieste degli operatori abilitati, rimane aggiudicataria. Qualora le offerte inserite al prezzo marginale non possano essere totalmente soddisfatte, si procede al riparto pro-quota. Il regolamento avviene 2 giorni lavorativi dopo l'asta e, quando la data di regolamento non coincide con quella di godimento del titolo, i sottoscrittori pagano al Tesoro i relativi dietimi di interesse.

- L'asta marginale per i CTZ. L'asta marginale prevede che le richieste vengano aggiudicate tutte a un medesimo prezzo, detto prezzo marginale. Come per l'asta competitiva, ciascun operatore può presentare al massimo 3 richieste differenziate nel prezzo di almeno un centesimo di punto. La richiesta minima è di 500.000 Euro, mentre l'importo massimo richiedibile è pari al quantitativo offerto dal Tesoro in asta. Il prezzo marginale viene determinato soddisfacendo le offerte, ordinate dal prezzo più alto, fino a quando la quantità domandata non è pari a quella offerta. Il prezzo dell'ultima domanda che viene soddisfatta determina poi il prezzo marginale. Per evitare che vengano immesse a sistema domande speculative viene calcolato un prezzo di esclusione, al di sotto del quale le domande di sottoscrizione non vengono nemmeno prese in considerazione. Il calcolo di tale prezzo viene determinato sottraendo 200 punti base al prezzo medio ponderato, calcolato non prendendo in considerazione le offerte presentate a prezzi superiori a un "prezzo massimo accoglibile", determinato secondo una formula predefinita. Il regolamento avviene 2 giorni lavorativi dopo l'asta e, quando la data di regolamento non coincide con quella di godimento del titolo, i sottoscrittori pagano al Tesoro i relativi dietimi di interesse.

- L'asta competitiva, per i BOT. Nel caso di asta competitiva, invece, le prime due fasi sono analoghe a quelle esposte relativamente all'asta marginale, ma in questo caso il prezzo da pagare da coloro che si sono aggiudicati i titoli è quello presentato nell'offerta.
  Le quantità residue vengono aggiudicate proporzionalmente all'offerta originaria fatta. Distribuite le varie quote ai vari prezzi si procede al calcolo della media ponderata del prezzo (PMP), valore che verrà poi applicato dagli intermediari per trattare richieste di acquisto da parte di acquirenti di quegli stessi titoli. Ogni operatore che partecipa all'asta può immettere nel sistema fino a un massimo di 3 richieste, purché differenziate nel rendimento di almeno un centesimo di punto. Non sono ovviamente ammesse richieste che non presentano indicazione del rendimento ovvero rendimento negativo o nullo. La richiesta minima che può essere immessa deve essere pari a 1,5 milioni di Euro, mentre l'importo massimo richiedibile è pari al quantitativo offerto dal Tesoro in asta. Il meccanismo di asta competitivo prevede che le richieste

vengano aggiudicate al rendimento proposto fino a esaurimento del quantitativo offerto in asta. In primo luogo, vengono soddisfatte le domande ai rendimenti più bassi e poi in ordine crescente le altre. Una volta aggiudicati i quantitativi, secondo quanto stabilito con decreto del Ministro dell'Economia e delle Finanze, ciascun intermediario deve garantire alla clientela che sottoscrive i titoli in asta, l'applicazione del prezzo medio ponderato risultante dalla stessa asta. Tale prezzo medio ponderato di sottoscrizione in asta, affinché non si scosti dai rendimenti in linea con il mercato, viene calcolato all'interno di un range compreso fra un rendimento minimo accoglibile, mai negativo, (o rendimento di salvaguardia) e un rendimento massimo accoglibile (o rendimento di esclusione) che, calcolati durante l'asta stessa in base a formule predefinite, impediscono così l'immissione di richieste speculative. La data di regolamento è posta 3 giorni lavorativi dopo quella di svolgimento dell'asta e, in genere, coincide con la data di scadenza dei titoli corrispondenti, al fine di facilitarne il reinvestimento.

Esempio di assegnazione di BOT in asta

Premesso che, come visto, ogni operatore abilitato può presentare fino a 3 richieste, si ipotizza un'asta competitiva di 7.000 milioni di Euro di Bot annuali (durata 360 giorni) a cui partecipano 4 operatori, che presentano le seguenti domande, espresse in milioni di Euro.

Operatore	Richiesta n°	Rendimento %	Quantità richiesta	Quantità cumulate
A	1	1,00	900	900
A	2	1,15	800	1 700
D	1	1,65	800	2 500
B	1	1,70	1 000	3 500
C	1	1,80	1 500	5 000
A	3	1,82	1 000	6 000
C	2	1,82	650	6 650
D	2	1,84	350	7 000
C	3	1,84	1 400	8 400
B	2	1,88	1 100	9 500
B	3	2,60	1 500	11 000
D	3	2,80	1 000	12 000
Totale richiesto			12 000	

Calcoliamo il rendimento minimo accoglibile, o rendimento di salvaguardia procedendo come di seguito:

- Nel caso di domanda totale superiore all'offerta, si determina il rendimento medio ponderato delle richieste che, ordinate a partire dal rendimento più basso, costituiscono la seconda metà dell'importo nominale in emissione; nel caso di domanda totale inferiore all'offerta, si determina il rendimento medio ponderato delle richieste che, ordinate a partire dal rendimento più basso, costituiscono la seconda metà dell'importo domandato.
- Si individua il rendimento minimo accoglibile, corrispondente al rendimento medio ponderato di cui al punto precedente decurtato di 50 punti base (1 punto

percentuale = 100 punti base). Le richieste con rendimenti inferiori al rendimento minimo accoglibile sono automaticamente escluse e il rendimento medio ponderato di aggiudicazione si determina sottraendo dalla quantità totale offerta dall'emittente una quantità pari a quella esclusa. Le richieste escluse sono, comunque, assegnate a un rendimento pari al maggiore tra il rendimento ottenuto sottraendo 10 punti base al rendimento minimo accolto nell'asta e il rendimento minimo accoglibile.

Nel caso in esame, poiché la domanda totale, 12.000 milioni di euro, è superiore all'offerta, 7.000 milioni di euro, si prendono in considerazione le richieste che, in ordine crescente di rendimento, costituiscono la seconda metà dell'importo offerto, 3.500 milioni di euro:

Rendimento %	Quantità richiesta
1,80	1 500
1,82	1 000
1,82	650
1,84	350
2a metà	3 500

Si calcola, di conseguenza, il Rendimento medio ponderato (Rmp) corrispondente, che risulta essere pari a 1,813%:

Rmp =
(1,80*1500) + (1,82*1000) + (1,82*650) + (1,84*350) / 3500 = 1,813

A tale valore si sottraggono 50 punti base (1,813% - 0,50%), ottenendo un rendimento dell'1,313%.

Quindi, due richieste dell'operatore A, formulate al rendimento dell'1% e dell'1,15% vengono escluse (per un totale di 1.700 milioni di euro), perché risultano inferiori al rendimento minimo accoglibile, pari a 1,313% e il rendimento medio ponderato di aggiudicazione dell'asta viene calcolato considerando come quantità offerta dal Tesoro 5,3 invece di 7 miliardi. Le richieste scartate sono, comunque, assegnate al rendimento pari al maggiore tra il rendimento ottenuto sottraendo 10 punti base al rendimento minimo accolto nell'asta e il rendimento minimo accoglibile.

Rendimento %	Quantità richiesta
1,65	800
1,70	1 000
1,80	1 500
1,82	200
Metà importo	3 500

Calcoliamo adesso il rendimento massimo accoglibile, o rendimento di esclusione.
Si prendono in considerazione le richieste che in ordine crescente di rendimento, coprono la prima metà dell'importo offerto (3.500) con l'esclusione delle richieste formulate all'1% e al 1,15% perché inferiori al rendimento minimo accoglibile.
Otteniamo così il rendimento medio ponderato (Rmp) corrispondente, che risulta pari a 1,738:

Rmp =
(1,65*800) + (1,70*1000) + (1,80*1500) + (1,82*200)/3500 =
1,738

A tale valore si sommano 100 punti base (1,738% + 1,00), ottenendo un rendimento del 2,738%.
Nell'esempio in oggetto rimane, quindi, esclusa dall'asta una domanda, quella di 1.000 milioni di Euro dell'operatore D, presentata a un rendimento del 2,8% e quindi superiore al rendimento massimo accoglibile.

- Trattandosi di un'asta competitiva, ogni domanda accolta viene regolata al rendimento richiesto. Il rendimento massimo che risulta aggiudicatario è 1,84%. Infatti, è in corrispondenza di tale rendimento che risulta una quantità cumulata di 7.000 milioni di Euro, corrispondente al quantitativo offerto.

Tuttavia, a tale rendimento sono state presentate due richieste per un totale di 1.750 milioni di euro, mentre se ne possono assegnare soltanto 350; pertanto le richieste in questione saranno soddisfatte in maniera proporzionale alle rispettive quantità, nella misura della percentuale di riparto così calcolata:

% di riparto =
(Q.tà assegnabile a 1,84/Q.tà richiesta a 1,84)*100 =
(350/1.750) * 100 =
20%

Quindi, al rendimento di 1,84, all'operatore D andranno, oltre alle quote assegnate a rendimenti più bassi, 70 milioni di Euro su 350 domandati, mentre all'operatore C andranno 280 milioni su 1.400 domandati.
L'operatore A che ha effettuato le richieste di 900 e di 800 milioni a un rendimento inferiore al rendimento minimo accoglibile, sarà soddisfatto a un rendimento pari al maggiore tra il rendimento ottenuto sottraendo 10 punti base al rendimento minimo accolto nell'asta e il rendimento minimo accoglibile.
Nel nostro caso il rendimento minimo accolto in asta è 1,65%; sottraendo a quest'ultimo 10 punti base si ottiene 1,55 (1,65 - 0,10). Le richieste in questione saranno, quindi, soddisfatte al rendimento minimo accoglibile precedentemente determinato in 1,313%.
Vediamo, quindi, la tabella riepilogativa delle assegnazioni:

Rendimento di aggiudicazione in %	Quantità assegnata per rendimento di aggiudicazione				
	A	B	C	D	Totale
1,563	1 700	-	-	-	1 700
1,650	-	-	-	800	800
1,700	-	1 000	-	-	1 000
1,800	-	-	1 500	-	1 500
1,820	1 000	-	650	-	1 650
1,840	-	-	280	70	350
Totale	2 700	1 000	2 430	870	7 000

Calcoliamo, infine, il rendimento medio ponderato dell'asta:

∑ (Q.tà assegnata * rendim. di aggiudicazione) / ∑ (Q.tà assegnata) =
(800*1,65)+(1000*1,70)+(1500*1,80)+(1650*1,82)+(350*1,84) / 5300 =
9.367 / 5.300 = 1,767

Tabella riassuntiva dei risultati d'asta:

Durata BOT (espressa in giorni)	360
BOT offerti (mln €)	7.000
BOT richiesti (mln €)	12.000
BOT assegnati (mln €)	7.000
Rendimento lordo medio ponderato	1,767%
Rendimento minimo accolto in asta	1,650%
Rendimento massimo	1,840%
Riparto rendimento massimo	20%
Rendimento di esclusione	2,738%
Rendimento minimo accoglibile	1,313%

Il meccanismo d'asta illustrato è il medesimo per tutte le tipologie di BOT.

Caratteristiche e tipologie delle obbligazioni

Le obbligazioni si differenziano per:

- La sequenza dei flussi di cassa (zero coupon, a cedola variabile o fissa).
- La valuta di denominazione.
- Il tasso nominale che permette di calcolare le cedole.
- Le date di godimento degli interessi: trimestrali, semestrali o annuali.
- Le modalità di rimborso: unica soluzione, secondo un piano di ammortamento, con diritto di rimborso anticipato, etc.
- La scadenza, che può essere determinata, o indeterminata (rimborsi per estrazione).

Con riferimento alla valuta di denominazione, si può distinguere tra:

- Obbligazioni nazionali, domestic bonds: vengono emesse localmente da un'emittente nazionale e sono denominate in valuta locale.
- Obbligazioni estere, foreign bonds: emesse in un mercato locale e in valuta locale da un emittente estero. Ad esempio, una società italiana che emette obbligazioni in dollari negli Stati Uniti.
- Eurobonds: obbligazioni sottoscritte da un pool di banche multinazionali e piazzate sui mercati finanziari internazionali in paesi diversi da quello della valuta di denominazione. Ad esempio, l'Italia ha emesso obbligazioni in yen (euroyen) negoziate fuori dal Giappone.

Vediamo ora di esaminare le varie tipologie di obbligazioni disponibili sul mercato; distinguiamo anzitutto le obbligazioni in:

- Obbligazioni a tasso fisso
- Obbligazioni a tasso variabile
- Obbligazioni subordinate
- Obbligazioni in valuta estera
- Obbligazioni drop lock
- Obbligazioni Bull and Bear

- Obbligazioni callable
- Obbligazioni strutturate
- Obbligazioni zero-coupon
- Obbligazioni cum-warrant

Obbligazioni a tasso fisso

Sono obbligazioni in cui si ha la remunerazione del capitale investito a un tasso di interesse fisso stabilito prima dell'emissione. La cedola in questo caso non subisce variazioni per tutta la durata del titolo. In questo caso si può assistere a una variazione del valore del titolo in quanto il prezzo di vendita può risultare maggiorato o ridotto in seguito a variazioni del tasso di mercato.

- Tale considerazione risulta molto importante in quanto nel caso si abbia un incremento dei tassi dei mercati, assisteremo a una discesa dei prezzi delle obbligazioni già in corso; ciò è dovuto a una potenziale maggiore remunerazione dei nuovi titoli e quindi a una svalutazione del titolo precedentemente acquistato a un tasso più basso.
- Allo stesso modo se il tasso di mercato scende, il titolo in corso assumerà un valore maggiore rispetto al valore nominale.

Le obbligazioni a tasso fisso forniscono una cedola fissa e predeterminata durante tutto il periodo di validità del titolo. Per fare un esempio se viene sottoscritta un'obbligazione a tasso fisso del 3% per una durata di 4 anni otterremo ogni anno un rendimento pari al 3% del costo del titolo. Se si porta a scadenza il titolo i rischi dell'investimento sono bassi, se invece si intende vendere il titolo prima della sua scadenza si può incorrere nel rischio di perderci qualcosa; infatti, con le obbligazioni a tasso fisso c'è sempre la possibilità che durante il nostro periodo di investimento il tasso d'interesse aumenti o diminuisca, quindi anche il valore dell'obbligazione ne risentirà facendole aumentare o diminuire il valore di vendita.
Generalmente le obbligazioni a tasso fisso prevedono il pagamento di cedole semestrali o annuali. Le obbligazioni a tasso fisso sono quindi i titoli da sottoscrivere se si punta a speculare sui movimenti delle variabili di mercato, come i tassi d'interesse. La scelta di un titolo a tasso fisso è obbligatoria anche se si ha l'intenzione di stabilire fin da subito il rendimento del proprio investimento. E' importante comunque ricordarsi che per scegliere il titolo giusto

bisogna sempre considerare la propensione al rischio e l'orizzonte temporale.
All'interno della categoria delle obbligazioni a tasso fisso è, tuttavia, possibile distinguere almeno due diverse tipologie di obbligazioni, che prevedono che il tasso fisso prestabilito cresca o diminuisca durante la vita del titolo; si tratta, rispettivamente, delle:

- Obbligazioni "step up", quando è prevista l'applicazione di tassi cedolari via via crescenti nel corso della durata del prestito.
- Obbligazioni "step down", quando è prevista l'applicazione di tassi cedolari via via decrescenti nel corso della durata del prestito.

Caratteristica principale di questa tipologia di obbligazioni è rappresentata da una struttura cedolare predeterminata ma comunque variabile nel tempo.
Di qui, la chiara differenza che sussiste tra tali titoli e una "tradizionale" obbligazione a tasso variabile; infatti, nel caso di obbligazioni step up e step down, la variazione della cedola è programmata ex ante e, dunque, non tiene conto in alcun modo dell'andamento di mercato, come invece avverrebbe con le tradizionali obbligazioni a tasso variabile.
Elemento caratterizzante le obbligazioni step-up e step down è rappresentato, quindi, dalla conoscenza a priori dell'entità dei flussi cedolari.
Ad esempio, possono essere emesse obbligazioni step-up sul rating; nel caso in cui l'impresa subisse un downgrade (cioè una diminuzione del proprio rating) le cedole dell'obbligazione (o il rimborso del capitale) aumenterebbero di una quantità specificata nel contratto.
Clausole di step-up e step-down possono anche essere collegate all'andamento di certe grandezze economiche che possono influenzare fortemente le attività dell'impresa (come il prezzo del petrolio per l'industria automobilistica e, in modo opposto, per quella petrolifera).
Ma per quale motivo si emettono titoli con cedole variabili e prefissate.
La risposta sta nella volontà dell'emittente di allettare la domanda, in attesa di variazioni del mercato nell'arco della durata del contratto obbligazionario.

- Infatti, se ci si attende, entro la scadenza del titolo, un aumento dei tassi di mercato, chi emette il bond potrebbe trovare conveniente offrire una cedola inferiore e in linea con le condizioni attuali del mercato all'inizio, per aumentarla successivamente, quando i tassi concorrenti tenderebbero a crescere.
- Al contrario, se ci si attende un calo dei tassi di mercato, si potrebbe inizialmente offrire una cedola più elevata e sempre in linea con le condizioni attuali, per tagliarla successivamente, restando in linea con i rendimenti degli emittenti concorrenti e omologhi per tipologia e grado di rischio.

Esempio di obbligazione step-down

Il 28/01/2018 l'emittente "X" ha emesso un prestito obbligazionario step-down di durata decennale che prevede l'applicazione dei seguenti tassi nella determinazione degli interessi periodici

- 5% annuo lordo, per i primi tre anni;
- 3% annuo lordo, per gli anni successivi

Un ipotetico investitore, che abbia comprato queste obbligazioni del valore nominale di 10.000 euro, si vedrà corrispondere per i primi tre anni 500 euro, mentre riceverà negli anni successivi, fino a scadenza, 300 euro.

Obbligazioni a tasso variabile

Le obbligazioni a tasso variabile sono costituite da titoli che, in quanto tali, posseggono cedole variabili. Sono obbligazioni che remunerano l'investimento a un tasso di rendimento che varia in base a un parametro di riferimento, che può essere di natura monetaria, finanziaria o in base all'andamento del prezzo di materie prime.

- In pratica con l'aumentare dei tassi di interesse anche la cedola emessa dal titolo aumenterà, viceversa con il diminuire dei tassi di interesse si registrerà un decremento della somma emessa dalla cedola.

Le obbligazioni a tasso variabile tendono ad avere oscillazioni dei prezzi contenute, mentre i titoli a tasso fisso subiscono movimenti dei prezzi spesso molto elevati. Il tasso di interesse variabile può essere:

- Predeterminato, nel qual caso è possibile conoscere ex-ante l'ammontare di tutte le cedole (è il caso delle obbligazioni step-up e step-down).
- Indicizzato, ove l'emittente indica unicamente le modalità di calcolo delle cedole sulla base dei valori assunti da un parametro di riferimento.

La variabilità del tasso nominale è definita:

- Pura, nel caso in cui il valore della cedola può variare liberamente.
- Limitata, nel caso in cui l'entità della cedola può variare entro un intervallo di valori definito, ex-ante, dall'emittente.

Molte obbligazioni a tasso variabile hanno un rendimento legato all'Euribor a 3 o 6 mesi, altre obbligazioni possono essere legate al Libor, mentre, ad esempio, in Italia l'obbligazione a tasso variabile più diffusa è il CCT, il cui rendimento è legato a quello dei BOT.

- Un'altra tipologia di obbligazioni a tasso variabile sono le obbligazioni inflation linked, il cui rendimento è legato all'andamento dell'inflazione.

Questa struttura fa sì che questi titoli abbiano un andamento esattamente opposto rispetto a quelli a tasso fisso al variare di tassi di interesse e inflazione.
Infatti, se i tassi salgono un'obbligazione a tasso fisso viene penalizzata, visto che gli investitori potranno comprare nuove obbligazioni a un rendimento più alto rispetto alle vecchie.
I titoli a tasso variabile, invece, guadagnano quando i tassi salgono se hanno cedole legate a parametri di mercato monetario, oppure quando sale l'inflazione se sono di tipo inflation-linked. Spesso inflazione e tassi di interesse salgono insieme.

Obbligazioni subordinate

Le Obbligazioni subordinate rappresentano quei titoli che in caso di inadempienza di pagamento da parte della società emittente verranno rimborsate per ultime, ovvero, sono obbligazioni il cui rimborso, in caso di procedura fallimentare, avverrà solo dopo aver soddisfatto tutti i creditori privilegiati e chirografari.

- In pratica sono dei titoli con un rischio più alto rispetto alle obbligazioni ordinarie.

Come al solito, a maggior rischio si contrappone una maggiore redditività, che in questo caso può essere rappresentata da un tasso di interesse aggiornato o da un rendimento più alto rispetto a delle obbligazioni ordinarie dalla stessa duration.
Il rendimento delle obbligazioni subordinate è più alto in quanto sono titoli con una più alta propensione al rischio rispetto alle altre tipologie di obbligazioni. Il rischio è maggiore proprio per il fatto che in caso di fallimento o liquidazione della società emittente le obbligazioni subordinate vengono risarcite per ultime, mentre per primi verranno risarciti i titolari di obbligazioni ordinarie e successivamente i titolari di obbligazioni subordinate, con il rischio però che la società esaurisca la liquidità prima del risarcimento stesso.

Obbligazioni in valuta estera

Le obbligazioni estere sono espresse nella valuta del Paese in cui un emittente non residente o estero emette effettivamente l'obbligazione. Questi bond si negoziano in modo simile ad altre obbligazioni nel mercato nazionale in cui vengono emessi.
Il paese più importante per quanto riguarda l'emissione di obbligazioni estere è il mercato del dollaro statunitense.
I Global bond sono obbligazioni offerte su numerosi mercati, quindi possono trovarsi sia nel mercato estero sia nel mercato Eurobond e possono essere offerte nel paese della valuta in cui l'obbligazione è denominata oppure in paesi con valute diverse da quella che ne caratterizza il valore nominale.

- Gli investitori devono considerare attentamente il rischio legato alla valuta e al tasso di cambio quando investono in obbligazioni in valuta estera, ovvero non nella valuta del paese in cui vivono. Il rischio, infatti, è che i cambiamenti nel valore della valuta utilizzata per investire e quello rispetto a un'altra valuta possa ridurre sia il valore finale del capitale che l'investitore riceve indietro sia il valore degli interessi da egli regolarmente ricevuti.

Gli investitori istituzionali si possono coprire dal rischio cambio, ma per il piccolo investitore è più difficile, sia per una questione di costi ma soprattutto di conoscenze. Chi investe deve essere, quindi, non solo consapevole del rischio, ma in grado di fronteggiarlo. Se si sceglie di investire in obbligazioni estere, gli interessi e il capitale dovranno essere "trasformati" in euro sulla base dell'andamento del tasso di cambio, e questo significa che nella sostanza possono accadere tre cose:

- Nel corso del tempo il rapporto di cambio tra l'Euro e la valuta di denominazione delle obbligazioni estere resta costante. In questo caso il rendimento in valuta coinciderà con il rendimento in Euro, poiché l'effetto cambio non presenta nessun tipo di distorsione.
- La valuta di denominazione delle obbligazioni si apprezza nei confronti dell'Euro. Questo significa che il tasso di cambio scende e rappresenta un'ulteriore fonte di guadagno.

Infatti, oltre alle cedole, si otterrà anche un guadagno in conto valutario grazie al fatto che al momento della conversione degli importi in euro il tasso di cambio è favorevole.

- La valuta di denominazione delle obbligazioni si deprezza nei confronti dell'euro. Ciò significa che il guadagno delle obbligazioni estere sarà inferiore a quello atteso, in quanto le cedole saranno elevate, ma il loro controvalore sarà inferiore a causa del cambio sfavorevole.

Simili alle obbligazioni in valuta estera sono le obbligazioni definite dual currency o "obbligazioni in doppia valuta", che hanno la caratteristica di prevedere la presenza della doppia valuta; gli interessi, infatti, sono denominati nella medesima valuta di emissione del titolo, ma il capitale può essere restituito anche con un'altra valuta con un rapporto di cambio stabilito al momento del contratto.

Obbligazioni Drop lock

Il drop lock è un'obbligazione a tasso variabile che, a fronte di un'eccessiva riduzione del tasso di interesse, si trasforma in un'obbligazione a tasso fisso sulla base di condizioni predefinite.

- Sono, quindi, obbligazioni che prevedono un'opzione di conversione da tasso variabile a tasso fisso.

Maturano degli interessi variabili ma sono dotate di una soglia minima (nella prassi, un tasso di rendimento denominato trigger-rate) al di sotto del quale il rendimento non può andare. Qualora il tasso di rendimento risulti essere inferiore al trigger-rate, l'investitore continuerà a percepire cedole pari a tale livello minimo e dunque il tasso da variabile si trasforma in fisso. Per l'emittente, la drop lock è conveniente qualora le aspettative di una forte variabilità dei tassi di interesse, unitamente alla necessità di coprire un fabbisogno di medio-lungo periodo, lo spingano a cercare strumenti di provvista che gli permettano di ridurre i propri costi finanziari con la riduzione dei rendimenti di mercato, senza per questo rendere poco interessante il titolo.

Obbligazioni Bull and Bear

I bull and bear sono dei titoli obbligazionari nati negli anni '80 in Germania e Giappone, con l'intento di inserire un elemento speculativo all'interno del mercato delle obbligazioni. Tale elemento si riferisce all'ammontare del rimborso della quota capitale da incassare al momento della scadenza del titolo.
Si tratta, in pratica, di titoli obbligazionari "a doppia tranche" cioè scomposti in due serie distinte, in genere di uguale importo, il cui valore di cambio è agganciato all'andamento di un certo indice, normalmente rappresentato dall'andamento del mercato borsistico, del prezzo di una commodity, del rapporto di cambio tra due valute o dei tassi offerti sui titoli di Stato. Il meccanismo di indicizzazione prevede un'asimmetria fra le due serie.

- La serie "bull", infatti, è indicizzata in forma diretta e viene rimborsata alla scadenza a un prezzo che tiene conto della variazione dell'indice. Se la variazione è, ad esempio, del +10%, il rimborso avviene a 110; se invece la variazione è del -5%, viene rimborsata a 95.
- Alla serie "bear", invece, viene riconosciuto un valore di rimborso inversamente correlato all'andamento dell'indice di riferimento, poiché tiene conto delle sue variazioni in maniera opposta al loro segno. In corrispondenza di una variazione dell'indice del +10% viene, infatti, rimborsata a 90, laddove con una variazione del -5% è rimborsata a 105.

Spesso il prezzo di rimborso viene contenuto, all'atto dell'emissione, all'interno di due margini, uno superiore (detto plafond) e uno inferiore (plancher), il che limita il rischio dell'investitore. La scadenza, per la natura stessa dell'operazione, è generalmente riferita al medio termine e la cedola offerta è fissa o variabile in funzione di determinati parametri, peraltro indipendenti da quello che condiziona il prezzo di rimborso del prestito. Il valore di quest'ultima può essere uguale nelle due tranches, ma può anche essere diverso nel caso sia maggiore la probabilità che il mercato esprima un andamento dell'indice al rialzo/ribasso. L'emittente non sostiene alcun rischio poiché la perdita subita dall'aumento del prezzo di rimborso della tranche bull è esattamente identica al

guadagno proveniente dalla riduzione del prezzo di rimborso della tranche bear.
Al contrario, il possessore della tranche bull sarà esposto al rischio di ribasso del parametro di indicizzazione, mentre il possessore della tranche bear sarà esposto al rischio di rialzo.

Esempio

Si consideri un prestito obbligazionario di ammontare pari a € 100.000 così suddiviso:

- Tranche Bull - Valore nominale: € 50.000
  Prezzo di rimborso: direttamente proporzionale all'incremento dell'indice S&P/Mib.
- Tranche Bear: - Valore nominale: € 50.000
  Prezzo di rimborso: inversamente proporzionale all'incremento dell'indice S&P/Mib.

Ipotizziamo che alla scadenza del prestito obbligazionario l'indice S&P/Mib ha registrato un incremento dell'8%.
L'emittente dovrà dunque rimborsare:

- Alla tranche bull: € 50.000 x (1 + 0,08) = € 54.000
- Alla tranche bear: € 50.000 x (1 - 0,08) = € 46.000
- In totale: € 54.000 + € 46.000 = € 100.000.

L'emittente non ha sopportato alcun rischio, mentre i possessori della tranche bull hanno beneficiato del rialzo dell'indice e i possessori della tranche bear hanno registrato una perdita, sul valore nominale, pari al rendimento dell'indice.
I bull and bear fanno parte della più ampia categoria dei titoli indicizzati, ma si differenziano da questi ultimi per il fatto che essi si legano all'andamento di uno o più mercati al fine di stabilire la quota del rimborso, mentre i titoli indicizzati si basano su vari indicatori economici al fine di mantenere intatto il potere d'acquisto del titolo.
Il tasso d'interesse periodico che l'obbligazione paga risulta essere, tuttavia, fisso.

Obbligazioni Callable

Titolo obbligazionario in cui l'emittente si riserva la facoltà di rimborsare in anticipo il capitale. Questa obbligazione si caratterizza per il fatto che, nel prospetto informativo, o nel regolamento di emissione, l'emittente si è riservato la facoltà di decidere, a partire da una certa data in poi, se avvalersi o meno della possibilità di rimborsare il prestito prima della sua naturale scadenza.

- Tale facoltà rappresenta una opzione call implicitamente venduta dal sottoscrittore all'emittente, avente come sottostante lo stesso titolo obbligazionario.

Vediamo perché e quando l'emittente di un titolo ha la convenienza a rimborsare un'obbligazione, ossia un debito, prima della scadenza. La risposta non è difficile da immaginare, ciò avviene, quando l'obbligazione emessa offre un rendimento maggiore rispetto a quello mediamente garantito dal mercato per condizioni contrattuali simili.

- In altri termini, un'obbligazione callable rappresenta una forma di tutela dell'emittente, rispetto ai possibili movimenti dei tassi di mercato in direzione sfavorevole.

Poniamo, ad esempio, che una società abbia emesso un bond decennale nel 2008 a un prezzo pari a 100 e cedola 6%. Ipotizziamo che nel 2015, tale obbligazione, che ha ormai una durata residua di 3 anni, mostri un prezzo di 115. Ciò significa che il rendimento di chi acquista ora quel titolo è crollato all'1%, ma chi lo detiene dalla data di emissione, continua a godere di una cedola molto più alta del valore che il mercato assegna attualmente a un bond con durata triennale.
In tale ipotesi, il soggetto emittente potrebbe trovare molto conveniente richiamare il titolo e provvedere, dove previsto dalle condizioni contrattuali, al suo rimborso anticipato, che avverrà chiaramente al valore nominale. In sostanza, l'obbligazionista subirà una perdita, o meglio, un mancato guadagno, dato che avrebbe potuto rivendere il titolo a un prezzo di gran lunga

superiore al suo valore nominale, ma dovrà accettare di vederselo rimborsato a tale prezzo.
A questo punto, l'emittente potrebbe indebitarsi ai costi più bassi di mercato, risparmiando la differenza tra la cedola staccata sulle obbligazioni emesse e i tassi vigenti sul mercato. Nel caso sopra esposto, la società Alfa potrebbero risparmiare il 5% all'anno sulle obbligazioni emesse, perché al posto di pagare una cedola del 6%, potrà limitarsi a sborsare appena l'1% alle nuove condizioni di mercato.

- Evidentemente, l'obbligazionista corre un rischio acquistando un titolo callable, il che implica che egli debba essere in un qualche modo premiato per esso. Ciò implica, quindi, che generalmente questo tipo di emissioni è caratterizzata da rendimenti più alti della media del mercato per emissioni simili per durata e grado di affidabilità dell'emittente.

Dunque, l'obbligazione callable si caratterizza per essere una forma di tutela che l'emittente richiede per i casi di calo dei tassi di mercato. Ovviamente, anche questo soggetto corre un rischio, perché dovendo premiare il rischio che si assume il risparmiatore nell'acquistare tale tipo di obbligazione, dovrà corrispondergli un rendimento iniziale più elevato di quello altrimenti vigente sul mercato. Tuttavia, se i tassi di mercato, invece che scendere, dovessero rimanere sostanzialmente stabili lungo la durata del contratto obbligazionario o se dovessero salire, l'emittente avrà sborsato sostanzialmente un costo maggiore di quello che avrebbe potuto sostenere con l'emissione di un bond ordinario. In particolare l'emittente troverà vantaggioso avvalersi di tale clausola qualora il livello del tasso di interesse di mercato risultasse inferiore al tasso nominale dell'obbligazione.
Infatti, al verificarsi di tale situazione, i possessori del titolo obbligazionario subiranno una perdita pari alla differenza tra il prezzo di mercato dell'obbligazione (superiore al valore nominale) e il prezzo di rimborso (alla pari).

- A fronte della facoltà che l'emittente si riserva, i sottoscrittori percepiscono un tasso d'interesse nominale superiore al livello corrente dei tassi di mercato. Tale differenza rappresenta, implicitamente, il premio stesso dell'opzione.

L'acquirente del callable bond in sostanza scommette sulla stabilità (o salita) dei tassi nel prossimo futuro. Se, infatti, i tassi dovessero scendere il prezzo del callable bond non crescerebbe tanto quanto quello di un normale titolo a reddito fisso di pari scadenza, poiché sul prezzo del callable incide negativamente il rischio di rimborso (e quindi di reinvestimento del capitale a tassi più bassi).

- Tuttavia, devono trascorrere almeno 18 mesi dall'emissione e il rimborso non può avvenire a un valore inferiore a quello nominale.

Il prezzo del "callable bond" non dipende tanto dal tasso swap attuale, quanto dal livello dei tassi swap impliciti nella curva dei rendimenti. Se la curva è crescente, il tasso swap implicito è crescente e viceversa in caso di curva decrescente.
La sensibilità del titolo ai tassi di interesse è analoga (ma non identica) a un qualunque titolo a tasso fisso ed è compresa tra quella di un titolo con scadenza analoga e quella di un titolo con scadenza pari alla data di richiamabilità. Diviene tanto più vicina alla seconda quanto più è la probabilità del titolo di essere richiamato; tale probabilità è tanto più alta quanto più vi è la previsione di una discesa dei tassi di interesse.

- Di segno opposto le obbligazioni putable. Esse sono simili alle precedenti con la differenza che, se nel primo caso è la società a richiedere il rimborso anticipato, in questo caso è il soggetto stesso a richiederlo.

Al contrario del precedente, il soggetto la esercita in una situazione di rialzo dei tassi di mercato in quanto risulta più conveniente, in termini di rendimento, sospendere il contratto obbligazionario e, magari, investire tali somme in strumenti finanziari presenti nel mercato che pagano di più, in termini di interessi, rispetto a quanto avveniva con il vecchio contratto obbligazionario.

- Vediamo, allora, quando conviene sottoscrivere o acquistare sul mercato secondario un'obbligazione callable.

Evidentemente, si ha la convenienza, quando si ritiene che il mercato abbia già tassi ai minimi e che entro la durata del contratto non siano destinati a scendere ulteriormente, specie nella fase temporale soggetta al rimborso anticipato. Risulta essere anche

vero, però, che in una tale prospettiva, sarebbero pochi i soggetti emittenti di obbligazioni callable, in quanto non ci sarebbe per loro una realistica convenienza a indebitarsi a costi potenzialmente maggiori di quelli di mercato per la remunerazione del rischio. Pertanto, per la legge della domanda e dell'offerta, nelle fasi di tassi di mercato relativamente bassi, anche i rendimenti delle obbligazioni callable saranno contenuti, poco più alti della media. Al contrario, quando i tassi di mercato saranno relativamente alti, troveremo rendimenti delle obbligazioni callable anch'essi abbastanza elevati per remunerare il rischio abbastanza serio di vedere in futuro richiamato il titolo dall'emittente.
Ovviamente, l'obbligazionista potrà rivendere l'obbligazione callable sul mercato secondario prima della scadenza, quando lo si riterrà opportuno. Il prezzo di vendita dipenderà dalle condizioni del mercato. In genere, si potrebbe optare per la rivendita sia nei casi in cui il prezzo di mercato risulti essere superiore a quello di emissione o acquisto, sia qualora si avvertisse il rischio, con l'avvicinarsi della finestra utile, che il bond possa essere rimborsato prima della scadenza, subendo così un mancato guadagno. Se tale rischio, tuttavia, fosse avvertito anche dal resto della platea degli investitori, la conseguenza sarebbe che la domanda si abbasserebbe e con essa anche il prezzo del bond, che tenderebbe così a riportarsi al suo valore nominale di rimborso, nel caso fosse ad esso superiore. Fino a qui abbiamo ipotizzato cedole fisse, ma nulla vieta a una società di emettere un'obbligazione callable a tasso variabile, agganciato a un indice finanziario o all'inflazione.

Obbligazioni Strutturate

Queste obbligazioni posseggono un rendimento che è strettamente legato agli indici di uno o più strumenti finanziari. Con le obbligazioni strutturate il rischio è limitato al solo rendimento del capitale e non sul capitale depositato.

- Tramite le obbligazioni strutturate è quindi possibile legare la remunerazione delle cedole all'andamento di un titolo, come ad esempio delle azioni, beneficiando dei possibili incrementi delle cedole e proteggendo il capitale se l'andamento delle azioni a cui sono legate le cedole non procede positivamente.

La possibilità offerta dalle obbligazioni strutturate, che godono della protezione del capitale in caso di andamenti sfavorevoli dei titoli a cui sono legate, in quanto il risparmiatore non mette a rischio il capitale ma solo la remunerazione dello stesso, ha un certo prezzo, prezzo che viene pagato con un minor rendimento; infatti, se paragonate ad altri titoli con rischio e durata simile, le obbligazioni strutturate risulteranno meno remunerative. Le obbligazioni strutturate presentano generalmente due componenti di reddito, una è assicurata, l'altra invece è legata agli indici della variabile finanziaria di riferimento che possono essere: tassi di mercato, azioni, indici azionari, fondi, valute.
Esistono titoli strutturati di due categorie:

Equity Linked.

Le Equity Linked sono obbligazioni a tasso fisso con un valore di rimborso che è in funzione di una variabile di mercato; sono caratterizzate da cedole più basse nei confronti dei tassi di mercato correnti, ma permettono di godere di eventuali rialzi dei prezzi azionari. Sono costituite dall'unione di un'obbligazione ordinaria e di una opzione call (su un titolo azionario) implicitamente venduta dall'emittente al sottoscrittore.

- La componente obbligazionaria garantisce il rimborso del valore nominale a scadenza più eventualmente alcune cedole nel corso della vita del titolo.
- La componente opzionale determina, invece, l'ammontare del premio che l'obbligazionista incassa a scadenza contestualmente al capitale investito.

Tale premio è calcolato in funzione di un tasso di interesse pari al massimo tra un tasso fisso stabilito nel prospetto informativo (rendimento minimo garantito), e il rendimento del titolo azionario sottostante realizzato nel periodo di vita dell'obbligazione. Spesso il rendimento minimo garantito è pari a zero, pertanto qualora l'azione sottostante subisca un ribasso nel periodo di osservazione, l'obbligazionista non percepirà alcun interesse.
In funzione del tipo di opzione associata all'obbligazione ordinaria, le equity linked si distinguono in:

- Equity linked plain vanilla, in cui il premio dipende dalla differenza, se positiva, tra il valore finale e il valore iniziale del titolo sottostante.
- Average equity linked bond, in cui il premio dipende dalla differenza, se positiva, tra il prezzo medio del titolo sottostante e il suo valore iniziale.

Il premio di una obbligazione equity linked plain vanilla è dato da:

$$P = VN \times \max\left[r; \alpha \frac{X_T - X_0}{X_0} \right]$$

dove:

- VN è il valore nominale del titolo.
- r il rendimento minimo garantito.
- α la percentuale di retrocessione, ossia la percentuale di rendimento del sottostante che viene corrisposta all'obbligazionista a titolo di interesse.
- X(T) il valore finale del sottostante.
- X(0) il valore iniziale del sottostante.

Nel caso delle average equity linked bond X(T) viene calcolato come media dei prezzi del sottostante osservati in determinati periodi nel corso della vita dell'obbligazione.

Esempio

Si consideri una obbligazione equity linked con le seguenti caratteristiche:

- Importo emesso: 100 milioni di euro suddiviso in 100.000 di obbligazioni dell'importo di 1.000 euro ciascuna.
- Godimento: 31 dicembre 2018.
- Emissione: 1 gennaio 2015.

Interessi: alla scadenza verrà corrisposto un importo a titolo di interesse calcolato in base alla seguente formula:

max [0,9 * (St -12,35)/12,35]

dove:

- S(T) rappresenta il prezzo di chiusura dell'azione ENEL il giorno di scadenza (31 dicembre 2018)
- 12,35 rappresenta il prezzo dell'azione ENEL il giorno antecedente la data di emissione
- 0,9 rappresenta la percentuale di retrocessione (90%).

Il tasso minimo garantito è pari zero, ciò significa che in caso di deprezzamento del titolo ENEL il sottoscrittore non percepirà alcun interesse.

- **Caso A**

Il giorno 31 dicembre 2018 il titolo ENEL chiude a 15,01 euro.
Il sottoscrittore riceverà un importo pari al valore nominale più il premio:

$$100 + \max\left[0{,}9\,\frac{15{,}01 - 12{,}35}{12{,}35}\right]\% = 119{,}38$$

Il rendimento dell'investimento risulta pari a 19,38%.

- **Caso B**

Il giorno 31 dicembre 2008 il titolo ENEL chiude a 12,30 euro.
Il sottoscrittore riceverà un importo pari al valore nominale, ma non riceverà alcun interesse:

$$100 + \max\left[0{,}9\,\frac{12{,}03 - 12{,}35}{12{,}35}\right]\% = 100$$

In questo secondo caso il rendimento dell'investimento sarà pari a zero.

Fixed Reverse Floater.

Le Fixed Reverse Floater sono obbligazioni a lungo termine caratterizzate da cedole fisse, le prime in genere più elevate rispetto ai tassi di mercato correnti, ma successivamente viene applicato un tasso variabile calcolato come differenza tra un tasso fisso prefissato e un parametro (in genere il tasso Libor).

- Di fatto con questi titoli il risparmiatore assume una posizione ribassista rispetto ai tassi di interesse a lungo termine: la cedola, infatti, sarà tanto più alta quanto più basso sarà il valore del Libor nel momento in cui viene calcolata. Se il Libor nel futuro invece di scendere sale, il valore della cedola potrà anche azzerarsi e il titolo si trasformerà in un semplice zero coupon.

Sono obbligazioni di medio-lungo termine (10-30 anni) a tasso fisso che incorporano però un contratto che, a partire da una certa data, ha l'effetto di mutare il tasso fisso in tasso variabile (ovvero un Interest Rate Swap).

- La prima componente conferisce al possessore il diritto di ricevere il rimborso del valore nominale a scadenza, mentre la componente derivata (swap) determina il meccanismo di variabilità delle cedole periodiche.

In forza del contratto, infatti, dalla data prefissata il sottoscrittore ha l'obbligo di corrispondere all'emittente un tasso variabile che, normalmente, coincide, o è comunque collegato, a un tasso di mercato (ad esempio il tasso Libor, cioè il tasso interbancario sul mercato di Londra). Da questo momento, la cedola effettivamente percepita consiste nella differenza fra il tasso fisso proprio del titolo e il tasso variabile che il sottoscrittore deve corrispondere all'emittente e varia, dunque, al variare di quest'ultima componente che, a sua volta, è connessa all'andamento dei tassi di mercato.
Spesso lo swap incorporato nel reverse floater è un "non par swap"; in tal caso la cedola variabile sarà pari alla differenza tra il tasso fisso e il tasso variabile moltiplicato per due. Il reverse floater può anche essere di tipo "step-up" o, più frequentemente, "step-down". In tal caso l'obbligazione corrisponde al possessore un certo numero

di cedole di ammontare predeterminato, rispettivamente crescente o decrescente, mentre da una certa data in poi subentra il meccanismo di variabilità.

Un esempio di Obbligazione Reverse Floater durata: 10 anni
Struttura cedolare:

- 1° anno: 13% (fisso)
- 2° anno: 13% (fisso)
- 3° anno: 13% - 2*Libor (variabile)
- 4° anno: 13% - 2*Libor (variabile)
- 5° anno: 13% - 2*Libor (variabile)
- 6° anno: 13% - 2*Libor (variabile)
- 7° anno: 13% - 2*Libor (variabile)
- 8° anno: 13% - 2*Libor (variabile)
- 9° anno: 13% - 2*Libor (variabile)
- 10° anno: 13% - 2*Libor (variabile)

Le obbligazioni di questo tipo vengono rese appetibili attraverso la corresponsione di un tasso fisso maggiore rispetto ai tassi di mercato; questo vantaggio, però, non è altro che il pagamento di un premio per l'assunzione di un rischio da parte del sottoscrittore. E il rischio è rappresentato dall'andamento futuro dei tassi di mercato, e in particolare di un loro innalzamento che, in virtù del meccanismo della differenza fra tasso fisso e variabile, porterebbe il sottoscrittore a percepire una cedola effettiva inferiore a quella di mercato e, al limite, a non ricevere alcuna cedola nel caso il tasso variabile sia uguale o superiore a quello fisso inizialmente stabilito. La riduzione della cedola comporta, inoltre, una diminuzione del valore in conto capitale dell'obbligazione.
Pertanto, qualora il sottoscrittore dovesse vendere il titolo prima della scadenza, oltre ai problemi connessi con la possibile scarsa liquidità o con l'assenza di un mercato secondario, riceverebbe un prezzo inferiore a quello pagato per l'acquisto dell'obbligazione e, quindi, subirebbe una perdita, talvolta notevole.

- Il rischio di una perdita in conto capitale a seguito di un andamento sfavorevole dei tassi di interesse, comunque, non è esclusivamente proprio delle reverse floater ma di tutte le obbligazioni a tasso fisso ed è particolarmente rilevante per le obbligazioni a più lunga durata.

Le cedole variabili di un reverse floater vengono calcolate in base alla seguente formula:

$$\mathbf{Ct = R - n * rt}$$

dove:

- R rappresenta il tasso fisso predeterminato
- n il moltiplicatore (può essere pari a 1 oppure 2)
- r(t) il livello del tasso di interesse variabile di riferimento (Libor o Euribor).

Di fatto, con questi titoli il risparmiatore assume una posizione ribassista rispetto ai tassi di interesse a lungo termine: la cedola, infatti, sarà tanto più alta quanto più basso sarà il valore del Libor nel momento in cui viene calcolata. Se il Libor nel futuro invece di scendere sale, il valore della cedola potrà anche azzerarsi e il titolo si trasformerà in un semplice zero coupon (un titolo senza cedola).

Il rendimento delle obbligazioni strutturate può essere soggetto a notevoli variazioni in quanto si trova strettamente correlato all'andamento di altri eventi cui l'obbligazione è collegata; a tal proposito risulta molto importante leggere il regolamento dell'emissione. Le obbligazioni strutturate si configurano così come dei titoli particolarmente complessi, il cui utilizzo è da riservare a coloro che hanno piena coscienza del loro funzionamento e dei rischi a esse correlati. Il rendimento delle obbligazioni strutturate è anche legato alla qualità della società emittente, se, ad esempio, la società rappresenta una piccola realtà economica, o si è affacciata da poco nel settore obbligazionario emetterà delle obbligazioni strutturate più rischiose e quindi maggiormente remunerative.

Obbligazioni Zero-Coupon

Le obbligazioni Zero-Coupon (o Zero-Coupon Bonds, abbreviato ZCB) sono obbligazioni senza cedola (coupon) che quindi non liquidano periodicamente gli interessi ma li corrispondono unitamente al capitale alla scadenza del titolo. La duration di uno ZCB è uguale alla sua vita residua.

- Un'obbligazione zero-coupon è quindi un'obbligazione il cui rendimento è calcolato come differenza tra la somma che il sottoscrittore riceve alla scadenza e la somma che versa al momento della sottoscrizione.

Il rendimento è pari a:

$$\mathbf{r = (SR - SV) / SV}$$

dove:

- SR = somma rimborsata al sottoscrittore.
- SV = somma versata dal sottoscrittore.

L'esempio tipico di un titolo zero-coupon è il BOT (Buono Ordinario del Tesoro). Quando le obbligazioni avevano forma cartacea, il pagamento degli interessi avveniva dietro consegna di un tagliando, staccato dall'obbligazione. Nel caso delle obbligazioni zero-coupon tale tagliando non esisteva. Di qui il termine zero-coupon. Anche se non esiste un limite alla durata di tale tipo di obbligazioni, di solito esse vengono usate quando la durata è pari o superiore all'anno. Questo perché in caso di obbligazioni di durata superiore all'anno il sottoscrittore rinuncia al periodico incasso degli interessi maturati nel periodo precedente, potendo incassare il capitale versato e gli interessi maturati (sottoforma di guadagno in conto capitale) solo alla scadenza dell'obbligazione. Gli zero coupon a 12, 18 o 24 mesi sono tipicamente emessi da emittenti statali; quelli di durata superiore, decennale o anche trentennale, sono invece prerogativa di organismi sovranazionali (ad esempio la BEI) o banche d'affari di levatura mondiale.
Il meccanismo di emissione prevede quindi che, a fronte di un valore nominale pari a 100, il sottoscrittore dell'obbligazione versi

all'emittente una somma inferiore a 100 (supponiamo, ad esempio, 97) incassando, alla scadenza, 100. In questo esempio il rendimento è quindi pari a 3/97 (3,09%) poiché il sottoscrittore ha effettivamente versato solo 97, pur trovandosi in mano un titolo dal valore di 100.
In Italia è sottoposta, al pari di altri prodotti finanziari (come i pronti contro termine) a una tassazione fiscale del 12,5% (nell'esempio: 3,09% - 12,50% = 2,70375% netto).

Obbligazioni cum warrant

Le obbligazioni cum warrant hanno uno schema contrattuale molto simile a quello delle obbligazioni convertibili, differenziandosi da queste per il fatto che l'investitore sottoscrive due strumenti:

- L'obbligazione tradizionale, che svolge il ruolo di strumento finanziario principale.
- Il warrant, che svolge il ruolo di diritto accessorio, ossia un altro strumento finanziario che ha un suo valore e soprattutto un mercato di negoziazione separato da quello dell'obbligazione.

Le obbligazioni cum warrant sono, infatti, strumenti finanziari che incorporano uno speciale diritto denominato warrant che conferisce al possessore la facoltà di acquistare o sottoscrivere delle azioni a un prezzo prefissato entro un determinato periodo di tempo. Vengono, in genere, emesse dalle società che prevedono di dover aumentare il capitale a una data futura oppure vogliono reperire nuove risorse finanziarie, utilizzando azioni proprie già in portafoglio.

- A differenza delle obbligazioni convertibili, il warrant è, in genere, staccabile dall'opzione e può essere oggetto di negoziazione separata essendo esso stesso strumento finanziario autonomo.
- Inoltre, al contrario dell'obbligazione convertibile, l'obbligazione cum warrant continua a esistere anche a seguito dell'esercizio del warrant, mentre l'obbligazione convertibile cessa di esistere all'atto della conversione.

Il warrant, che ha contenuto opzionale, consente all'investitore di sottoscrivere titoli azionari dell'impresa emittente attraverso modalità prestabilite. Ciò dà luogo non a una conversione di titoli obbligazionari in azioni, ma piuttosto origina un investimento aggiuntivo in azioni da parte di un possessore di obbligazioni. Il warrant è autonomo dal titolo principale e può essere alienato e trattato separatamente da esso, presentando scadenze diverse dal titolo principale. In Italia i warrant hanno durate medie intorno ai 4-5 anni e danno diritto all'acquisto di azioni ordinarie (dette di

compendio) della società emittente le obbligazioni (esercizio diretto). Sul warrant sono specificati i prezzi di sottoscrizione delle azioni (prezzo di esercizio) e la quantità sottoscrivibile (rapporto di esercizio).
Per via della scorporazione dell'obbligazione dal warrant, possono coesistere diverse figure di investitore:

- Il possessore del titolo completo, ossia l'obbligazione con il relativo warrant, che ha la facoltà di incassare le cedole previste oltre alla possibilità di esercitare il warrant stesso.
- Il possessore del solo warrant, che viene utilizzato per sottoscrivere le azioni mentre viene effettuata la vendita delle obbligazioni.
- Il possessore delle sole obbligazione che ha deciso di vendere il warrant.

In relazione alla natura delle azioni di compendio, si distingue il tipo di facoltà connesso all'esercizio del warrant:

- Si ha la facoltà di acquisto quando le azioni di compendio sono già in circolazione.
- Si ha, invece, la facoltà di sottoscrizione quando le azioni di compendio sono di nuova emissione.

Le obbligazioni cum warrant differiscono dalle obbligazioni convertibili anche nella modalità di esercizio. Infatti, per le obbligazioni cum warrant, al momento dell'esercizio del warrant, viene richiesto un esborso di denaro ulteriore, che va ad aggiungersi all'investimento iniziale. Nel caso delle obbligazioni convertibili, invece, non vi è alcun nuovo esborso. Quali possono essere, allora, i vantaggi di acquistare un'obbligazione cum warrant?
Il vantaggio principale è che l'obbligazione cum warrant è un'obbligazione ordinaria e, quindi, può essere emessa sotto la pari. In più, le obbligazioni cum warrant non devono essere sottoscritte, in prima emissione, dagli azionisti della società emittenti le azioni di compendio.
Analogamente alle obbligazioni convertibili, le obbligazioni cum warrant possono essere emesse:

- Con metodo diretto, qualora l'emittente delle azioni di compendio coincida con l'emittente delle obbligazioni.
- Con metodo indiretto, qualora le azioni di compendio siano di una società diversa.

I Rischi

Le obbligazioni, come ogni attività finanziaria, comportano dei rischi; è bene subito affermare che sicurezza e redditività sono di norma concetti opposti: interessi elevati sono la contropartita di rischi altrettanto elevati.
I rischi tipici sono:

- Rischio di interesse - il rischio di interesse riguarda la possibilità che il prezzo del titolo diminuisca a seguito di variazioni dei tassi di interesse. I titoli a tasso fisso, e soprattutto quelli a lunga scadenza, sono maggiormente esposti a questo rischio rispetto ai titoli a tasso variabile. Infatti, se variano i tassi di interesse:
    - I titoli a tasso fisso non possono modificare le cedole e, quindi, per adeguare il loro rendimento ai nuovi livelli dei tassi, si modifica il prezzo.
    - I titoli a tasso variabile adeguano le cedole al nuovo livello dei tassi, per cui il prezzo si modifica solo limitatamente (tale modifica dipende dalla velocità e dall'ampiezza con cui avviene l'adeguamento delle cedole).

- Rischio di credito - il rischio di credito (o rischio emittente), è legato alla possibilità che l'emittente sia inadempiente, in tutto o in parte, nel pagamento degli interessi e/o del capitale. Sotto questo profilo, esistono titoli di diversa rischiosità, poiché non tutti gli Emittenti hanno la stessa affidabilità. Ad esempio, uno Stato è generalmente più affidabile di una impresa privata e, infatti, il fallimento di uno Stato, anche se possibile, è meno probabile di quello di un'impresa. Lo stesso vale anche per lo stesso emittente, non tutte le obbligazioni hanno il medesimo rischio. Esistono, infatti, le obbligazioni subordinate, per le quali il pagamento delle cedole e il rimborso del capitale, in caso di particolari difficoltà finanziarie dell'emittente, dipendono dalla soddisfazione degli altri creditori non subordinati (o subordinati di livello inferiore, perché possono esistere vari livelli di subordinazione, ai quali corrispondono diversi livelli di rischio). La presenza di livelli diversi di merito creditizio spiega perché non tutte le obbligazioni offrono lo stesso rendimento, anche se uguali per scadenza e per tipologia. Il rendimento, infatti, cresce al ridursi dell'affidabilità dell'emittente, ed è per questo che esistono le agenzie di rating, che misurano l'affidabilità di un emittente assegnando un rating che individua il relativo rischio di credito.

- Rischio di liquidità - il rischio di liquidità si riferisce alla difficoltà di vendere rapidamente ed economicamente (cioè senza perdite in termini di prezzo) le proprie obbligazioni prima della scadenza. A questo riguardo, i titoli non quotati sono sicuramente meno liquidi di quelli quotati.

- Rischio di cambio - il rischio di cambio si corre se si investe in titoli denominati in valuta diversa da quella domestica ed è legato alla variabilità del rapporto di cambio tra le due valute.

Duration e Volatilità

La duration è l'indicatore utilizzato più frequentemente per misurare il rischio di un investimento in obbligazioni.

- La duration raggruppa in un'unica cifra il rendimento di un'obbligazione, la cedola, la scadenza finale e le caratteristiche di rimborso, è espressa in anni, e indica la sensibilità del prezzo di un'obbligazione o di un portafoglio rispetto alle variazioni nei tassi di interesse.

La duration è un indicatore della durata finanziaria del titolo, ovvero la vita residua del titolo ponderata con il flusso di cedole che il titolo pagherà in futuro. Il suo valore, espresso in anni e giorni, è compreso tra 0 e la vita residua del titolo. Nel momento in cui l'investitore decide se acquistare o meno un titolo valuta un fattore fondamentale: il rischio. Nel mercato obbligazionario il rischio è la volatilità del prezzo del titolo. Questa dipende essenzialmente:

- Dalla durata del titolo: maggiore durata - maggiore volatilità.
- Dall'entità della cedola: maggiore cedola - minore volatilità.
- Dalla frequenza delle cedole: maggiore frequenza - minore volatilità.

Nella scelta del titolo sul quale investire, quindi, è necessario prendere in considerazione tutte le caratteristiche sopra menzionate. La duration è tanto maggiore quanto più lontana è la scadenza del titolo e, a parità di scadenza, quanto minori sono le cedole.

- Nel caso di un titolo zero coupon, che non distribuisce cedole, la duration coincide con la scadenza.

La duration, inoltre, è correlata negativamente anche con la frequenza delle cedole e con il tasso di rendimento. La duration misura un aspetto significativo per l'investitore: la sensibilità del prezzo di un titolo a reddito fisso rispetto alle variazioni del tasso di interesse di mercato. All'aumentare del tasso il valore del titolo diminuisce. Supponiamo ad esempio che l'investitore acquisti un

titolo decennale che garantisce un rendimento pari al tasso d'interesse del mercato che, al momento dell'acquisto, è del 5%.
Se immaginiamo che dopo 5 anni (cioè quando mancano 5 anni alla scadenza del titolo) l'investitore decida di vendere il titolo e che nel frattempo il tasso d'interesse di mercato sia salito al 10%, l'appetibilità del titolo (e quindi il suo valore) è diminuita rispetto a 5 anni prima in quanto il mercato offre mediamente rendimenti più elevati sui titoli di nuova emissione.

- Tanto maggiore è la duration tanto maggiore sarà la diminuzione che il prezzo del titolo subirà in corrispondenza di un aumento dei tassi.

La relazione tra prezzo e rendimento è stata formalizzata in cinque teoremi da Malkiel nei quali si riassumono le regole base per la gestione di un portafoglio obbligazionario:

- Prezzo e rendimento sono collegati da una relazione inversa: se i tassi salgono il prezzo scende e viceversa.
- Per una data variazione del tasso di rendimento, la variazione del prezzo è tanto maggiore quanto più è lontana la scadenza del titolo.
- La percentuale di variazione del prezzo, descritta nel teorema precedente, aumenta a tassi decrescenti con l'aumentare della durata.
- Le variazioni di prezzo che il titolo subisce per date variazioni dei tassi, in aumento o in diminuzione, sono asimmetriche: le cadute di prezzo e gli aumenti di prezzo sono differenti seppur provocati da una uguale variazione percentuale, in valore assoluto, del tasso di rendimento.
- Per una data variazione del tasso di rendimento, la variazione percentuale che il prezzo del titolo subisce è tanto maggiore quanto più è piccola la cedola.

Da quanto detto si possono ricavare queste semplici regole operative per la gestione del portafoglio obbligazionario:

- Aspettative di ribasso dei tassi = acquistare titoli lunghi con cedola piccola ossia titoli con duration elevata.
- Aspettative di rialzo dei tassi = acquistare titoli corti con cedola grande ossia titoli con duration bassa.

La duration è definita in senso matematico come la somma delle durate di ciascun flusso del titolo ponderata per il valore attuale degli incassi divisi per il prezzo:

$$D = \sum_t (t) Wt$$

dove:

$$Wt = FCt * ((1 + r) \wedge -t / P)$$

dove:

- t = durata di ciascun flusso di cassa
- FC = flusso di cassa
- r = tasso di rendimento a scadenza
- P = prezzo

Avremo quindi:

$$D = \sum_t (t) FC_t \frac{(1+r)^{-t}}{P}$$

Esempio

Consideriamo un titolo Alfa con:
Durata: 2 anni
Cedola: 5%
Frequenza cedole: annuale
Prezzo: 101
r = 4,47%

Scomponiamo il titolo con due cedole in due parti, sostanzialmente in due zero coupon, e calcoliamo il valore attuale di ciascuna di queste due parti:

ZC(1):

- Durata: 1 anno
- FC a scadenza: 5
- VA(FC) = 5 * (1 + 0,0447) ^ -1 = 4,79

ZC(2):

- Durata: 2 anni
- FC a scadenza: 105
- VA(FC) = 105 * (1 + 0,0447) ^ -2 = 96,21

Ora sommiamo i valori attuali VA(FC) ponderandoli per le loro rispettive durate (1 e 2 anni) e dividiamo per il prezzo:

D = [(4,79* 1) + (96,21 * 2) / 101] = 1,95

La Duration è espressa in anni e decimali di anno, quindi, 1,95 corrisponde a 1 anno e 347 giorni.

Abbiamo visto che la duration è direttamente proporzionale alla scadenza di un titolo; esiste, però, un altro indice direttamente proporzionale alla durata di un titolo: **la volatilità**.
La volatilità, o duration modificata, si ottiene semplicemente come rapporto fra la duration e (1 + TRES):

V = D / (1 + TRES)

dove:

- TRES = Tasso di rendimento effettivo a scadenza = prezzo/valore attuale dei flussi di pagamento.

Si consideri, ad esempio, un titolo con prezzo pari a 100 e TRES pari al 5%, con una duration modificata pari a 5.
Se il TRES chiesto dal mercato salisse dal 5% al 5,5%, il prezzo del titolo scenderebbe a:

97,5 (ΔP = -2,5)

La volatilità misura l'elasticità del valore di un titolo rispetto al suo rendimento; è principalmente una misura del rischio-prezzo del titolo stesso.

- Un titolo molto volatile è quindi esposto a forti fluttuazioni di valore a fronte di variazioni, magari anche limitate, dei tassi di mercato. Di conseguenza, tanto minori sono duration e volatilità di un titolo (a parità di tutte le altre condizioni) tanto maggiore è la sua appetibilità.

La duration modificata è utilizzata principalmente per misurare la variazione del prezzo del titolo al variare del tasso; infatti:

$$\Delta P = - V \times P \times \Delta TRES / 100$$

dove:

- ΔP = variazione di prezzo indotta.
- V = duration modificata.
- $\Delta TRES$ = variazione del tasso di rendimento.

Si consideri, ad esempio, un titolo con prezzo pari a 100 e TRES pari al 5%, che ha una volatilità pari a 5.
Se il TRES chiesto dal mercato salisse dal 5% al 5,5%, il prezzo del titolo scenderebbe a 97,5.
Infatti:

$$\Delta P = - 5 \times 100 \times 0{,}5/100 = - 2{,}5$$

Il Rendimento delle obbligazioni

Esistono diversi metodi per calcolare il rendimento di un'obbligazione. Ognuno di questi considera alcuni elementi tralasciandone altri. L'obiettivo è quello di stimare la misura dell'utile annuale di un investimento in termini percentuali.
Il rendimento di un titolo obbligazionario deriva dalla somma di tre componenti:

- L'incasso periodico delle cedole.
- L'incasso degli interessi relativi alle cedole incassate e reinvestite.
- Il rimborso del capitale se tenuto fino alla scadenza (o la variazione in conto capitale se il titolo è venduto prima della scadenza).

Un'altra variabile da tenere in considerazione è il tempo.
Di seguito sono proposti tre diversi indicatori di rendimento per un investimento in obbligazioni:

- Il Rendimento nominale.
- Il Rendimento immediato.
- Il Rendimento effettivo a scadenza.

Il Tasso d'interesse nominale TIN

Il Tasso d'interesse nominale TIN, altresì chiamato Rendimento nominale RN, è il metodo più semplice, ed è sempre indicato tra le caratteristiche fondamentali di un'obbligazione.
Il TIN di un titolo a reddito fisso con cedole è calcolato rapportando il valore della cedola a quello nominale del titolo. Si ha dunque:

$$\mathbf{TIN = RN = (C / VN) \times 100}$$

dove:

- C = Cedola
- VN = Valore Nominale

E' un indicatore limitato e incompleto perché non considera:

- L'entità del capitale investito.
- La distribuzione temporale e la frequenza delle cedole.
- La vita residua del titolo.

Il Tasso di rendimento immediato TRI

Il Tasso di rendimento immediato TRI, altresì chiamato Rendimento Immediato RI, ha il pregio di essere molto semplice da calcolare, ma trascura la variazione di prezzo dell'obbligazione:

TRI = RI = C / P

dove:

- C = Cedola
- P = Prezzo del Titolo

Anche questo indicatore presenta dei limiti perché non tiene conto:

- Di eventuali guadagni/perdite in conto capitale.
- Della distribuzione temporale e della frequenza delle cedole.
- Della vita residua del titolo.

Immaginiamo di avere un'obbligazione a tasso fisso con pagamento semestrale della cedola.

- Data di acquisto: 1/1/2005
- Cedola semestrale: 6%
- Prezzo di acquisto: 9 euro
- Valore nominale: 10 euro
- N = numero di cedole in un anno = 2.

TRI semestrale = (0,6/9) x 100 = 6,7%

Il TRI espresso su base annua è pari a:

(1 + cedola/corso secco) ^ (n) – 1 =
= (1 + 0,6/9) ^ (2) – 1 = 13,78%

Il Tasso di rendimento effettivo a scadenza TRES

Il Tasso di rendimento effettivo a scadenza TRES è l'indicatore più completo per la valutazione di un titolo obbligazionario perché consente di confrontare investimenti obbligazionari con caratteristiche e scadenze diverse:

TRES = Prezzo / Valore Attuale dei Flussi di Pagamento

Il tasso di rendimento effettivo (TRES) rappresenta una sintesi dei flussi di cassa prodotti da un'attività finanziaria in un determinato periodo. Il TRES offre un valore di redditività attesa significativo in quanto considera tutte le componenti di reddito rappresentate da:

- Le cedole incassate nel periodo di vita residua del titolo.
- Gli interessi maturati dal reinvestimento delle cedole.
- La differenza tra il valore di rimborso del titolo e il prezzo di acquisto.

In matematica finanziaria esso viene chiamato tasso interno di rendimento (TIR o in inglese IRR - Internal Rate of Return) ed è pari al tasso che rende il valore attuale dei flussi di cassa generati da un'attività finanziaria uguale al suo valore corrente.
In formula:

P = Σnt=1 CFt / (1 + TRES)^t

dove:

- P = valore corrente dell'attività finanziaria
- CFt = flusso di cassa relativo al tempo t-esimo
- n = numero di periodi considerati
- t = il periodo t-esimo
- TRES = tasso di rendimento effettivo a scadenza.

Esempio

Viene acquistato un titolo a tasso fisso con un prezzo tel quel di 98,50 con una cedola annuale del 5% e con durata dura 4 anni. Quale sarà il suo TRES?
Pagando 98,50 oggi, nei prossimi 4 anni otterremo 4 cedole annuali del 5% e il rimborso del capitale 100 a scadenza. Mettiamo ora a raffronto il prezzo di 98,50 con il valore attuale dei flussi cedolari e del capitale a scadenza; utilizzando le formule di capitalizzazione composta avremo:

$$\mathbf{98{,}50 = 5/(1+i) + 5/(1+i)^2 + 5/(1+i)^3 + 105/(1+i)^4}$$

(al 4° anno si ha anche la restituzione di 100 di capitale).
Quindi il tasso di rendimento effettivo a scadenza è quel tasso che, inserito nella formula al posto di i, fa sì che 98,50 sia effettivamente uguale al valore attuale dei flussi futuri.
Nell'esempio proposto il TRES risulta del 5,425% circa, che è maggiore del 5% cedolare in quanto il titolo viene acquistato sotto la pari.

- Il TRES indica il rendimento che l'investitore conseguirebbe se incassasse tutti i flussi di cassa previsti dal piano di ammortamento del prestito obbligazionario e li reinvestisse immediatamente e interamente al medesimo tasso.

È facile e intuitivo vedere come la relazione esistente tra il rendimento (TRES) dell'obbligazione e il suo valore sia una relazione inversa in cui, a un aumento del valore corrisponde una riduzione del rendimento e viceversa. Le ragioni per cui il rendimento richiesto (il rendimento appropriato per attualizzare i flussi cassa attesi) varia possono essere ricondotte a variazioni nei rendimenti dell'attività priva di rischio o a variazioni nella qualità creditizia dell'emittente. Si può sintetizzare come segue la relazione prezzo-rendimento:

- Se RN < TRES allora P < VN e l'obbligazione quota sotto la pari.
- Se RN > TRES allora P > VN e l'obbligazione quota sopra la pari.
- Se RN = TRES allora P = VN e l'obbligazione quota alla pari.

Pregi:

- Considera tutti i flussi di pertinenza del titolo.
- Tiene conto della scadenza di ogni flusso.
- Tiene in considerazione il prezzo di acquisto.
- Evidenzia la logica utilizzata dal mercato per prezzare il titolo.
- E' riportato dalla stampa specializzata.

Limiti:

- Ipotizza un tasso di reinvestimento delle cedole costante e pari al TRES.
- Ipotizza la detenzione fino a scadenza.
- In termini operativi, il calcolo risulta tutt'altro che agevole.

Calcolo del rendimento

Abbiamo appena visto che il procedimento per calcolare il rendimento delle obbligazioni è piuttosto complesso.

In questa sede suggeriamo una formula semplice, ma che approssima in modo accettabile il risultato finale.

Gli elementi da tenere in considerazione sono il prezzo di emissione, quello di acquisto, le cedole, il valore di rimborso, le commissioni di acquisto e il carico fiscale.

La formula semplificata è la seguente:

$$r = (CN + KN / n) / PP \times 100$$

dove:

- r = rendimento.
- CN = Cedola annuale netta, cioè diminuita della ritenuta del 12,5%.
- PP = prezzo pagato, cioè il prezzo d'acquisto maggiorato delle commissioni.
- KN = guadagno/perdita in conto capitale (differenza tra valore di rimborso e prezzo di acquisto) al netto del carico fiscale e della ritenuta, pari al 12,5%, sul disaggio di emissione (differenza tra valore di rimborso e prezzo di emissione).
- N = numero di anni alla scadenza.

Esempio

Consideriamo un'obbligazione con:

- Cedola annuale pari al 5%
- Emessa a 98
- Acquistata il 16/02/2001
- A un prezzo di 96.
- Alla data di scadenza ,il 15/08/2005, rimborso a 100.

Per calcolare la cedola netta dobbiamo tenere conto dell'imposta pari al 12,5%:

$$CN = 5 \times (1 - 0{,}125) = 4{,}38$$

Al prezzo d'acquisto vanno aggiunte le commissioni che la banca applica al momento dell'acquisto. Queste sono libere e noi le poniamo forfettariamente all'1%.
Perciò:

$$PP = 96 + 1 = 97$$

Inoltre, il carico fiscale va a incidere anche sul valore di rimborso. Sulla differenza tra il valore di rimborso e il prezzo di emissione va, infatti, applicata la ritenuta del 12,5%.
Per cui il titolo non sarà rimborsato a 100, bensì a:

$$100 - ((100 - 98) \times 0{,}125)) = 99{,}75$$

A questo punto il guadagno in conto capitale (capital gain) netto si calcola applicando l'imposta del 12,5% sulla differenza tra il valore di rimborso netto e il prezzo di acquisto.
Per cui:

$$KN = (99{,}75 - 96) \times (1- 0{,}125) = 3{,}28$$

Il numero n di anni alla scadenza si ottiene semplicemente dividendo il totale dei giorni che mancano a scadenza per 365 (numero di giorni in un anno).
In questo caso:

$$n = 1641:365 = 4{,}5$$

Applicando la formula si ottiene, quindi:

$$(4{,}38 + (3{,}28 / 4{,}5)) / 97 = 0{,}0526 \times 100 = 5{,}26\%$$

La Curva dei rendimenti

La scadenza di un titolo obbligazionario è rappresentata dalla vita residua, cioè dal periodo di tempo che rimane prima del rimborso del capitale da parte dell'emittente.
La struttura dei tassi d'interesse secondo la scadenza quindi, non è che una funzione che lega il tasso d'interesse ottenibile da un certo strumento finanziario alla scadenza dello strumento stesso. A questo scopo vengono generalmente utilizzati titoli del debito pubblico, poiché essendo privi di rischio d'insolvenza possono evidenziare essenzialmente la relazione esistente tra i rendimenti a diverse scadenze. Inoltre è frequente l'utilizzo di tassi d'interesse interbancari per comporre curve dei rendimenti di breve periodo, generalmente fino a 12 mesi.

- La curva dei rendimenti presenta in genere un'inclinazione positiva (normal) che sta a indicare un graduale aumento dei tassi d'interesse con il prolungamento della scadenza, fino a un progressivo appiattimento per durate molto lunghe; se però l'inclinazione positiva della curva è eccessiva, questo rappresenta aspettative di rialzo dei tassi (expectation of an increase in rates).
- Al contrario un'inclinazione negativa riflette l'inusuale situazione di maggiori tassi a breve rispetto ai tassi a lungo; questo può presagire un futuro calo del livello dei tassi d'interesse (expectation of a reduction in rates).

Il classico grafico che si prende in esame è la cosiddetta "curva dei rendimenti".
La sua costruzione presuppone l'approntamento di un sistema di assi cartesiani, in cui vengono riportati in ordinate il rendimento dei titoli e in ascisse la loro data di scadenza (o il numero di anni mancanti al rimborso). La configurazione di tale curva è diversa nel tempo, ma gli andamenti tipici sono tre: ascendente, discendente, piatto.

- Il primo caso, curva ascendente, corrisponde alle condizioni di mercato in cui i tassi d'interesse a breve termine sono più bassi di quelli a lungo termine e si ricollega, in genere, al fatto che i rendimenti più alti compensano gli investitori dei maggiori rischi attesi sugli investimenti di lunga durata. Le obbligazioni con scadenze brevi hanno rendimenti più bassi perché il rischio associato è inferiore. Se aumenta il numero di anni, si creano maggiore incertezza e un rischio ulteriore. Il maggiore rischio delle obbligazioni di lungo è dovuto da una volatilità più elevata, un rischio di inflazione e un rischio di default. Gli obbligazionisti vengono premiati per questo rischio maggiore sotto forma di più elevati tassi d'interesse. Il rendimento addizionale sulle obbligazioni di lungo termine viene chiamato premio per il rischio.

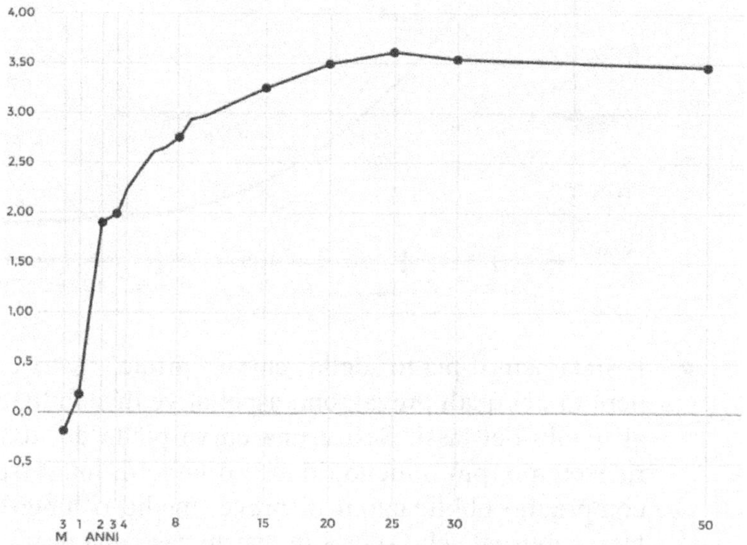

- Il secondo caso, curva discendente, o curva invertita dei tassi d'interesse, corrisponde a una fase in cui le obbligazioni con una scadenza a breve hanno un rendimento più elevato delle obbligazioni di lungo periodo. Questa curva è poco frequente e a volte indica che sta avvenendo un cambiamento economico significativo, come per esempio una recessione. È più difficile prendere una decisione di acquisto in queste condizioni. Se si comprano obbligazioni di lungo periodo non si viene ripagati del rischio. Possiamo ottenere il rendimento più elevato prendendo quello che sembra essere il percorso più sicuro, comprando obbligazioni di breve termine. Tuttavia, questa strategia potrebbe avere un risultato non positivo perché la curva dei rendimenti invertita di solito non dura molto a lungo. Il rendimento di beve termine potrebbe declinare rapidamente. Potremmo, quindi, perdere l'opportunità di bloccare dei rendimenti più elevati che avremmo potuto ottenere con scadenze di più lungo periodo.

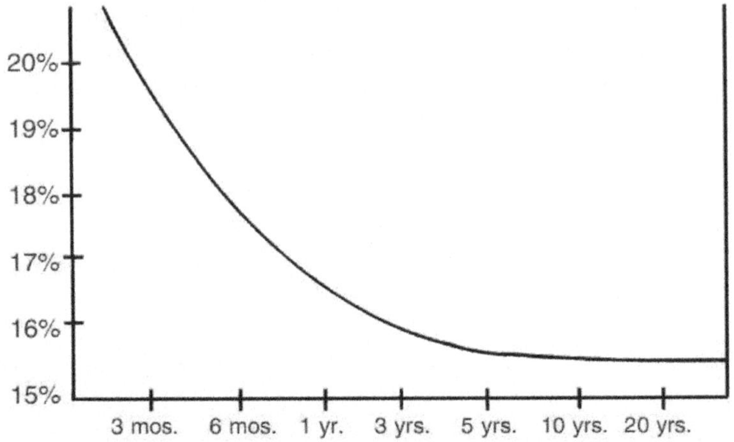

- L'andamento piatto della curva, infine, si riscontra in periodi nei quali prevalgono aspettative di stabilità riguardo al livello dei tassi. Se c'è una curva piatta dei rendimenti, riceveremo, più o meno, lo stesso tasso di interesse sia che compriamo obbligazioni di breve, medio o lungo termine. Non è inusuale che si crei in questo caso una normale curva dei rendimenti per i primi dieci anni e poi una curva più piatta nei 20 anni successivi. In questo caso, di solito, ha senso acquistare le obbligazioni che scadono prima che la curva si appiattisca, perché dopo quel punto non si riceverà una ricompensa per aver acquistato titoli più rischiosi. Tale forma può segnalare un'aspettativa di rallentamento dell'attività economica. Una curva del genere è insolita e generalmente indica una fase di transizione verso un'inclinazione positiva o negativa.

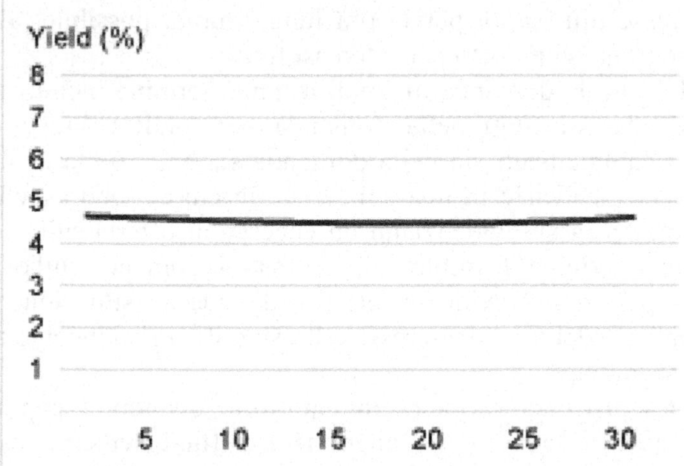

Un appiattimento dello Spread tra i tassi a breve e a lungo termine, conseguenza di un incremento dei rendimenti a scadenza più lontana, può segnalare problemi in arrivo in futuro. Un curva più ripida è un segnale, invece, di turbolenze nell'immediato. Occorre quindi partire dal presupposto che il rendimento di un titolo di Stato, o più in generale di qualsiasi obbligazione, rappresenta anche il suo livello di rischio.
In altre parole:

- Maggiore è il rendimento e più alto sarà il rischio che l'emittente non paghi le cedole e quindi non rimborsi il capitale alla scadenza.
- A parti invertite, minore è il rendimento e minore sarà il rischio dell'obbligazione.

L'analisi del comportamento degli operatori è in grado di spiegare chiaramente l'impatto delle aspettative sulla struttura per scadenza dei tassi d'interesse. Se si ipotizza, ad esempio, che sia atteso un incremento dei tassi d'interesse, gli attuali detentori di attività finanziarie tenteranno di evitare di rimanere impegnati in titoli con rendimenti relativamente bassi; preferiranno investire solo per orizzonti temporali molto brevi, nell'attesa che alla scadenza possano nuovamente concedere prestiti a tassi d'interesse più elevati. Per questi motivi ci sarà una tendenza all'incremento dell'offerta di fondi a breve e una corrispondente riduzione dell'offerta di fondi a lungo termine. Allo stesso modo, però, coloro che necessitano di prestiti vorranno impegnarsi all'attuale tasso

d'interesse più basso, per la più lunga durata possibile, al fine di evitare il maggior costo per interessi futuro.
In tal modo la domanda di fondi a lungo termine incrementerà, di fronte alle riduzioni nella domanda per fondi a breve termine. Questi cambiamenti sia nella domanda sia nell'offerta di fondi per le diverse scadenze in una situazione in cui ci sono aspettative di crescita dei tassi, evidenziano un eccesso di offerta sulla domanda nel breve termine di fronte a un eccesso di domanda sull'offerta nel lungo periodo. L'evidente effetto di questa situazione sarà il decremento dei tassi d'interesse a breve e il corrispondente aumento dei tassi a lungo.
L'intero processo ritornerà in equilibrio quando il gap tra tassi d'interesse a breve e a lungo sarà sufficientemente esteso da compensare le aspettative del mercato per un futuro aumento del costo del denaro. Evidentemente, quando le aspettative sono per una futura diminuzione dei tassi, la reazione degli operatori sarà esattamente opposta alla situazione descritta precedentemente. Le conseguenze saranno quindi l'incremento dei tassi d'interesse a breve e la corrispondente diminuzione dei tassi a lungo.
Queste variazioni si rifletteranno generalmente in una curva dei rendimenti più piatta del normale; l'insolita curva decrescente (inverted yield curve) potrà essere osservata solo se l'aspettativa del mercato è per un futuro taglio del costo del denaro molto consistente e tale aspettativa si rivela essere molto fondata. In questo caso l'influenza del rischio e della propensione alla liquidità non è sufficiente a controbilanciare questa convinzione radicata di un futuro deciso ribasso dei tassi d'interesse. Questo consistente volume di offerta ha l'effetto di deprimere il prezzo dei titoli di Stato per queste scadenze, incrementando corrispondentemente il tasso d'interesse per questa durata. Le differenti forme di queste curve dei rendimenti e il cambiamento che subiscono nel tempo hanno importanti conseguenze per l'analisi e la previsione dei tassi d'interesse; per comprendere al meglio queste implicazioni à necessario individuare puntualmente i fattori che determinano una particolare conformazione grafica della curva in un determinato istante. In realtà questi fattori sono piuttosto complessi ed è controverso quale sia l'elemento prevalente. La teoria economica cerca di definire una serie di condizioni in base alle quali sia possibile determinare l'esistenza di una funzione stabile che leghi fra loro i tassi su strumenti di diversa scadenza emessi, come si

diceva, da operatori privi di rischio d'insolvenza. In quanto segue prenderemo in considerazione brevemente i modelli di determinazione della struttura dei tassi. In corrispondenza dei rispettivi massimi ciclici, l'andamento del mercato del debito tende ad anticipare quello azionario;le caratteristiche di tale anticipo e l'entità della discesa dei prezzi delle obbligazioni variano da ciclo a ciclo.

- I tassi a breve termine sono solitamente i primi che iniziano a crescere, seguiti poi dai tassi a lungo termine.

I tassi del mercato monetario, infatti, risultano essere i più sensibili alle condizioni dell'economia; le decisioni aziendali relative al rinnovo delle scorte, ad esempio, per cui è necessario un cospicuo ammontare di capitali a breve termine, sono prese in modo molto più snello rispetto a quelle relative all'indebitamento a lungo termine, necessario a finanziare impianti e macchinari. Quindi seguire costantemente i tassi a breve, ad esempio, sulle commercial paper può dare una valida indicazione delle pressioni finanziarie e delle tendenze dei tassi nel settore privato. Non esistono regole rapide e certe che pongano in relazione l'entità del successivo declino con il periodo di tempo che separa i massimi dei prezzi delle obbligazioni e delle azioni. Ciò che è significativo è che ogni massimo ciclico del mercato azionario in questo secolo è stato preceduto da, o si è presentato in concomitanza di, un massimo in entrambi i mercati del debito a breve e a lungo. Un'ulteriore caratteristica dei massimi ciclici è che il prezzo delle obbligazioni di qualità migliore (cioè quelle emesse dal Tesoro o quelle emesse da società con rating AAA) diminuisce in anticipo rispetto a quello delle obbligazioni di qualità inferiore.
Questo fenomeno è il risultato di due fattori; innanzitutto negli ultimi stadi delle fasi di espansione economica aumenta la domanda di finanziamento da parte del settore privato.
Le banche commerciali, che sono i maggiori detentori istituzionali di titoli di Stato, sono anche i prestatori di ultima istanza per i privati che prendono a prestito; via via che la domanda di finanziamento aumenta le banche aumentano le loro vendite di titoli di Stato e di altri investimenti di prestiti bancari.
Si innesca così un effetto secondario sia lungo la curva dei rendimenti sia nei confronti di emissioni di qualità inferiore.

Tali pressioni spingono verso l'alto i rendimenti su obbligazioni di alta qualità, e al tempo stesso sono indicative delle condizioni positive degli affari, le quali inducono gli investitori a diventare meno cauti. Di conseguenza, gli investitori sono ben disposti a ignorare i rendimenti prudenziali sulle obbligazioni di alta qualità a favore dei più remunerativi strumenti di debito di qualità inferiore; così, per un certo tempo, queste obbligazioni aumentano di prezzo, mentre le obbligazioni di qualità superiore diminuiscono. In corrispondenza dei minimi ciclici valgono relazioni simili, nel senso che le obbligazioni di buona qualità sono in anticipo rispetto agli strumenti di debito di qualità inferiore e alle azioni. Storicamente le caratteristiche di anticipo dei mercati sono meno evidenti per i minimi che per i massimi ciclici, e talvolta i prezzi di obbligazioni e azioni completano un minimo simultaneamente. Il trend dei tassi d'interesse è pertanto un buon punto di riferimento per individuare i minimi del mercato azionario. Il punto chiave da tenere presente non è rappresentato tanto dal livello a cui si trovano i tassi, ma dalla forza con cui essi crescono, o diminuiscono. Un metodo per determinare quando un cambiamento nel tasso d'interesse possa essere sufficiente a influenzare il mercato azionario, consiste nel sovrapporre graficamente l'andamento di due indicatori Rate Of Change (si tratta di un semplice tasso di variazione), uno relativo al tasso e l'altro alle azioni.

- I segnali di acquisto (di vendita) vengono generati quando il ROC relativo ai tassi oltrepassa verso il basso (verso l'alto) quello relativo all'indice dei prezzi azionari. Infatti, il mercato azionario può crescere anche in presenza di un aumento dei tassi d'interesse; questo metodo ci segnala però quando la crescita dei tassi è maggiore di quella delle azioni e viceversa.

Un metodo alternativo alla relazione tra i tassi di variazione dei tassi a breve e del mercato azionario appena illustrato, consiste nella considerazione che un rialzo delle quotazioni azionarie è in genere più robusto se avviene in presenza di un ribasso dei tassi e viceversa.

- Il nuovo indicatore detto Money Flow Index, può quindi essere derivato dal rapporto tra una media indice del mercato azionario, come, ad esempio, lo S&P 500, e il tasso di rendimento di uno strumento del mercato monetario, come, ad esempio, la commercial paper a quattro mesi.

Se i tassi a breve confermano la loro storica tendenza ad anticipare le svolte cicliche del mercato azionario, ne consegue che anche l'indicatore così calcolato tenderà in corrispondenza dei minimi del mercato a formare i propri in anticipo.
In corrispondenza dei massimi delle azioni, viceversa, tenderà a far segnare i propri massimi anticipatamente oppure ad aumentare meno rapidamente rispetto ai prezzi del mercato azionario.

Il Regime fiscale

Il Capital Gain è la differenza tra il valore di un titolo al momento dell'acquisto e il valore alla vendita.
Per Capital gain ci si riferisce in genere a un guadagno o plusvalenza. Il 1° luglio 2014 è entrato in vigore il nuovo regime di tassazione delle rendite finanziarie previsto dal Dl 66/2014 convertito dalla legge 23 giugno 2014, n.89, con lo scopo di modificare le aliquote vigenti sui diversi strumenti finanziari.
La precedente aliquota del 20% è stata sostituita da quella al 26%, rimanendo confermata l'esclusione di alcuni strumenti finanziari, che mantengono l'aliquota agevolata del 12,50%:

- Obbligazioni e titoli di Stato equiparati emessi dall'Italia (BOT, BTP, CCT, CTZ).
- Obbligazioni e titoli di Stato equiparati emessi da Stati appartenenti alla White List.
- Titoli di risparmio dell'economia meridionale.
- Risultano quindi tassati al 26% gli interessi e le plusvalenze di:
- Obbligazioni italiane emesse da società quotate, banche e altri grandi emittenti.
- Obbligazioni italiane emesse da società non quotate.
- Obbligazioni estere.
- Obbligazioni emesse da enti territoriali di paesi inclusi nella White List.
- Titoli atipici.

Il Rateo

I titoli obbligazionari pagano interessi sotto forma di cedole. L'importo della cedola di un titolo obbligazionario matura con la periodicità che è definita dal regolamento del prestito e può essere semestrale, annuale o trimestrale. Questa porzione di cedola si definisce rateo e si aggiunge al prezzo del titolo obbligazionario, che si definisce a sua volta corso secco, nella determinazione dell'importo della spesa necessaria per l'acquisto.

- Il rateo è, quindi, la porzione di interessi che sono maturati sul titolo obbligazionario a partire dall'ultima data di stacco cedola e che sono di competenza di colui che vende il titolo.

Viene calcolato alla data valuta di negoziazione e matura ovviamente con cadenza giornaliera.
Il rateo viene calcolato sulla base dei seguenti fattori:

- Il tasso di interesse del periodo considerato.
- Il Valore nominale del titolo sul quale si sta operando.
- I giorni maturati.

Volendo convertire quanto sopra in una formula otterremo:

$$\mathbf{RL = (T \times VN \times G) / 365 \times 100}$$

dove:

- RL = Rateo Lordo.
- T = tasso cedolare.
- VN = valore nominale.
- G = giorni trascorsi dall'ultimo stacco cedola alla valuta d'acquisto.

Esempio

- Acquisto obbligazione Parmalat 6%: 6.2.2017
- Cedola annua
- Data acquisto: 17.10.2017
- Valuta acquisto: 22.10.2017

- Quantità nominale: 6.000 €
- Prezzo: 102,142

RL = 6 x 6.000 x 258 / 36.500 = 254,47

dove:

- G = 258 si ottiene conteggiando i giorni dal 6.2.2017 alla data di valuta di acquisto del 22.10.2017.

A questo punto calcoliamo il Rateo Netto RN, ovvero:

RN = RL – 12,50% = 254,47 – 31,81 = 222,66

Disaggio di emissione

Si indica con questo termine la differenza tra il prezzo di emissione al pubblico e il valore di rimborso di un titolo obbligazionario. Su tale differenza va calcolata l'imposta sostitutiva con l'aliquota del 12,50%.
La tassazione sul disaggio di emissione viene applicata al momento del rimborso del titolo (e, quindi, va sottratta dal valore di rimborso) tranne che per i BOT, per i quali l'imposta si applica al momento dell'acquisto.

Esempio

Se si acquistano 10.000 € nominale di un BOT semestrale il cui prezzo di emissione è di 98,349 e il rimborso ovviamente 100, per calcolare il disaggio di emissione che si aggiungerà alla spesa di acquisto, si procede come segue:

100 – 98,349 = 1,651

1,651 x 12,50% = 0,206375

Disaggio di emissione:

(0,206375 x 10.000) / 100 = 20,64 €

Il M.O.T. - Mercato Telematico delle Obbligazioni

Il MOT, Mercato Telematico delle Obbligazioni, è l'unico mercato obbligazionario regolamentato italiano.
Il MOT è il mercato regolamentato in cui sono trattati titoli di Stato italiani ed esteri, le obbligazioni corporate, titoli sovranazionali e gli ABS (Asset Backed Securities, ossia titoli emessi a fronte di operazioni di cartolarizzazione garantite dagli attivi sottostanti). Nato nel 1994, il MOT ha avuto tra le sue principali finalità quelle di agevolare l'accesso dell'investitore privato al mercato obbligazionario e di rendere più efficiente l'operatività degli investitori professionali offrendo loro un sistema di negoziazione elettronico e completamente automatizzato dalla fase di inserimento della proposta di negoziazione fino alla liquidazione del contratto eseguito.

- Va notato che il MOT è un mercato al dettaglio su cui si scambiano lotti e multipli bassi. Da questo punto di vista il MOT si distingue dall'MTS (Mercato telematico dei titoli di stato) che è un mercato all'ingrosso i cui lotti minimi sono pari a 2,5 milioni di Euro.

Il MOT e l'MTS sono entrambi mercati secondari, il mercato primario (in prima emissione) avviene tramite asta competitiva o marginale. Il MOT è stato suddiviso in due segmenti:

- Domestic MOT.
- Euro MOT.

Domestic MOT

Nel Domestic MOT sono negoziati Titoli di Stato Italiani e altri titoli di debito liquidati attraverso il sistema di liquidazione nazionale, Monte Titoli. Per il segmento Domestic MOT, gli orari delle fasi di negoziazione sono i seguenti:

- Per gli strumenti finanziari della classe "titoli di stato italiani":
  - 08.00 - 09.30 Asta di apertura, fase di pre-asta
  - 09.31 - 09.35 Asta di apertura, fase di validazione
  - 09.35 - 09.40 Asta di apertura, fase di apertura

- 09.40 - 17.30 Negoziazione continua.

- Per gli strumenti finanziari della classe “titoli di debito in euro e in valuta diversa dall'euro":
  - 08.00 – 10.00 Asta di apertura, fase di pre-asta
  - 10.01 - 10.05 Asta di apertura, fase di validazione
  - 10.05 - 10.10 Asta di apertura, fase di apertura
  - 10.10 - 17.30 Negoziazione continua

Euro MOT

Nell’Euro MOT sono negoziati essenzialmente titoli di stato esteri, sovranazionali ed eurobonds. L’Euro MOT è suddiviso in tre segmenti di mercato:

- Eurobbligazioni.
- Asset Backed Securities (ABS).
- Titoli di emittenti esteri.

Gli operatori autorizzati a effettuare le negoziazioni sull’Euro MOT sono le banche, le imprese d’investimento e gli agenti di cambio autorizzati alla negoziazione per conto terzi.

- Per il segmento Euro MOT, gli orari sono:
  - 08.00 - 10.00 Asta di apertura, fase di pre-asta
  - 10.01 - 10.05 Asta di apertura, fase di validazione
  - 10.05 - 10.10 Asta di apertura, fase di apertura
  - 10.10 - 17.30 Negoziazione continua.

Il MOT prevede una struttura di mercato order driven, ovvero un modello in cui tutti i partecipanti al mercato, sia l’investitore retail attraverso la propria banca sia l’operatore professionale, possono inserire la propria proposta di acquisto o vendita concorrendo direttamente alla formazione del prezzo. Per aumentare la liquidità del mercato è inoltre prevista la presenza facoltativa di operatori a sostegno delle negoziazioni, specialisti o specialisti in acquisto. A supporto della trasparenza del mercato, Borsa Italiana pone in essere una costante attività di controllo e di vigilanza sul regolare svolgimento delle negoziazioni anche attraverso l’utilizzo di meccanismi automatici di controllo dei prezzi delle proposte di negoziazione e dei contratti. Durante la fase d’asta i contratti sono conclusi a un prezzo teorico, determinato al termine dell'asta, che

massimizza il quantitativo scambiato mentre durante la negoziazione continua sono conclusi mediante abbinamento automatico delle proposte in acquisto e in vendita ordinate in base al criterio prezzo/tempo. Possono essere inserite proposte con o senza limite di prezzo ("al meglio"): le prime possono essere eseguite solo a prezzi uguali o migliori rispetto al limite indicato, le altre sono invece eseguibili al prezzo di mercato.
I prezzi delle proposte di negoziazione possono essere multipli dei seguenti valori, i cosiddetti "tick":

- 1 millesimo per i titoli con vita residua inferiore o uguale a due anni.
- 1 centesimo per quelli con vita residua maggiore di due anni.

Il lotto minimo di negoziazione viene stabilito da Borsa Italiana solitamente in linea con il taglio minimo previsto nel regolamento del prestito e contemperando esigenze di funzionalità del mercato, di agevole accesso da parte degli investitori retail e di economicità nell'esecuzione degli ordini.
Le obbligazioni possono essere negoziate:

- A "corso secco". I prezzi non sono rappresentativi della componente interessi maturata fino a quel momento dall'obbligazione. Questo comporta che al momento della liquidazione del contratto, al prezzo di mercato venga aggiunto il rateo di interessi calcolato in automatico dal sistema. Sono negoziate a "corso secco" le obbligazioni a tasso fisso e le obbligazioni a tasso variabile il cui parametro di indicizzazione è rilevato prima dell'inizio di godimento della cedola in corso.
- A corso "tel quel". In questo caso, invece, il prezzo di negoziazione dello strumento è rappresentativo anche degli interessi fino a quel momento maturati. Vengono trattate "tel quel" le obbligazioni zero coupon e le obbligazioni "strutturate" la cui remunerazione è collegata all'andamento, ad esempio, di azioni, indici o valute ovvero i titoli zero coupon.

Per ogni strumento negoziato, Borsa Italiana diffonde quotidianamente un prezzo ufficiale, dato dal prezzo medio ponderato dell'intera quantità dello strumento medesimo negoziata nel mercato durante la seduta e un prezzo di riferimento, calcolato invece come la media ponderata dei contratti conclusi durante gli ultimi 20 minuti della fase di negoziazione continua. L'extra MOT è il segmento di mercato riservato alle obbligazioni corporate di emittenti sia italiani sia esteri e ai titoli di stato esteri già quotati su altri mercati regolamentati. I titoli sono ammessi alla quotazione su richiesta di Borsa Italiana o di un operatore. La quotazione su un mercato regolamentato estero garantisce la presenza sul mercato di un'ampia gamma d'informazioni tali da rendere disponibile le contrattazioni su questi titoli anche a investitori non professionali. Le negoziazioni come per altri mercati si svolgono in fasi successive:

- Asta di apertura.
- Negoziazione continua.

Asta di apertura

E' la modalità di negoziazione durante la quale gli ordini di acquisto e vendita degli operatori determinano il prezzo d'asta, ossia il prezzo al quale è negoziabile il maggior numero di contratti. Serve a far sì che il primo prezzo di ogni giorno non sia determinato casualmente dai primi due attori che hanno stipulato un contratto. Anche dopo la chiusura della fase di negoziazione, il mercato borsistico continua a essere influenzato dai flussi informativi generati dagli eventi macro-politici, dalle informazioni diffuse dalle società quotate e dai mercati esteri. Tutti questi eventi sono in grado di influenzare le aspettative degli investitori, senza tradursi immediatamente in prezzi. Queste aspettative si traducono nel prezzo di apertura, la cui determinazione è frutto della sedimentazione di tutte le informazioni generate fino a quel momento.

- L'asta di apertura serve? Perciò? a fissare prezzi significativi. In questa fase tutti gli intermediari operativi sul mercato possono immettere ordini, che si aggiungono a tutte le proposte che sono già sul book. Essendo un'asta si trova un equilibrio.

Il sistema di trading della Borsa ordina tutte le proposte di negoziazione per ogni titolo: gli acquisti in ordine decrescente, le vendite in ordine crescente. Gli ordini possono essere inseriti a prezzo limitato o al prezzo d'asta. Nel book di pre-apertura gli ordini sono inseriti ma non eseguiti. Secondo una serie di regole stabilite da Borsa Italiana, il sistema di negoziazione elabora e diffonde in tempo reale il prezzo teorico di apertura. Gli intermediari possono vedere gli ordini già immessi e modificare i propri. Per evitare variazioni improvvise del prezzo di apertura determinabili mediante l'inserimento o, più facilmente, la cancellazione degli ordini negli ultimi istanti, il momento di termine della fase di immissione ordini è calcolato casualmente all'interno dell'ultimo minuto della fase di pre-apertura, in modo tale che nessun intermediario possa avere la certezza di essere l'ultimo a inserire o cancellare ordini.

- Al termine della fase di pre-apertura l'ultimo prezzo teorico viene controllato e, se non oltrepassa i limiti di variazione per quel determinato titolo, viene validato e considerato come prezzo effettivo di apertura.

A questo prezzo vengono concluse tutte le proposte di acquisto immesse in fase di pre-asta con prezzo superiore al prezzo di apertura e quelle di vendita con prezzo inferiore allo stesso, fino a esaurimento delle quantità. Successivamente si passa alla fase successiva della seduta di Borsa: la negoziazione continua.

Negoziazione continua

E' la fase durante la quale la conclusione dei contratti avviene mediante abbinamento o applicazione delle proposte di segno contrario presenti nel mercato. Dura circa 8 ore e vi si svolgono quasi tutte le transazioni; ogni operatore immette le proprie proposte, che possono essere eseguite con molta rapidità. Si possono immettere nel book ordini al meglio (e quindi con più alta priorità) o a prezzo limitato.

Il book è dinamico: quando ci sono due ordini eseguibili, questi sono regolati e spariscono. Quelli al meglio sono eseguiti subito, gli altri quando è stata trovata la controparte. La priorità è su prezzo e, subordinatamente, su tempo. Un altro modo di immettere ordini è curando il prezzo; all'operatore viene dato il compito di cercare di massimizzare l'interesse su un particolare titolo.

La liquidità del mercato è garantita dalla presenza di specialist che operano in conto proprio; tali operatori hanno l'obbligo di esporre in maniera continuativa sia ordini di acquisto sia di vendita, con un quantitativo minimo deciso da Borsa Italiana. Con riferimento al segmento MOT, inoltre, il differenziale tra i prezzi d'acquisto e di vendita non può essere superiore a quanto stabilito da Borsa Italiana. Nel mercato ExtraMOT, la presenza dell'operatore specialista è obbligatoria per tutti quegli strumenti finanziari di cui lo stesso operatore ne abbia richiesto l'ammissione alle negoziazioni. Nel corso degli ultimi anni si sono inoltre sviluppati i cosiddetti Sistemi di Internalizzazione Sistematica, ossia dei sistemi in cui il broker opera direttamente come controparte per l'investitore esponendo in via continuativa un prezzo e una quantità sia di acquisto sia di vendita per ciascuno degli strumenti finanziari negoziati assicurando, quindi, la liquidabilità dell'investimento.

- Infine esiste la possibilità di comprare titoli sul cosiddetto mercato Over the Counter.

Le obbligazioni OTC non sono scambiate su un mercato regolamentato ma sono trattate direttamente tra operatori. In questo caso non è previsto l'obbligo di un prospetto informativo per l'emittente, mentre la direttiva Mifid ha introdotto l'obbligo della "best execution", ovvero l'obbligo di far chiudere al cliente il miglior prezzo possibile.

Vediamo ora quali tipi di prezzo si formano sul mercato MOT:

- Il prezzo di riferimento, pari alla media ponderata dei prezzi dell'ultimo 10% delle quantità negoziate. Tale prezzo, se non vengono effettuati scambi, è quello della giornata precedente.
- Il prezzo ufficiale, giornaliero, di ciascuno strumento negoziato nel MOT, che è dato dal prezzo medio ponderato dell'intera quantità dello strumento medesimo negoziata nel mercato durante la seduta.
- Il prezzo di controllo che è dato da:
  - Prezzo di riferimento, del giorno precedente, in asta di apertura.
  - Prezzo di asta di apertura, della giornata, nella fase di negoziazione continua.
  - Prezzo di asta di apertura, della giornata, nella fase di asta di chiusura.

Prima del giugno 2004, invece, il Prezzo di Riferimento non veniva calcolato e il Prezzo di Controllo (utilizzato solo nell'Asta di Apertura) coincideva con il Prezzo Ufficiale.

I Titoli di Stato

I titoli di Stato sono obbligazioni emesse periodicamente dal Ministero dell'Economia e delle Finanze per conto dello Stato con lo scopo di finanziare il proprio debito pubblico o direttamente il deficit pubblico. I diritti di credito incorporati nel titolo possono essere corrisposti al sottoscrittore del prestito sia mediante lo scarto di emissione (ossia la differenza tra il valore nominale e il prezzo di emissione o di acquisto), sia mediante il pagamento di cedole (fisse o variabili) durante la vita del titolo. Alla scadenza dell'obbligazione lo Stato rimborsa il capitale iniziale. Il Ministero dell'Economia e delle Finanze emette sul mercato cinque categorie di titoli di Stato, ciascuno con diverse caratteristiche in termini di scadenza, rendimento e modalità di pagamento degli interessi dovuti:

- Buoni Ordinari del Tesoro (BOT): titoli a breve termine, della durata di 3, 6 e 12 mesi, privi di cedole, il cui rendimento è dato dallo scarto di emissione.
- Certificati di Credito del Tesoro (CCT): titoli della durata di 7 anni e cedole variabili semestrali, legate al tasso Euribor a 6 mesi più una maggiorazione (spread).
- Certificati del Tesoro Zero Coupon (CTZ): titoli della durata di 24 mesi, privi di cedole.
- Buoni del Tesoro Poliennali (BTP): titoli della durata di 3, 5, 10, 15 e 30 anni, con cedole fisse semestrali.
- Buoni del Tesoro Poliennali Indicizzati all'inflazione europea (BTP€i): titoli della durata di 5 e 10 anni, nei quali sia il capitale rimborsato a scadenza, sia le cedole semestrali sono rivalutati in base all'andamento dell'inflazione europea, misurato dall'indice armonizzato dei prezzi al consumo (IAPC) nella zona euro con esclusione del tabacco, calcolato mensilmente da Eurostat. Questi titoli garantiscono una protezione contro l'aumento dei prezzi in Europa. Sono stati emessi anche BTP€i con durate di 15 e 30 anni (e potrebbero essere emessi di nuovo in futuro).
- Dall'estate 2010 il MEF ha cominciato a emettere una nuova classe di titoli a cedola variabile sostituendo i vecchi

CCT: i CCTeu, collegati al tasso euribor invece che al tasso BOT 6 mesi.

L'acquisto dei titoli di stato può essere effettuato sia in asta al momento dell'emissione, sia sul mercato secondario; in ogni caso occorre farlo tramite una banca o un intermediario finanziario. Fino al 1999 i titoli di stato erano consegnati fisicamente (ossia in forma cartacea) all'acquirente, che poi doveva recarsi in banca per la riscossione degli interessi previo "stacco" di una "cedola" allegata al titolo stesso. Da questo modo di corresponsione degli interessi deriva la frase "staccare la cedola", ancora oggi in uso, anche se le modalità di riscossione sono radicalmente diverse. Oggi i titoli sono tutti "dematerializzati" e rappresentati da iscrizioni contabili a favore: chi li acquista ha come prova d'acquisto e di possesso, rispettivamente, la ricevuta bancaria e l'estratto conto dei titoli registrati sul deposito titoli intestato all'acquirente. Ciò consente l'accredito diretto su conto corrente delle cedole e del capitale a scadenza.

I bond cartacei al portatore sono privi di valore legale.

- Per l'acquisto tramite asta occorre prenotare la quantità desiderata, per un importo minimo di 1.000 euro, con almeno un giorno di anticipo rispetto alla data dell'asta. Il calendario delle aste dei titoli di stato è pubblico.

I BOT sono collocati tramite asta competitiva mentre BTP, CTZ e CCT sono collocati tramite asta marginale. Chi acquista in asta ha lo svantaggio di non conoscere esattamente il prezzo di collocamento, ma ha il vantaggio di non pagare le commissioni bancarie, ad eccezione dei BOT, per i quali sono previste commissioni massime fissate con decreto. Esiste comunque il "diritto di retrocessione" che ammonta circa a 40 centesimi per BTP, CTZ E CCT per cui acquistando un titolo in asta si va a pagare un prezzo di 40 ticks superiore al prezzo di mercato in media. La retrocessione viene incamerata dalla banca intermediaria.

- L'acquisto sul mercato secondario riguarda invece i titoli di Stato già in circolazione. Chi acquista sul mercato ha lo svantaggio di pagare commissioni all'intermediario finanziario, ma ha il vantaggio di conoscere il prezzo di acquisto e di vendita.

L'esistenza di un mercato secondario fa sì che il risparmiatore possa vendere i titoli prima della scadenza a prezzo di mercato. Il regime fiscale degli interessi sui titoli di Stato è differenziato in base alla posizione soggettiva del percettore di reddito.

- Per i contribuenti residenti, diversi dalle persone fisiche, che percepiscono interessi su titoli di Stato nell'esercizio di un'attività commerciale, gli interessi non sono soggetti ad alcuna ritenuta o prelievo sostitutivo e concorrono, unitamente agli altri elementi negativi e positivi, alla formazione del reddito imponibile complessivo.
- Per le persone fisiche residenti, il prelievo fiscale sugli interessi avviene mediante applicazione di una imposta sostitutiva da parte degli intermediari finanziari, con aliquota fissa del 12,5%.

Tale imposta esaurisce integralmente gli obblighi fiscali del contribuente ad essa soggetto, con l'unica eccezione degli interessi ed altri proventi percepiti da persone fisiche nell'esercizio di impresa: in tal caso i proventi sono inclusi nel reddito d'impresa e l'imposta sostitutiva è scomputata dalle imposte sui redditi dovute sullo stesso.
Gli interessi sui titoli di Stato emessi in Italia non sono soggetti ad alcuna imposta, se percepiti da soggetti residenti in Paesi che consentono un adeguato scambio di informazioni.

B.O.T. - Buoni Ordinari del Tesoro

Il Buono Ordinario del Tesoro (BOT), creato nel lontano 1850, è un titolo zero-coupon, ovvero un titolo senza cedola, di durata inferiore o uguale ai 12 mesi, emesso dal governo italiano allo scopo di finanziare il debito pubblico nel breve termine. Normalmente la durata delle emissioni è pari a tre, sei e dodici mesi, anche se lo Stato si riserva di emettere titoli con durate diverse; ad esempio, infatti, sono stati emessi titoli con durata pari a due mesi e uno con durata pari a 136 giorni (regolamento 15 febbraio - scadenza 30 giugno 2008).

- I BOT possono essere acquistati a partire da un taglio minimo nominale di 1.000 euro e relativi multipli.

Per i BOT a tre mesi e a dodici mesi il giorno d'asta è il 15 di ogni mese, mentre per i BOT a sei mesi il giorno d'asta è la fine del mese. Le recenti norme sulla trasparenza bancaria hanno individuato le commissioni massime che le banche possono applicare alla propria clientela (Decreto del Ministro del Tesoro pubblicato sulla Gazzetta Ufficiale del 24 febbraio 2004).
Abbiamo quindi:

- Titoli di durata minore o uguale a 80 giorni: 0,05%.
- Titoli di durata maggiore di 80 e minore o uguale a 170 giorni: 0,10%.
- Titoli di durata maggiore di 170 e minore o uguale a 330 giorni: 0,20%.
- Titoli di durata maggiore di 330 giorni: 0,30%.
- Da precisare che da ottobre 2009, per legge, il rendimento dei BOT, al netto delle commissioni bancarie, non può essere inferiore allo zero.

Quindi, nel caso in cui i BOT offrano rendimenti molto bassi, le commissioni bancarie saranno ridotte fino a ottenere un rendimento almeno alla pari, cioè un rendimento non inferiore a zero. In altre parole si tratta di una rete di protezione predisposta dal Tesoro. Nel caso in cui il prezzo totale di vendita, comprensivo dell'importo della ritenuta fiscale (attualmente del 12,50%) e delle commissioni bancarie risulti superiore a 100, l'importo massimo di tali

commissioni è ridotto in modo tale da garantire alla clientela un onere comunque non superiore a 100 euro per ogni 100 euro di capitale sottoscritto. In pratica, quindi, l'investitore rischia un rendimento nullo, ma non sotto zero. L'investitore deve inoltre sostenere dei costi per la custodia e l'amministrazione dei BOT, costi fissati dal suddetto decreto nella misura massima di 10 euro a semestre.
E' bene inoltre ricordare che, nel caso di acquisto di BOT, è necessaria (in conseguenza della dematerializzazione), l'apertura di un deposito titoli presso l'intermediario, conto sul quale gravano 17,10 euro semestrali di bolli. Da aggiungere che i BOT (come tutti i titoli di Stato) sono esenti dall'imposta di successione, mentre sono assoggettati all'imposta sulle donazioni.

Calcolo del rendimento

Il BOT viene rimborsato "alla pari" cioè il valore di rimborso coincide con il valore nominale del titolo, pari a 100. Il titolo viene emesso senza cedola e quindi il rendimento è dato dalla differenza tra il valore di rimborso (valore nominale) e il prezzo di emissione, che è "sotto la pari", ovvero inferiore a 100.
Il rendimento percentuale del titolo è calcolato rapportando il rendimento assoluto, vale a dire la differenza tra il valore di rimborso (VR) e il valore di emissione (VE), al valore di emissione (VE) e riportando il quoziente all'anno.

$$\mathbf{R = (VR - VE) / VE}$$

dove:

- R = rendimento.
- VR = valore di rimborso o valore nominale, sempre uguale a 100.
- VE = valore di emissione o prezzo di acquisto.
- VR – VE = interessi netti percepiti o rendimento assoluto.

Esempio

Per un BOT a un anno, se il valore di emissione è pari a 97, il rendimento del titolo è uguale a:

$$R = (VR - VE) / VE =$$
$$(100 - 97) / 97 = 3 / 97 =$$
$$3{,}09\%$$

Quindi nel caso acquistassimo per nominali 10.000 Euro (che saranno rimborsati alla scadenza) avremmo un esborso pari a 9.700 Euro, con relativo guadagno pari a 300 euro, da cui otteniamo nuovamente:

$$R = (10.000 - 9.700) / 9.700 = 300 / 9.700 = 3{,}09\%$$

Se il titolo ha durata inferiore all'anno, bisogna distinguere due casi:

- Gli interessi non sono reinvestiti: si parla di capitalizzazione semplice.
- Gli interessi sono reinvestiti producendo anch'essi interessi: si parla di capitalizzazione composta.

Nel caso di capitalizzazione semplice la formula per il calcolo del rendimento percentuale annuo diviene:

$$R = ((VR - VE) / VE) * (360 / N)$$

dove: N = numero di giorni di durata dell'operazione.

Esempio

Per un BOT a sei mesi, se il valore di emissione è pari a 97,00, il rendimento del titolo è uguale a:

$$R = ((VR - VE) / VE) * (360 / N)$$

ovvero nel nostro esempio:

$$R = ((100 - 97{,}00) / 97{,}00) * (360 / 180) = 6{,}18\%$$

Rendimento su base annua. Il rendimento dello stesso BOT per sei mesi è pari al 3,09%.

Esempio

Per un BOT a tre mesi, se il valore di emissione è pari a 97,00, il rendimento del titolo è uguale a:

$$\mathbf{R = ((VR - VE) / VE) * (360 / N)}$$

Ovvero nel nostro esempio:

$$\mathbf{R = ((100 - 97.00) / 97.00) * (360 / 90) = 12{,}36\%}$$

Rendimento su base annua. Il rendimento dello stesso BOT per tre mesi è pari al 3,09%.

Nel caso di capitalizzazione composta la formula per il calcolo del rendimento percentuale annuo diviene:

$$\mathbf{R = [(VR / VE) - 1]^{(360/N)}}$$

Nel caso del nostro BOT a 6 mesi il rendimento annuo sarà pari a:

$$\mathbf{R = [(100 / 97) - 1]^{360/180} = [(1{,}0309) - 1]^{2} =}$$
$$\mathbf{= 1{,}0628 - 1 = 6{,}28\%}$$

Nel caso del nostro BOT a 3 mesi il rendimento annuo sarà pari a:

$$\mathbf{R = [(100 / 97) - 1]^{360/90} = [(1{,}0309) - 1]^{4} =}$$
$$\mathbf{= 1{,}1295 - 1 = 12{,}95\%}$$

Il meccanismo di emissione prevede, quindi, che, a fronte di un valore nominale pari a 100, il sottoscrittore dell'obbligazione versi all'emittente una somma inferiore a 100 (abbiamo, infatti, supposto 97 nel caso di BOT con durata annuale) incassando, alla scadenza, 100.

In questo esempio il rendimento è, quindi, pari a 3/97 (3,09%) poiché il sottoscrittore ha effettivamente versato solo 97, pur trovandosi in mano un titolo dal valore di 100.
Bisogna tuttavia considerare la tassazione fiscale pari al 12,50% e le commissioni della banca (vedasi tabella precedente), variabili dal minimo dello 0,05% al massimo dello 0,30%. Il rendimento precedente diventa quindi:

R = (VR – (VE+RF+Co)) / (VE+RF+Co)

dove:

- R = rendimento netto.
- VR = valore di rimborso o valore nominale, sempre uguale a 100.
- VE = valore di emissione o prezzo di acquisto.
- RF = ritenuta fiscale del 12,50% calcolata sulla differenza tra VR e VE.
- Co = commissioni bancarie, differenti in base alla durata del BOT.
- (VR – (VE+RF+Co)) = interessi netti percepiti.

Riprendendo l'esempio precedente abbiamo quindi:

- VR = 100.
- VE = 97.
- RF = 12,50% x (VR – VE) = 12,50% x (100 – 97) = 0,375.
- Co = 0,30: titolo con durata superiore a 330 giorni.

(100 – (97+0,375+0,30)) = 2,325 =
= interesse netti percepiti.

In definitiva:

R = (100 – (97+0,375+0,30)) / (97+0,375+0,30)

da cui:

R = (100 – 97,675) / 97,675 = 2,38%

Quindi nel caso acquistassimo per nominali 10.000 Euro (che saranno rimborsati alla scadenza) avremo un esborso pari a 9.767,50 Euro, con relativo guadagno pari a 232,50 euro, da cui otteniamo nuovamente:

$$\mathbf{R = (10.000 - 9.767{,}50) / 9.767{,}50 =}$$
$$\mathbf{= 232{,}50 / 9.767{,}50 = 2{,}38\%}$$

Possiamo quindi affermare che il rendimento effettivo netto del nostro BOT non è del 3,09%, come inizialmente calcolato, ma esattamente del 2,38% annuo, tenuto conto della ritenuta fiscale del 12,50% e delle commissioni bancarie e che di conseguenza il nostro interesse netto percepito non sarà pari a 300 Euro, bensì a 232,50 Euro. Evidentemente, una notevole differenza, pari allo 0,71% in meno di rendimento, ovvero a 67,50 euro in meno di interessi percepiti.

C.T.Z. – Certificati del Tesoro Zero Coupon

I Certificati del Tesoro Zero Coupon (CTZ), creati nel 1977, sono, come i Bot, titoli a reddito fisso che non pagano cedole durante la loro vita, e presentano scadenze pari a 18 e 24 mesi.
Così come per i BOT, anche i CTZ sono ammessi alla quotazione sui mercati regolamentati, in particolare il mercato telematico delle obbligazioni e dei Titoli di Stato (MOT) per quantitativi limitati (lotti da 1.000 € o multipli) e il mercato telematico all'ingrosso dei titoli di Stato (MTS) per scambi non inferiori a 2,5 milioni di euro.

- Grazie alla caratteristica di essere titoli zero-coupon, i CTZ presentano indubbi vantaggi in termini di gestione poiché l'esborso finanziario richiesto per questo tipo di investimento risulta essere inferiore al valore nominale di rimborso e inoltre non esiste l'esigenza di reinvestire i flussi percepiti periodicamente a titolo di interessi.

Chi vuole acquistare un CTZ in asta, deve prenotare la quantità desiderata presso un intermediario autorizzato entro il giorno precedente l'asta. Essendo titoli soggetti al regime di dematerializzazione, gli importi sottoscritti dei CTZ sono rappresentati da iscrizioni contabili a favore degli aventi diritto.

- Le commissioni di collocamento previste per i CTZ dello 0,20% sono retrocesse dal Tesoro agli intermediari finanziari al momento della sottoscrizione.

Conseguentemente, gli intermediari sono tenuti ad applicare alla clientela il prezzo d'asta, senza aggravio di commissioni.
I CTZ sono titoli a sconto che rimborsano alla pari, il cui interesse è pertanto rappresentato dalla differenza tra il prezzo di rimborso e quello di sottoscrizione. L'emissione avviene tramite asta marginale sul prezzo, senza indicazione del prezzo base.

- E' previsto un meccanismo di esclusione delle domande speculative. Tale meccanismo è indicato in dettaglio in ciascun decreto d'emissione.

Lo stesso decreto stabilisce i termini del collocamento supplementare, riservato agli specialisti in titoli di stato, tecnicamente configurato come una tranche successiva. Possono accedere a tale collocamento supplementare solo gli specialisti che abbiano partecipato all'asta appena conclusa.

- L'importo di ciascuna richiesta non può essere inferiore a 500 mila Euro.

Ognuna delle tre richieste che il singolo intermediario può effettuare deve indicare il nominale da sottoscrivere e il relativo prezzo, con una differenza di almeno un centesimo di euro fra le tre offerte. L'esecuzione delle operazioni relative al collocamento dei CTZ è affidata alla Banca d'Italia. A compenso del servizio reso, il Tesoro riconosce alla Banca d'Italia una provvigione di collocamento di 20 punti base commisurata all'intero ammontare nominale sottoscritto.

Tale provvigione verrà attribuita, in tutto o in parte, agli operatori partecipanti all'asta considerato che questi non possono applicare alcun onere di intermediazione alla clientela per le sottoscrizioni.

- Nei CTZ l'imposta sullo scarto di emissione è applicata al momento del rimborso e, quindi, viene decurtato il valore nominale di rimborso di un importo pari al 12,50% dello scarto di emissione.
- Per quanto concerne i BOT abbiamo visto, al contrario, che l'aliquota del 12,50% va ad aggiungersi al prezzo di acquisto per determinare l'esborso complessivo iniziale (al netto di eventuali commissioni).

L'imposta sui redditi da capitale sui CTZ si calcola quindi moltiplicando il 12,50% sulla differenza tra il valore di rimborso (100) e quello di emissione del titolo (e non il valore di mercato di quando è stato acquistato):

12,50% x (VR – VE)

Ad esempio se il prezzo di emissione è stato pari a 97 e il valore di rimborso è 100 (essendo uno zero coupon) il capital gain sarà:

12,50% x (100-97)

Attenzione, quindi, che l'imposta sostitutiva (il 12,5%) grava sul titolo solo al momento del rimborso anche se anticipato (così come tutti i pluriennali). La tassazione opera giornalmente sul rateo di interesse (calcolando l'interesse previsto per il numero di giorni residui); su questo valore sarà applicata l'imposta sostitutiva. Dunque se il titolo è ceduto anteriormente alla scadenza, il prezzo di vendita andrà scorporato, sottraendo dal valore totale la somma dei ratei giornalieri già maturati. Generando un valore positivo su questo si calcolerà il capital gain. Attenzione se la differenza dovesse essere negativa (causa eventi di mercato sfavorevoli) maturerà a favore del soggetto venditore un credito (minusvalenza) da sottrarre a eventuali guadagni che si ottenessero nel medesimo comparto finanziario.

Calcolo del rendimento

Per calcolare il rendimento dei CTZ, se essi superano l'anno di vita residua, si utilizza il regime di capitalizzazione composta, mentre se la vita residua è inferiore all'anno si utilizza un regime di capitalizzazione semplice (come per i BOT).
Il calcolo del rendimento lordo di un CTZ è molto semplice in quanto si utilizza il regime di capitalizzazione composta:

$$\mathbf{R = [(VR / VE) - 1]^{(360/N)}}$$

dove:

- R = rendimento.
- VR = valore di rimborso o valore nominale, sempre uguale a 100.
- VE = valore di emissione.
- N = numero di giorni di durata dell'operazione.

Per quanto riguarda il rendimento netto invece, la situazione è leggermente più complicata; come per una nuova emissione, la ritenuta fiscale, pari sempre al 12,50%, viene emessa in via posticipata.
Alla data di scadenza il valore nominale di rimborso del titolo, pari a 100, dovrà quindi essere decurtato dell'importo relativo alla ritenuta fiscale sullo scarto di emissione già maturata.

Al momento di acquisto sul mercato secondario, l'acquirente del titolo deve essere rimborsato della frazione di ritenuta fiscale che è già maturata e che si troverà a pagare in pieno alla scadenza.

P.c.T. - Pronti contro Termine

I Pronti contro Termine (PcT) sono operazioni con le quali un venditore cede un certo numero di titoli (pronti) e si impegna, nello stesso momento, a riacquistarne uguale quantità a un prezzo e a una data (termine) predeterminati. L'operazione consiste, quindi, in un prestito di denaro da parte dell'acquirente e un prestito di titoli da parte del venditore.

- I pronti contro termine sono quindi contratti (che normalmente hanno una durata da uno a sei mesi, fino a un massimo di un anno) in cui una banca riceve liquidità contro la vendita di titoli, impegnandosi con il cliente al loro riacquisto a termine e a un prezzo prefissato, che incorpora un rendimento.

Questo tipo di operatività è nata in Italia nel 1979.
La durata del contratto è collocata solitamente nel breve termine, in media 1-3 mesi, raramente fino a un anno, e, di norma, non è consentita l'estinzione anticipata. I titoli sottostanti sono, di solito, titoli di Stato o titoli monetari. Tali "regole" non sono "stringenti" ma più propriamente si tratta di modalità attualmente seguite dal sistema che, se modificate, non inficerebbero la natura dello strumento stesso.
Il prezzo di vendita "a pronti" è fissato in base al valore del titolo sottostante opportunamente maggiorato del rateo della cedola in corso. Il prezzo di riacquisto "a termine" viene determinato capitalizzando il prezzo "a pronti" in base all'interesse convenuto tra le parti.
L'interesse applicato risulta essere strettamente correlato con i tassi d'interesse prevalenti sul mercato monetario.

- Il rendimento dell'operazione è la differenza tra il prezzo di riacquisto e il prezzo di vendita.

Su tale rendimento è applicata una tassazione con un'aliquota del 12,50%, "alla fonte", vale a dire che al risparmiatore è restituito un prezzo di vendita con un interesse al netto delle tasse. Per il risparmiatore è come un deposito vincolato, per una durata fissa di tempo che in genere varia da uno a sei mesi e il complesso meccanismo utilizzato serve a eludere l'imposta pari al 27% prevista per i depositi bancari.

- Un istituto di credito concede i pronti contro termine per un temporaneo bisogno di liquidità, e lucra investendo il denaro fino alla data di riacquisto dei titoli. Non necessariamente si tratta di investimenti a basso rischio, in obbligazioni o titoli di Stato, anche se la banca si impegna a garantire un interesse certo al cliente.

L'istituto di credito, nel caso di strumenti che non hanno un prezzo predeterminato, come le azioni, si espone al rischio di ripagare il titolo più del valore corrente di mercato alla data di riacquisto. Se il valore di riacquisto è però inferiore al prezzo dello strumento, tale rischio si trasforma in un'opportunità di arbitraggio, rivendendolo ai prezzi correnti. Talora, il contratto prevede delle clausole che esonerano l'istituto di credito dall'obbligo di riacquisto alla data di scadenza, ad esempio, in caso di fallimento della società che ha emesso i titoli (oggetto dello scambio a pronti e a termine).
Molti sono i soggetti potenzialmente sottoscrittori di un pronti contro termine.

- Banca d'Italia. Utilizza lo strumento come controllo della base monetaria indirizzando nel contempo i tassi di interesse. A seconda della congiuntura di mercato la Banca d'Italia è venditrice o acquirente; il tasso sottostante è deciso in base alle politiche di breve periodo che intende perseguire.
- Intermediari finanziari. Lo strumento finanziario è utilizzato dagli intermediari per tenere sotto controllo la propria liquidità oppure come strumento di raccolta, offerto alla clientela, su cui è possibile erogare tassi più elevati in quanto non sottoposto ai vincoli della riserva obbligatoria (che rappresenta un costo per l'intermediario).
- Imprese. Lo strumento finanziario è utilizzato per ricevere finanziamenti nel breve periodo, smobilizzando temporaneamente il proprio portafoglio titoli.
- Risparmiatori. I "Pronti contro termine" sono utilizzati dai risparmiatori come metodo per l'impiego di denaro nel breve termine a tassi molto vicino a quello di mercato. L'interesse non necessariamente è proporzionato, e nemmeno maggiore, con la durata del conferimento, ma

dipende dalle esigenze di liquidità della banca, che può avere investimenti con ottimo profilo di rischio/rendimento nell'orizzonte di un mese e spingere la raccolta con un interesse maggiore per i pronti con tale scadenza.

I rendimenti dei pronti contro termine, pur situandosi nella fascia alta di quelli offerti dagli strumenti di liquidità, sono comunque inferiori all'andamento medio dell'Euribor (quello, per intenderci, ai quali sono agganciate le rate dei mutui a tasso variabile). Insomma, se il risparmiatore riceve un rendimento allettante, gli istituti di credito hanno una convenienza ancora maggiore, perché i pronti contro termine consentono loro di finanziarsi a tassi più bassi di quelli del mercato interbancario.

- Il pronti contro termine è un titolo non liquidabile prima della data di scadenza.
- La banca si impegna a riacquistare i titoli nella data a termine, e in tale occasione il risparmiatore deve essere effettivamente in possesso dei titoli a pronti.

In generale, i pronti contro termine non sono soggetti a particolari rischi, dal momento che la banca si impegna a ritirare il titolo oggetto del contratto al prezzo prefissato anche nel caso di insolvenza (default) o fallimento dell'emittente.
Unica eventualità, seppure catastrofica, è che a fallire sia la banca, ovvero che al termine del contratto essa non sia in grado di riacquistare i titoli. Le operazioni di pronti contro termine non sono coperte dal Fondo di garanzia dei depositi bancari.

Esempio

L'operazione si svolge in due passaggi:

- Definizione del prezzo a pronti, in base al mercato, al quale la banca vende al cliente i titoli a pronti.
- Definizione del prezzo a termine, capitalizzazione del prezzo a pronti a un certo tasso di interesse convenuto tra le parti, al quale la banca riacquista i titoli a termine dal cliente.

Siano dati:

- Prezzo a pronti: 102,5
- Prezzo a termine: 103

- Importo: valore nominale di 50.000 Euro
- Durata: 60 giorni

Svolgimento:

100 : 102,5 = 50.000 : x

da cui:

x = (50.000 x 102.5) / 100 = 51.250 €

prezzo a cui la banca vende i titoli “a pronti”.

100 : 103 = 50.000 : x
x = (50.000 x 103) / 100 = 51.500 €

prezzo a cui la banca riacquista i titoli “a termine”.
Il guadagno lordo per il cliente è di:

51.500 – 51.250 = 250 € per 60 giorni.

Il guadagno netto diviene ovviamente:

I – (I x 12,50%) =
250 – (250 x 12,50%) =
250 – 31,25 = 218,75 €

L’interesse è:

I = (C x i x gg) / 36500
250 = (51.250 x i x 60) / 36500

Da cui:

i = (36500 x 250) / (51250 x 60) =
9125000 / 3075000 = 2,97%

i = 2,97% - 12,50% = 2,60% netto

C.C.T. – Certificati di credito del Tesoro

I Certificati di Credito del Tesoro (CCT) sono titoli a medio-lungo termine emesso dallo Stato Italiano che pagano cedole semestrali variabili, con rimborso del capitale investito, in unica soluzione, alla scadenza.

- Rientrano nella categoria degli investimenti "a capitale garantito".

È uno dei principali strumenti finanziari tramite il quale lo Stato Italiano finanzia il proprio debito pubblico nel lungo termine, assieme ai BTP, titoli che hanno scadenza massima a 30 anni e cedola a tasso fisso.
I Certificati di Credito del Tesoro (CCT) sono emessi, dal marzo 1991, a sette anni; sono una forma di investimento a medio termine che offrono cedole variabili ricalcolate ogni sei mesi e si adeguano quindi due volte l'anno ai consueti parametri dell'inflazione, del costo del denaro, ecc. Possono quindi fornire in un periodo medio lungo un rendimento più adeguato rispetto ai titoli privi di cedola (BOT e CTZ) e anche a quelli a reddito fisso (BTP), ma in condizioni particolari di mercato possono essere svantaggiosi rispetto ai BOT a brevissimo corso o ai BTP di lungo periodo con tasso fisso vantaggioso.

- I CCT si rivelano appetibili per chi desidera ottenere una rendita semestrale in grado di seguire l'andamento dei mercati senza eccessive sorprese, oppure per coloro che intendono speculare sulle oscillazioni del titolo, oscillazioni che possono anche essere sensibili nei primi anni di vita utile del titolo stesso, cioè quando si è ancora lontani dalla scadenza, in vicinanza della quale, poi, le variazioni di mercato si appiattiscono sensibilmente e le commissioni applicate quando il titolo viene negoziato rendono tali operazioni inefficaci per il risparmiatore.

Analogamente agli altri titoli di Stato, i CCT sono trattati regolarmente sul mercato telematico delle obbligazioni e dei titoli di Stato (MOT) per tagli di piccolo importo (lotti da 1.000 euro o multipli) e sul mercato telematico a pronti dei titoli di Stato (MTS) per scambi non inferiori a 2,5 milioni di euro. Chi vuole acquistare un CCT in asta deve effettuare la prenotazione presso un intermediario autorizzato entro il giorno precedente l'asta. Essendo titoli soggetti al regime di dematerializzazione, gli importi sottoscritti dei CCT sono rappresentati da iscrizioni contabili a favore degli aventi diritto.

- Le commissioni di collocamento previste per i CCT ammontano allo 0,30% (30 punti base) del capitale sottoscritto e sono retrocesse dal Tesoro agli intermediari finanziari al momento della sottoscrizione. Conseguentemente, gli intermediari sono tenuti ad applicare alla clientela il prezzo d'asta, senza aggravio di commissioni.

Sulla differenza tra prezzo di emissione e rimborso viene applicata l'aliquota fiscale del 12,50%.
Tale aliquota viene altresì applicata alle cedole semestrali.

- Attualmente è in vigore il seguente meccanismo di indicizzazione: si considera il rendimento lordo semplice annuo registrato sui BOT a sei mesi nell'ultima asta che procede il godimento della cedola. Si moltiplica per 0,5 e si somma lo spread. Il risultato è arrotondato ai cinque centesimi più vicini.

Lo spread costituisce una remunerazione per il maggior "rischio di liquidabilità" del titolo rispetto al BOT; il BOT, infatti, si autoliquida più velocemente, mentre lo smobilizzo del CCT, che ha una maturity più lunga, sul mercato secondario avviene a condizioni meno prevedibili.
Per quanto riguarda l'effettivo pagamento degli interessi rimane uno scostamento temporale di soli sei mesi tra la definizione della cedola e il relativo pagamento. La misura del margine (spread) da sommare ai rendimenti così determinati, a partire dal CCT 1-11-1996/03, equivale a 15 punti base. In precedenza tale margine era stato fissato nella misura di 50 punti base, utilizzato fino all'emissione 1-8-1993/00 inclusa, poi modificato in 30 punti base per i CCT emessi dal 1° ottobre 1993 sino al 1° settembre 1996. In conclusione, sono attualmente disponibili sul mercato secondario CCT con cedole semestrali indicizzati ai rendimenti BOT 6 mesi e con i livelli di spread sopra indicati.

B.T.P. - Buoni del Tesoro Poliennali

Il Buono del Tesoro Poliennale (BTP), creato nel 1892, è un titolo a medio-lungo termine emesso dallo Stato Italiano che paga cedole semestrali fisse stabilite in base al rendimento facciale del titolo, con rimborso del capitale investito, in unica soluzione, alla scadenza.

- Rientra nella categoria degli investimenti "a capitale garantito".

È uno dei principali strumenti finanziari tramite il quale lo Stato Italiano finanzia il proprio debito pubblico nel lungo termine, assieme ai CCT, titoli che hanno scadenza massima a 7 anni e cedola a tasso variabile. Ad esempio, un BTP al 6% paga due cedole semestrali del 3% l'una. Al termine della sua vita, viene pagata un'ultima cedola e rimborsato il capitale alla pari (cioè se si sono acquistati, ad esempio, 100.000 euro di valore nominale, si riavranno indietro 100.000 euro, a prescindere da quanto li si è pagati).

- Essendo uno strumento con cedole a tasso fisso, è soggetto a oscillazioni di prezzo durante la sua "vita finanziaria", che saranno tanto più marcate quanto più lunga sarà la durata del titolo (duration).

L'asta avviene due volte al mese, attraverso asta marginale senza indicazione di prezzo base. I BTP vengono emessi con scadenze di 3, 5, 10, 15 e 30 anni.

- Per incrementare la liquidità il Tesoro emette BTP a 5 anni e ½, BTP a 10 anni e ½, BTP a 15 anni e ½ e BTP a 31 anni in modo che quando il ciclo di riaperture è terminato, la scadenza residua del titolo è prossima a 5, 10, 15 e 30 anni.

In passato il Tesoro ha emesso BTP con scadenze di 2, 4, 7 e 9 anni, che ora non sono più emessi. I BTP sono titoli a medio-lungo termine a reddito fisso particolarmente adatti per quegli investitori che richiedono pagamenti costanti ogni sei mesi.
Per soddisfare le preferenze degli investitori per i titoli con un singolo pagamento a scadenza (obbligazioni a cedola zero), nel

1998 il Tesoro ha avviato un programma di STRIPS ("Separated Trading of Registered Interest and Principal of Securities") che consente a tali investitori di separare le cedole dal capitale del titolo (mantello). Successivamente è possibile ricostituire lo stesso titolo "strippato" riunendo tutte le sue cedole con il mantello. I titoli oggetto di operazioni di stripping sono i BTP a 10, 15 e 30 anni. Le varie scadenze esistenti sul mercato consentono agli investitori di programmare flussi di cassa regolari durante tutto l'arco dell'anno. Inoltre i BTP sono particolarmente apprezzati per la loro liquidità: prima della scadenza gli investitori istituzionali possono comprare o vendere i BTP sia sul mercato secondario regolamentato (MTS), per operazioni non inferiori a 2,5 milioni di Euro, che su quello non regolamentato (over-the-counter).
I cittadini privati possono effettuare queste transazioni sul mercato secondario regolamentato MOT destinato agli investitori al dettaglio. Nell'ambito degli operatori abilitati a partecipare alle aste, il collocamento dei titoli è prevalentemente concentrato tra gli Specialisti in Titoli di Stato Italiani, che, mediamente, si aggiudicano il 60-70% dell'ammontare nominale totale dei titoli di Stato emessi in ogni asta. I BTP possono essere sottoscritti per un valore nominale minimo di 1.000 Euro o un multiplo di esso. Per i BTP le commissioni vengono riconosciute in base alla vita residua del titolo, in particolare:

- Per i Btp a 3 anni (intervallo di vita residuo compreso tra 1 e 1460 giorni) sono pari allo 0,20%.
- Per i Btp a 5 anni (intervallo di vita residua compresa tra 1461 e 2738 giorni) sono pari allo 0,30%.
- Per i Btp a 10 anni (intervallo di vita residua compresa tra 2739 e 4562 giorni) sono pari allo 0,40%
- Per i Btp a 15 e 30 anni (intervallo di vita residua tra 4563 e 999999 giorni) sono pari allo 0,40%.

Calcolo del rendimento

Vediamo le diverse variabili, oltre alla cedola e al prezzo, di cui bisogna tener conto quando si acquista un BTP e che incidono sul rendimento finale.

Prendiamo il caso del BTP 3%, 15/4/2009, Valore di emissione pari a 98,62.
Quattro sono le variabili rilevanti:

- Le spese di acquisto. Queste si aggiungono al prezzo e fanno quindi ridurre il rendimento del BTP.
- Le commissioni d'acquisto pari allo 0,30 del valore nominale. Se il prezzo del BTP è 98,62 pagando commissioni dello 0,30 il prezzo finale sarà di 98,92.
- Le imposte, nella misura del 12,50%, fanno ridurre il rendimento complessivo netto derivante dal BTP.

  Nel caso in questione, poiché la cedola è del 3%, le imposte equivarranno a:

  (3% x 12,5%) = 0,375%

  La cedola netta diventa quindi:

  (3% - 0,375%) = 2,625%

- Le imposte si pagano anche sulla differenza fra il valore di rimborso del titolo e il prezzo d'asta. Per calcolarle bisogna quindi conoscere il prezzo a cui il titolo era stato emesso. Il BTP 3% 15/4/2009 aveva un prezzo di emissione di 98,62. Si pagano dunque le imposte sulla differenza di:

  (100 - 98,62) = 1,38

  pari al 12,50% ovvero pari a:

  1,38 x 12,50% = 0,1725.

  Da cui:

100 – 0,1725 = 99,8275 =
Capitale rimborsato netto

Infine, bisogna considerare le imposte sull'eventuale plusvalenza realizzata, ma solo se il titolo è stato acquistato e/o venduto in periodi diversi dalle date di emissione e rimborso.
Ad esempio, se il BTP è stato acquistato all'emissione, ma viene venduto prima della scadenza, calcoliamo prima la differenza fra il prezzo di vendita e quello di emissione (ad esempio 1,2%).
Calcoliamo poi le imposte nella misura del 12,5%:

(1,2% x 12,5%) = 0,15%

e da queste togliamo le imposte sullo scarto di emissione precedentemente calcolate, ottenendo così le imposte sul capital gain.

- In caso di minusvalenza, non si beneficia di alcun credito di imposta, ma la minusvalenza potrà compensarsi con future plusvalenze entro 4 anni.

Come visto, calcolare il rendimento di un BTP è più complesso di quanto, a primo impatto, potrebbe sembrare.
Per permettere di calcolare con una semplice calcolatrice il rendimento di un BTP, è stata predisposta una formula semplificata.
Il risultato che ne scaturisce non è preciso, ma approssima in modo accettabile il risultato reale.
Ecco una formula semplificata per calcolare il rendimento di un BTP:

$$R = 2C + [(R - P) / n] / [(R + P) / 2]$$

dove:

- C = cedola semestrale netta
- P = somma inizialmente sborsata
- R = capitale rimborsato netto
- n = anni mancanti alla scadenza

Nel caso del nostro esempio abbiamo:

$$R = 2{,}625 + [(99{,}8275 - 98{,}92) / 3] / (99{,}8275 + 98{,}92) / 2$$

$$R = 2{,}9275 / 99{,}37375 = 2{,}94\%\ \text{Netto}$$

BTP indicizzati all'inflazione europea

I BTP indicizzati all'inflazione europea sono dei BTP che hanno il capitale e le cedole che vengono progressivamente indicizzate in base all'inflazione.
Per calcolare i coefficienti di indicizzazione è necessario conoscere l'inflazione rilevata nel periodo di riferimento nell'area euro, inflazione che viene misurata da Eurostat dall'Indice Armonizzato dei Prezzi al Consumo (IAPC) con esclusione del tabacco.
Il profitto è dato non solo dalla cedola, ma anche dall'aumento del valore di rimborso grazie al coefficiente di indicizzazione.
Rispetto a un normale BTP, quindi, il guadagno è superiore, ed è anche per questo che, normalmente, le cedole dei BTP indicizzati all'inflazione europea hanno rendimenti iniziali più bassi.

- Il vero guadagno sui BTP indicizzati all'inflazione europea si ha quando l'inflazione sale.
- Se l'inflazione scende o resta stabile, allora un normale BTP a tasso fisso offrirà rendimenti migliori.

Non solo, ma i BTP indicizzati hanno anche un profilo di rischio più basso, perché sono meno sensibili all'aumento dei tassi. In genere, tassi e inflazione si muovono insieme. Quindi, se salgono i rendimenti allora anche le cedole e la rivalutazione del capitale dovrebbe aumentare.
Quello che crea maggiori "problemi" è il coefficiente di indicizzazione, anche denominato "fattore correttivo".
Il coefficiente di indicizzazione è fondamentale per poter rivalutare il capitale e gli interessi all'inflazione rilevata nel periodo interessato.

Esempio

Ipotizziamo che dalle rivelazioni Eurostat emerga un'inflazione costante annua del 2,5%.
Ipotizziamo inoltre che un BTPi abbia durata di 4 anni e che sia emesso e sottoscritto a 100 e che paghi in interesse reale annuale del 2,55%.

Per prima cosa è necessario esprimere il tasso di rivalutazione (inflazione) su base semestrale. In questo caso ci viene in aiuto la formula dei tassi equivalenti dalla quale si deduce che su base semestrale l'inflazione è:

(1 + 2,5%) ^ (1/2) – 1 = 1,242284%

Calcoliamo adesso il Coefficiente di indicizzazione CI:

CI = (1 + 1,242284%) ^ N

- dove N rappresenta il numero delle cedole.

Metteremo "1" per rivalutare all'inflazione tasso d'interesse e capitale alla fine del primo semestre, "2", dopo il secondo semestre, e così via.
Alla fine del 1° semestre avremo un coefficiente di indicizzazione pari a:

(1 + 1,242284%) ^ 1 = 101,242284

Il capitale rivalutato sarà pertanto pari a:

100 x 101,242284 = 101,242284

L'interesse rivalutato sarà:

(2,55/2) x 101,242284 = 1,2908391

Poiché la rivalutazione avviene su base semestrale, è stato necessario dividere per due l'interesse annuo del 2,55%.

Alla fine del 2° semestre avremo un coefficiente di indicizzazione pari a:

(1 + 1,242284%) ^ 2 = 1,02500000

Il capitale rivalutato alla fine del 2° semestre sarà pari a:

100 x 1,02500000 = 102,5

L'interesse rivalutato sarà:

(2,55/2) x 1,02500000 = 1,3068750

E così via fino al termine dell'8 ottavo semestre (fine 4° anno).
Al termine dell'investimento avremo un capitale rivalutato di 110,381289, mentre l'ultimo flusso cedolare sarà di 1,4073614.

Vediamo, quindi, quanto ha reso questo investimento complessivamente:

- Capitale a scadenza rivalutato: 110,38
- Otto flussi cedolari rivalutati: 1,029+1,307+1,323+1,340+1,356+1,373+1,390+1,407=10,79
- Totale 121,17.

BTP indicizzati all'inflazione italiana

I BTP indicizzati all'inflazione italiana sono titoli di Stato il cui rendimento, esattamente come i BTP indicizzati all'inflazione europea, è parametrato all'andamento dell'inflazione.
In entrambi i casi, quindi, si tratta di BTP legati all'inflazione, ma attenzione, sussistono delle differenze.
Per questo spesso sono chiamati "gemelli diversi".

- Nel caso dei BTP indicizzati all'inflazione europea, l'inflazione di riferimento è appunto quella rilevata a livello Europeo da Eurostat, misurata dall'Indice Armonizzato dei Prezzi al Consumo (IAPC), con esclusione del tabacco.
- Al contrario, i BTP Italia indicizzano il rendimento all'andamento dell'inflazione del solo Stato Italiano, misurata dall'Istat attraverso l'indice nazionale dei prezzi al consumo per famiglie di operai e impiegati (FOI), con esclusione dei tabacchi.

Partiamo dal presupposto che chi sottoscrive un BTP indicizzato ha come obiettivo principale difendere il capitale dal potere erosivo dell'inflazione.
Sempre in linea teorica, quindi, se si vive stabilmente in Italia, dovremmo preferire il BTP Italia; tuttavia, se riteniamo che l'inflazione Europea salga di più di quella Italiana, in un'ottica speculativa, potremmo puntare sul BTP indicizzato all'inflazione europea, in modo da garantirci un extra rendimento rispetto alla salvaguardia del potere d'acquisto del nostro capitale.
In realtà, anche se le due tipologie di BTP inflation linked fossero parametrate alla stessa inflazione sussisterebbero in ogni caso delle divergenze. Un'altra differenza sostanziale tra i BTP inflation linked è rappresentata, infatti, dal meccanismo di riconoscimento della rivalutazione del capitale sottoscritto.

- I BTP indicizzati all'inflazione italiana rivalutano sia il tasso d'interesse nominale, sia il capitale investito; la rivalutazione del capitale all'inflazione viene liquidata semestralmente contestualmente al pagamento degli interessi (anch'essi rivalutati all'inflazione).

Esempio

- Btp Italia sottoscritto a 100.
- Tasso d'interesse reale annuale 2,55%.
- Inflazione annua ipotizzata costante e pari al 2,5%.

Per poter calcolare la rivalutazione del capitale e del tasso d'interesse è necessario disporre del coefficiente di indicizzazione. Per calcolare il coefficiente di indicizzazione CI è necessario conoscere l'inflazione che nella realtà viene calcolata a partire dall'indice nazionale dei prezzi al consumo (FOI). Nel nostro esempio supponiamo che l'inflazione sia già nota e pari al 2,5%.
Per poter calcolare il CI è necessario esprimere l'inflazione annua su base semestrale. Poiché i BTP Italia non capitalizzano la rivalutazione è sufficiente dividere il tasso annuo per 2.

Inflazione semestrale: 2,5%/2 = 1,25%

Coefficiente indicizzazione:

(1 + i%) = (1 + 1,25%) = (1 + 0,0125) = 1,0125

- dove i = tasso d'inflazione

Noto il coefficiente, è sufficiente moltiplicarlo per il capitale e per il tasso d'interesse per rivalutare entrambi all'inflazione.
Alla fine del 1° semestre il valore del capitale rivalutato all'inflazione sarà:

100 x (1,0125) = 101,25

Poiché il tasso d'interesse è annuale e il pagamento degli interessi è semestrale, dobbiamo passare al tasso semestrale dividendo per 2 quello annuale:

2,55%/2 = 1,275%

L'interesse rivalutato per il 1° semestre sarà pertanto:

1,275% x (1,0125) = 1,290%

La logica di funzionamento del BTP Italia vuole che ogni semestre vengano pagati non sono le cedole ma anche la quota di capitale rivalutata nel semestre di riferimento.
Alla fine del primo semestre sul nostro conto corrente saranno accreditati:

- Rivalutazione del capitale 1,25
- Interessi rivalutati 1,29

Se, come supposto, per tutta la durata dell'investimento l'inflazione sarà del 2,5%, ogni semestre otterremo sempre lo stesso importo e alla fine dei 4 anni riceveremo chiaramente anche il capitale sottoscritto di 100.
Pertanto il rendimento a 4 anni sarà di 20,32.

Emissioni Internazionali

Oltre al programma di emissioni sul mercato domestico, la Repubblica italiana ha stabilito da lungo tempo una presenza significativa sui mercati internazionali dei capitali. Il programma di emissione sui mercati internazionali è strumentale al raggiungimento dell'obiettivo di diversificare la base degli investitori internazionali in titoli di Stato italiani in modo da contenere il costo complessivo della provvista e il rischio connesso al rifinanziamento del debito. In generale, la Repubblica emette direttamente prestiti non subordinati che hanno lo stesso status dei titoli emessi sul mercato domestico. E' importante evidenziare come la valuta di emissione non è l'elemento distintivo tra debito emesso sul mercato domestico e su quello estero. Nonostante il debito domestico possa essere denominato solo in euro, a questa stessa valuta si può ricorrere anche nell'ambito dell'emissione di debito estero. Piuttosto, il criterio distintivo risiede nelle diverse modalità di collocamento, come la fase di sottoscrizione e di distribuzione. Considerata la scarsa propensione al rischio di cambio della Repubblica, i proventi derivanti dalle emissioni di titoli in valute estere sono generalmente convertiti in euro grazie a operazioni di swap. Pertanto, lo stock di debito della Repubblica viene calcolato tenendo conto dei controvalori in euro derivanti dalle eventuali operazioni di swap più che non dei nominali emessi nella valuta originaria. La Repubblica accede ai mercati esteri con le seguenti modalità:

- Il Programma "Global bond".
- Il Programma di prestiti a medio termine, "Medium Term Note Program".
- Il Programma di carta commerciale.

Il Programma "Global bond"

E' la modalità di finanziamento più importante per la Repubblica. Così come si evince dall'aggettivo globale che li qualifica, i titoli emessi in questo formato sono diretti a investitori di ogni parte del mondo.

Il mercato di riferimento principale è quello degli Stati Uniti che consente alla Repubblica di soddisfare la parte principale della propria provvista sui mercati internazionali. La Repubblica ha recentemente ampliato i lead manager del Programma, scegliendoli tra le più importanti banche di investimento specialiste in titoli di Stato: Bank of America-Merrill Lynch Barclays, BNP Paribas, Citi, Credit Suisse, Deutsche Bank, Goldman Sachs, HSBC, JP Morgan, , Morgan Stanley, Royal Bank of Scotland e UBS.

- Grazie all'effetto combinato di un intervento focalizzato e dell'assistenza tecnica dei dealer oltre che delle altre banche d'affari qualificate, la Repubblica ha migliorato la sua penetrazione nei mercati esteri.

Il pilastro fondamentale di questa politica è stato l'impegno costante nel mercato statunitense che ha permesso di assicurare una stabile attività di emissione e una significativa liquidità a ogni titolo, oltre a un atteggiamento trasparente nei confronti degli investitori.

Il risultato è stato quello di ottenere una curva dei rendimenti completa e liquida sul dollaro comprensiva della scadenza trentennale e di attestarsi come l'emittente non domestico di riferimento nel mercato statunitense.

Il Programma di prestiti a medio termine

Questo formato di prestiti, attivato fin dal 15 luglio 1998, si rivolge principalmente a investitori europei e asiatici.
I titoli sono sottoscritti da banche (Dealers), che hanno stipulato con la Repubblica un accordo denominato Dealers' Agreement e, successivamente rivenduti agli investitori finali.
Il Programma, descritto nel Simplified Prospectus ha flessibilità operativa, permettendo alla Repubblica di cogliere le diverse opportunità di finanziamento. I singoli prestiti (Tranche) possono essere emessi con un consorzio di banche, con un'emissione pubblica o come "piazzamenti privati". Dopo attenta valutazione da parte dei gestori del debito, le caratteristiche di ciascuna emissione sono adattate in modo da soddisfare le preferenze degli investitori, in ambito delle strutture "vanilla".

- Il Simplified Prospectus, rispetta la normativa basata sulla direttiva europea sul Prospetto e viene aggiornato annualmente ai fini dell'ammissione a quotazione del Programma e delle singole emissioni presso la Borsa Valori di Lussemburgo.

Tuttavia il singolo investitore, nel caso di collocamenti privati, può optare di far quotare il prestito presso un'altra borsa Valori, previa richiesta alla Repubblica. Tutta la documentazione del Programma, costituita principalmente dal Simplified Prospectus, dal Dealers' Agreement è disciplinata dalla legge italiana.

Il Programma di carta commerciale

Il Dipartimento del Tesoro, negli ultimi anni, si è costantemente finanziato sul mercato monetario internazionale ricorrendo al Programma di carta commerciale. Grazie alle sue caratteristiche di estrema flessibilità, la durata e le date di scadenza della carta commerciale sono fissate in modo da soddisfare sia le necessità derivanti dalla gestione della liquidità dell'emittente sia le preferenze degli investitori.

- Tramite questa modalità di raccolta la Repubblica si finanzia emettendo titoli a sconto, di durata inferiore all'anno. Il programma prevede un ammontare massimo di 15 miliardi di euro di carta commerciale in circolazione.

In occasione dell'aggiornamento del programma nel dicembre 2011, si è adeguata tutta la documentazione in modo da rendere sia il programma sia le singole Commercial Paper idonei a essere accettate in garanzia presso la Banca Centrale Europea.
A tal fine è stata richiesta e ottenuta la "STEP label", cioè l'ammissione a quotazione presso il mercato non regolamentato STEP (Short Term European Papers).
Il ruolo di "Issue" e "Paying Agent" è svolto da Citibank.
I titoli vengono collocati attraverso le banche dealer che li rivendono all'investitore finale.
Le principali banche che hanno sottoscritto il Dealers Agreement sono: Merrill Lynch, Banca IMI, Barclays Capital, BNP PARIBAS, Crédit Agricole, Credit Suisse, Deutsche Bank, Goldman Sachs International, HSBC France, ING Commercial Banking, Morgan Stanley, The Royal Bank of Scotland, UBS Investment Bank, UniCredit Bank.
Da notare che non solo lo Stato Italiano ricorre al Programma di carta commerciale; infatti:

- Nell'ottobre 2001 Enel S.p.A. ha lanciato un programma di Carta Commerciale che consente a Enel Investment Holding B.V. (con garanzia della stessa Enel S.p.A.) di emettere carta commerciale fino a un valore complessivo di 1,5 miliardi di euro.

- Nel maggio del 2004 lo stesso programma è stato aggiornato elevando l'importo a 2,5 miliardi di euro.
- Nel novembre 2005, il riassetto delle società finanziarie estere ha suggerito la sostituzione, quale emittente del programma, di Enel Investment Holding B.V. con Enel Finance International S.A.; inoltre, in considerazione della crescente domanda da parte degli investitori, si è ritenuto opportuno incrementare l'importo massimo a 4 miliardi di euro.
- A giugno 2010, per la crescente domanda degli investitori, l'importo massimo è stato incrementato fino a 6 miliardi di euro.

Lo Stripping dei Titoli di Stato

Lo stripping dei titoli di Stato è l'operazione di separazione delle componenti cedolari, della componente indicizzata all'inflazione e del valore nominale di rimborso di un titolo.

- L'operazione di stripping consente di ottenere una serie di titoli zero coupon da ciascun titolo di Stato. I titoli generati da questa operazione sono a loro volta titoli di Stato.

In Italia, le operazioni di stripping e di successiva ricostituzione possono avere per oggetto titoli di Stato con cedola a tasso fisso (BTP a 5, 7, 10, 15 e 30 anni) o indicizzati all'inflazione dell'area euro con esclusione dei prodotti a base di tabacco (BTP€i), non rimborsabili anticipatamente e depositati presso il sistema di gestione accentrata dei titoli di Stato. La norma di riferimento è il Decreto del Ministro dell'Economia e delle Finanze n.96718 del 7 dicembre 2012, pubblicato nella Gazzetta Ufficiale n. 293 del17 dicembre 2012.

- Il mantello è il valore di rimborso del titolo a scadenza privato delle componenti cedolari; per i titoli indicizzati all'inflazione, per "mantello" si intende il valore di rimborso del titolo a scadenza privato delle componenti cedolari e al netto della componente indicizzata all'inflazione.
- Le componenti cedolari (dette anche Coupon Strips e Coupon iStrips nel caso di cedole provenienti da titoli legati all'inflazione) sono le cedole rappresentative degli interessi pagabili sul titolo.
- La componente cedolare ibrida è data dalla somma del valore di rimborso del titolo a scadenza (mantello) insieme con l'ultima cedola, e si applica per i soli titoli nominali a tasso fisso. Tale componente si deve all'introduzione della fungibilità tra cedole e mantello aventi la medesima data di scadenza, effettuata con l'emanazione del sopracitato Decreto attualmente in vigore. Pertanto per i soli titoli nominali a tasso fisso viene superata la distinzione tra cedole e mantello quando queste componenti hanno la medesima data di scadenza.

- La componente indicizzata all'inflazione (detta anche Uplift) è la parte del valore di rimborso dei titoli indicizzati all'inflazione dovuta all'inflazione maturata tra la data di godimento e la data di scadenza del titolo; in caso di deflazione essa ha valore nullo e quindi non può mai assumere un valore negativo.
- Il coupon stripping, nel caso di titoli nominali a tasso fisso è l'operazione di separazione delle componenti cedolari e della componente cedolare ibrida, mentre, nel caso di titoli indicizzati all'inflazione, è l'operazione di separazione delle componenti cedolari dal mantello del titolo e anche della componente indicizzata all'inflazione.

La ricostituzione del titolo è l'operazione di riunione delle componenti cedolari (ibride e non) già separate, anche se originate da titoli diversi, al fine di ottenere nuovi titoli; per i titoli indicizzati all'inflazione la ricostituzione del titolo prevede anche la riunione della componente indicizzata all'inflazione e del mantello. L'inflazione di riferimento è il livello dell'indice dei prezzi al consumo di riferimento, applicabile a una certa data, calcolato ai sensi dei decreti di emissione dei titoli di Stato indicizzati all'inflazione. Il coefficiente di rettifica è il rapporto tra 100 e l'inflazione di riferimento alla data di godimento originaria del titolo (indice o inflazione base).
Il "tasso reale annuo" è il tasso cedolare base annuo, definito ai sensi dei decreti di emissione dei titoli di Stato indicizzati all'inflazione. Un titolo con cedola nella sua forma originaria garantisce all'investitore un flusso di pagamenti costituito dalle cedole, che maturano nel periodo compreso tra l'acquisto e la vendita e/o scadenza del titolo, e dal rimborso del titolo alla scadenza; quest'ultimo, nel caso dei titoli indicizzati all'inflazione, è dato dal valore facciale più l'Uplift.
Con l'operazione di coupon stripping è possibile dividere un titolo con cedola in nuovi titoli zero coupon, ovvero, originare un certo numero di nuovi titoli zero coupon da un unico titolo con cedole: pertanto, per i titoli nominali a tasso fisso ogni singola cedola, e la cedola ibrida finale e, nel caso di titoli indicizzati all'inflazione, ogni singola cedola, l'Uplift e il mantello, diventano titoli negoziabili separatamente.

Tali titoli, come ribadito anche dal sopracitato Decreto all'art. 4, diventano degli autonomi titoli di Stato, qualificabili come zero coupon.
Un investitore che, ad esempio, sia interessato ad avere in portafoglio un titolo di Stato con una specifica scadenza futura (ad esempio 1° febbraio 2018), ma non al flusso cedolare intermedio, può acquistare sul mercato componenti strippate (pertanto zero coupon) con quella data di scadenza (cedola ibrida del BTP 1° febbraio 2018 e/o Strips con scadenza 1° febbraio 2018, provenienti dai BTP con ciclo cedolare febbraio/agosto e scadenza uguale o successiva al 1° febbraio 2018). Analogamente può richiedere lo stripping del BTP 1° febbraio 2018, mantenere solo la cedola ibrida finale e vendere sul mercato le altre componenti originate della separazione.

Le operazioni di separazione e ricostituzione dei titoli di Stato possono essere richieste alla Monte Titoli S.p.A. da tutti i soggetti che hanno un conto presso la sua gestione accentrata (invio di un messaggio su Rete Nazionale Interbancaria 7A7 per la separazione e 7A8 per la ricostituzione) nei confronti dei quali non si applica l'imposta sostitutiva prevista dal decreto legislativo n. 239 del 1° aprile 1996 (i cosiddetti soggetti lordisti).
Ai sensi del citato Decreto Ministeriale del 7 dicembre 2012:

- Ciascuna operazione di separazione e ricostituzione è ammessa per un importo nominale pari o multiplo di 1.000.000 Euro.
- Il taglio minimo dei titoli risultanti dall'operazione di separazione è pari a un centesimo di Euro per la cedola ibrida finale, per il mantello, per la componente indicizzata all'inflazione e per le altre componenti cedolari.
- Le sedi di negoziazione all'ingrosso prevedono lotti minimi di contrattazione adeguati alle caratteristiche di questa tipologia di titoli (art.3 c.3 del Decreto ministeriale 216/2009).
- Le operazioni di stripping e ricostituzione avvengono mediante annotazioni contabili, su richiesta dei soggetti aderenti al sistema di gestione accentrata dei titoli di Stato. Ciascun titolo risultante dalle operazioni di separazione rappresenta un autonomo titolo di Stato, qualificabile come zero coupon, e ha circolazione solo all'interno del sistema di

gestione accentrata dei titoli di Stato. Si fa presente che le statistiche ufficiali sullo stock del Debito Pubblico non tengono conto delle operazioni di stripping, ma fanno sempre riferimento alle emissioni originarie dei titoli.

- Per ciascun titolo risultante dalle operazioni di separazione e ricostituzione, il prezzo di emissione si intende pari al prezzo di acquisto, mentre per data di emissione si intende la data di acquisto. Nel caso di più acquisti operati dal medesimo soggetto sullo stesso titolo si assume come data di acquisto la data media ponderata di acquisto e come prezzo di acquisto il prezzo medio ponderato di acquisto. L'interesse su tali titoli è dato dalla differenza tra il valore di rimborso e il prezzo di acquisto e la maturazione avviene in regime di capitalizzazione composta.
- Per i titoli di Stato nominali a tasso fisso, le componenti cedolari ibride e non ibride, aventi la medesima scadenza, originate dalla separazione di uno stesso titolo o di titoli diversi, sono tra loro fungibili e, pertanto, sono individuati da uno stesso codice ISIN (zero coupon con valore di rimborso di un centesimo), indipendentemente dal titolo da cui provengono. Per i titoli indicizzati all'inflazione, la fungibilità è ammessa per le sole componenti cedolari. Inoltre, le componenti cedolari dei titoli indicizzati all'inflazione non sono fungibili con le componenti cedolari dei titoli nominali.
- Quando si effettua lo stripping di titoli indicizzati all'inflazione, per rendere fungibili le componenti cedolari con stessa scadenza ma provenienti da titoli diversi e con inflazione base differente, occorre procedere a un meccanismo di aggiustamento: il cosiddetto "valore aggiustato" è ottenuto moltiplicando la cedola semestrale reale per il coefficiente di rettifica.
- Al momento della ricostituzione del titolo e/o alla maturazione delle cedole, la coerenza dei flussi di cassa di componenti cedolari con stessa scadenza ma con diversa inflazione di riferimento iniziale (indice base) è ottenuta moltiplicando l'importo nominale della componente cedolare per l'indice di riferimento alla data di regolamento diviso per 100.

I Titoli di Stato Francesi

I titoli di stato francesi sono, al pari dei nostri, suddividibili in titoli di stato a breve, a medio e a lungo termine, secondo lo schema seguente:

- BTF. Bons du Trésor à taux fixe et à intérët précompté : Buoni del Tesoro a tasso fisso, durata massima 1 anno.
- BTAN. Bons du Trésor à taux fixe et à intéret annuel : Buoni del Tesoro a tasso fisso con scadenze da 2 a 5 anni.
- OAT. Obligations Assimilables du Trésor: obbligazioni a lungo termine, con scadenze da 10 fino a 50 anni.
- BIP. Bons à Intérêt Progressif, in cui l'interesse aumenta progressivamente con il tempo.

La Agence France Trésor (ATF) è il dipartimento del Ministero delle finanze francesi responsabile della gestione del debito pubblico e del Tesoro. Per le persone fisiche l'importo delle cedole e degli interessi è sottoposto a l'Impôt sur le revenu (IR), secondo una scala progressiva e aux prélèvements sociaux, alla fonte. Tuttavia, se l'importo totale di cedole e interessi percepiti nell'anno da ogni famiglia non supera i 2.000 euro, è possibile optare per un'imposizione forfettaria al tasso del 24%.

BTF

Sono titoli di debito negoziabili emessi dal tesoro francese con scadenza a breve termine, 3, 6 o 12 mesi e a tasso fisso.
Sono stati creati nel 1985, quando lo stato ha razionalizzato la struttura del suo debito. Con una durata inferiore a un anno, erano destinati originariamente alla gestione di tesoreria a breve termine dello stato francese.
I BTF sono emessi ogni lunedì per asta nel quadro di un calendario trimestrale pubblicato in anticipo e contenente le scadenze dei buoni che saranno messi all'asta.

- Alcuni BTF possono essere emessi, a seconda dei casi, fuori calendario per una durata da 4 a 7 settimane in funzione dei bisogni di tesoreria dello stato.

I tassi sono calcolati su base annuale di 360 giorni, come è in uso sul mercato monetario della zona Euro. In pratica sono in tutto e per tutto assimilabili ai nostri BOT.
I BTF hanno una durata troppo corta per essere oggetto di un mercato secondario importante e sono quindi i titoli meno liquidi dello stato francese; nondimeno, questi titoli restano molto liquidi e sono facilmente rivendibili.
Anche per i BTF il mercato è gestito tramite le banche SVT (spécialistes en valeur du trésor).

BTAN

I BTAN sono obbligazioni di durata da 2 a 5 anni, emesse mediante asta il terzo giovedì del mese tranne in agosto e in dicembre.

- L'Agence France Trésor emette generalmente una nuova linea di BTAN a 2 anni ogni semestre e una nuova linea di BTAN a 5 anni ogni anno, sulle quali sono in seguito assimilate le emissioni mensili.

Precedenti linee di BTAN a 5 anni, di maturità residua pari a 2 anni, possono essere riproposte al posto di un BTAN a 2 anni. L'Agence si riserva inoltre la possibilità di aggiudicare precedenti linee d'OAT con una maturità residua paragonabile a quella di un BTAN (sempre 2 anni).
Il venerdì precedente l'asta, che ha luogo il terzo giovedì del mese (tranne in agosto e in dicembre), l'Agence France Trésor indica le linee emesse e l'importo globale dell'aggiudicazione sotto forma di intervallo.

- Le offerte, d'importo minimo di un milione di euro, vengono effettuate a corso ex cedola espresso come percentuale del valore nominale a due decimali.

Il regolamento ha luogo il martedì successivo all'aggiudicazione. I BTAN hanno un taglio nominale di 1 euro. La cedola maturata è calcolata sulla base del numero di giorni esatto su numero di giorni esatto (ACT/ACT). La scadenza dei BTAN, così come il pagamento della cedola, sono fissati al 12 del mese.

OAT

Alcuni OAT sono quotati su Euronext.
Tutte le emissioni vengono negoziate in borsa e fuori borsa.
Distinguiamo:

- OAT nominali o a tassso fisso.
- OAT indicizzati o indicizzati all'inflazione.
- OAT zero coupon.

OAT nominali o a tasso fisso

Gli investitori obbligazionari che desiderano un reddito garantito prevedibile, in Francia possono prendere in considerazione gli OAT nominali o a tasso fisso, emessi per periodi fino a 50 anni al valore nominale di un Euro.
Gli OAT vengono ripagati su base forfettaria alla scadenza, rimborsati alla pari, ovvero al proprio valore nominale di un Euro per obbligazione. Gli interessi (cedola) vengono pagati una volta all'anno per tutta la durata del bond. L'obbligazione è a "tasso fisso", quindi, l'interesse cedolare annuo non varia.

- Le date di scadenza degli OAT a tasso fisso e le date di pagamento della cedola per queste obbligazioni sono il 25 aprile o il 25 ottobre.

OAT indicizzati o indicizzati all'inflazione

Gli investitori obbligazionari che desiderano un reddito aggiuntivo in Francia ma sono anche preoccupati dell'inflazione (sia essa relativa alla Francia o all'Europa) possono prendere in considerazione gli OAT indicizzati o indicizzati all'inflazione.

- Si tratta di obbligazioni a tasso fisso, il cui capitale è alla pari al momento della scadenza e le cedole (interessi) vengono pagate annualmente.

L'obbligazione è comunque protetta anche dall'inflazione in Francia (OAT i) o in Europa (OAT Euro i), grazie al fatto che il capitale è collegato a un punto di riferimento giornaliero calcolato in rapporto all'indice di prezzi al consumo francese (escluso il tabacco) nel caso

degli OAT i, o all'indice dei prezzi armonizzato per la zona Euro nel caso degli OAT Euro i.
In questo caso, la cedola che l'investitore riceve è in parte fissa, predeterminata dalla percentuale del tasso applicato al capitale, e in parte variabile, indicizzata all'inflazione. Il sito web della Agence France Trésor fornisce ulteriori dettagli in merito a tale indicizzazione, al regolamento e ai calcoli a essa relativi.

OAT con capitalizzazione differita o OAT zero coupon

Gli investitori obbligazionari che volessero iniziare a risparmiare in vista di obiettivi a lungo termine come il pensionamento, ma che non hanno attualmente a propria disposizione grandi quantità di denaro, possono scegliere gli OAT con capitalizzazione differita o zero coupon.
Gli OAT con capitalizzazione differita non pagano la cedola e sono noti anche come OAT "zero coupon" o "stripped". Si tratta di OAT nominali a tasso fisso, suddivisi in cedola e capitale. L'OAT con capitalizzazione differita non presenta un importo della cedola, bensì solo l'importo del capitale o certificato di capitale. Pertanto l'OAT con capitalizzazione differita è il certificato di capitale. Non essendovi cedola e nessun pagamento degli interessi annuali, un OAT zero coupon costa meno rispetto a un OAT nominale a tasso fisso.

I Titoli di Stato Americani

Le obbligazioni emesse dal Tesoro degli Stati Uniti vengono chiamate Treasuries e sono scambiate nel mercato monetario più liquido del mondo e contraddistinte dal massimo rating di affidabilità. I Treasuries sono normalmente trattati dagli intermediari americani, salvo eccezioni, a lotti di 5.000 $ di valore nominale.

- Essendo supportate da "full faith and credit" (piena fiducia e credito) del governo statunitense, e pertanto dalla sua capacità di ottenere gettito fiscale e stampare moneta, i titoli del Tesoro USA sono considerati gli investimenti più sicuri in assoluto. Nel mercato li si considera privi di "rischio di credito", vale a dire che si è virtualmente certi che gli interessi e il capitale verranno pagati in modo puntuale.

Tuttavia, gli acquirenti esteri di Treasuries incorrono nel rischio legato ai cambiamenti del tasso di cambio valutario. Dato questo livello di sicurezza, i tassi di interesse sono generalmente inferiori rispetto ad altri titoli di debito ampiamente negoziati, come i bond societari.

- I Treasuries sono disponibili con un'ampia gamma di date di scadenza: ciò consente a un investitore di strutturare un portafoglio in base a specifici orizzonti temporali.

Gli US Treasuries possono godere inoltre di vantaggi fiscali.
Sotto il profilo fiscale, gli investitori esteri non residenti negli USA, qualificati come NRA (Non Resident Aliens) in base a un’autocertificazione rilasciata con il modello W8-BEN sono esenti da ogni imposizione.
Gli Stati Uniti emettono i seguenti tipi di obbligazioni:

- T-Bills - Treasury Bills.
- T-Notes - Treasury Notes.
- T-Bonds - Treasury Bonds.
- Strips - Zero-Coupon Treasuries.
- Tips - Treasury Inflation Protected Securities.

I Treasuries possono essere acquistati e venduti tramite un professionista degli investimenti, una banca commerciale o un broker online. Essi possono fornire sia le emissioni più recenti ("on the run") sia le emissioni pregresse ("off the run"), negoziate nel mercato secondario. Spesso non è richiesta alcuna commissione per la compravendita di titoli Treasury.

- I dealer ottengono un profitto acquistando le obbligazioni a un prezzo e rivendendole a un prezzo leggermente superiore. Alcuni privati preferiscono acquistare nuove emissioni direttamente dal governo, all'asta, attraverso il relativo programma Treasury Direct.

Dopo aver aperto un conto Treasury Direct presso il Tesoro, è possibile partecipare direttamente alle aste del Tesoro stesso. Se si ha intenzione di vendere Treasuries presenti su un conto Treasury Direct, è possibile utilizzare un programma del Tesoro chiamato Sell Direct, in cui la Federal Reserve Bank di Chicago venderà il titolo nel mercato secondario, dietro commissione.
Se si utilizza il programma Treasury Direct per acquistare un titolo e lo si desidera vendere tramite un dealer, è necessario provvedere al suo prelevamento dal conto presso il Tesoro. Non è possibile acquistare titoli sul mercato secondario tramite il Tesoro.
Gli investitori possono scegliere di investire in un fondo comune specializzato in Treasuries. Alcuni fondi contengono altri titoli a reddito fisso o strumenti finanziari derivati, insieme ai Treasuries, pertanto gli investitori devono essere sicuri di comprendere lo scopo del fondo e la composizione degli asset in esso contenuti.

T-Bills

I T-Bills, Treasury Bills, sono buoni del tesoro emessi con scadenza massima di un anno, non prevedono il pagamento di una cedola, ovvero vengono acquistati a un prezzo scontato da quello ricavabile a scadenza.
Rispondono alle esigenze di investimento in modo simile ai fondi del mercato monetario e ai conti di risparmio.
Possono rappresentare un modo per accantonare del denaro che potrebbe servire subito a un investitore, per un'emergenza o per altri scopi. Il mercato dei buoni ordinari del tesoro è altamente liquido; gli investitori possono convertire rapidamente i buoni in contanti tramite un broker o una banca.

- I buoni ordinari del tesoro funzionano come obbligazioni zero coupon. Gli investitori acquistano i buoni sotto la pari, o valore nominale, e quindi ricevono l'intero importo quando il buono matura.

Ad esempio, un buono da 26 settimane che rende $ 1.000 alla scadenza e produce un rendimento annuo del 6,28% costerebbe $ 970,28. Assimilabili, quindi, in tutto e per tutto ai nostri BOT. I T-Bills sono emessi con tagli minimi di 10.000 $.

T-Notes

I T-Notes, Treasury Notes, sono buoni del tesoro emessi con scadenze comprese fra uno e dieci anni (generalmente due, cinque e dieci anni), che prevedono il pagamento di una cedola semestrale stabilita al momento dell'emissione, oltre al rimborso del capitale a scadenza.
Possono essere acquistati per far fronte a specifiche spese future, come le tasse universitarie, o utilizzate per generare contanti durante la pensione.
Sono emessi con taglio minimo di 1.000 $. Naturalmente, sul mercato si trovano T-Notes emessi nel passato, che attualmente hanno scadenze anche inferiori a un anno e che talvolta sono più convenienti dei nuovi T-Bills.

T-Bonds

I T-Bonds, Treasury Bonds, sono buoni del tesoro emessi con una scadenza superiore ai dieci anni (solitamente durata di 30 anni), che prevedono il pagamento di una cedola semestrale stabilita al momento dell'emissione, oltre al rimborso del capitale a scadenza. Naturalmente, sul mercato si trovano T-Bonds emessi nel passato, che attualmente hanno scadenze anche inferiori ai dieci anni e che talvolta sono più convenienti dei nuovi T-Notes e T-Bills.

Strips

Gli Strips, Zero-Coupon Treasuries, sono buoni del tesoro di medio e lungo termine privi di cedola, il cui vantaggio per l'investitore sta nella differenza fra il prezzo di acquisto e quello di rimborso.
L'investimento in Strips può risultare molto interessante.
Il rendimento di uno Strip, infatti, è generalmente pari a quello che si può ottenere comprando un T-Notes o un T-Bonds e reinvestendo nello stesso titolo le cedole ricevute fino alla scadenza. Un'operazione onerosa e spesso inattuabile per il piccolo-medio investitore.

- Comprando uno Strip, invece, è possibile assicurarsi un capitale futuro con un investimento limitato e al costo di una sola transazione.

Naturalmente il titolo è vendibile in qualsiasi momento, tanto che sul mercato si trovano Strips emessi nel passato anche con scadenze reltivamente brevi. Per molti anni, le case di negoziazione hanno offerto agli investitori prodotti speciali, separando le componenti di capitale e interessi dei titoli del Tesoro, un procedimento detto "coupon stripping" (scorporo della cedola).
I titoli con negoziazione distinta della quota interessi e della quota capitale di un prestito ("STRIPS"), chiamati anche titoli "zero coupon" o "zero", sono negoziati come titoli singoli.
Effettuando una negoziazione distinta di un'obbligazione con scadenza a 20 anni, ad esempio, si ottengono 40 STRIPS della cedola (una per ogni pagamento semestrale della cedola) e uno STRIPS principale. Una volta che l'obbligazione è sottoposta a "stripping", gli investitori possono acquistare uno o tutti gli STRIPS disponibili.

Tips

I Tips, Treasury Inflation Protected Securities, sono buoni del tesoro emessi con una scadenza superiore ai dieci anni, che prevedono il pagamento di una cedola semestrale stabilita in percentuale al valore nominale del titolo, che è indicizzato all'indice dei prezzi al consumo (CPI).

- Dato che il capitale è indicizzato all'indice dei prezzi al consumo e aumenta con l'inflazione, l'investitore ha la garanzia che il reale potere d'acquisto del capitale si manterrà di pari passo con il tasso di inflazione.

Anche se un'eventuale deflazione potrebbe far diminuire il capitale, il Tesoro pagherà alla scadenza un importo non inferiore al valore nominale che il titolo aveva nella data in cui è stato emesso la prima volta.

- Anche gli interessi sono protetti dall'inflazione.

- L'investitore riceverà il pagamento degli interessi semestralmente, in base a un tasso di interesse fisso semestrale applicato al capitale deflazionato, così da avere la garanzia di ricevere un reale tasso di rendimento al di sopra dell'inflazione. Dal momento che sia il capitale rimborsabile a scadenza sia il reddito sono indicizzati all'inflazione, i Tips rappresentano sicuramente il miglior investimento, con rischio tendente a zero, nell'area dollaro.

Naturalmente sono titoli liquidi vendibili in qualsiasi momento, tanto che sul mercato di trovano Tips emessi nel passato anche con scadenze meno lunghe. Dato che i cittadini hanno bisogno di risparmiare per costruirsi una pensione, acquistare casa o far fronte ad altre necessità, alcuni potenziali investitori obbligazionari desiderano preservare il proprio potere d'acquisto investendo in "protezione dall'inflazione". Benché l'inflazione oggi è inferiore rispetto a qualunque altro momento dagli anni '60, molte persone si preoccupano del fatto che gli investimenti, e tra essi i titoli del Tesoro, possano alla lunga perdere potere d'acquisto. In mercati recenti, alcune obbligazioni US Treasury legate all'inflazione

(TIPS) hanno riscontrato una domanda talmente alta che il rendimento reale è giunto allo 0% o meno dello 0%.

- Dato che il pagamento sia del capitale sia degli interessi è legato ai cambiamenti degli indici di prezzo al consumo, in poche parole gli investitori ammettono di essere disposti a rinunciare a del denaro oggi per assicurarsi contro la futura inflazione.

Un periodo prolungato di tassi di interesse in discesa e l'inflazione relativamente bassa, hanno creato uno scenario favorevole per i tradizionali investimenti a reddito fisso. Ma lo spauracchio dell'ascesa dei tassi di interesse in un prossimo futuro, ha fatto sì che molti investitori adottassero strategie adatte a una situazione diametralmente opposta: un ambiente con tassi di interesse elevati e inflazione in netto aumento, in grado di erodere il valore relativo della maggior parte degli investimenti a reddito fisso.
È possibile acquistare TIPS sotto forma di titoli singoli e in fondi comuni di investimento. I buoni TIP a dieci anni possono essere acquistati a valori nominali minimi di $ 1.000 e relativi multipli.

I Titoli di Stato Tedeschi

Le obbligazioni tedesche sono note come Bund (da Bundesanleihen).

- Le scadenze dei Bund variano da quattro a trent'anni.

I privati possono inoltre acquistare altre obbligazioni, come i titoli federali a cinque anni o "Bobls" (da Bundesobligationen), i titoli federali del Tesoro con scadenza a due anni o "Schatze" e i titoli di risparmio federale (Bundesschatzbriefe).
Alle offerte del mercato obbligazionario sono stati recentemente aggiunti i titoli di stato tedeschi indicizzati all'inflazione. Per le obbligazioni tedesche si suole considerare ogni mese dell'anno come se avesse 30 giorni al fine di calcolare l'interesse maturato. Vi sono svariate disposizioni fiscali in merito alle obbligazioni tedesche, tra cui una ritenuta d'acconto sugli interessi per la maggior parte degli investitori. L'emissione di titoli di stato tedeschi è considerata un "gold standard" o benchmark in Europa (anche dopo la creazione dell'Euro). In Germania, il mercato obbligazionario per gli investitori individuali non è significativamente "diretto"; benché il singolo investitore in Germania possegga una quantità rilevante di obbligazioni all'interno delle proprie partecipazioni complessive, gran parte dell'attività non consiste nell'acquisto di singoli bond ma piuttosto nel detenerli attraverso fondi comuni e prodotti "assicurativi", come i fondi pensione, i fondi spese funebri, ecc.
È possibile acquistare titoli di stato tedeschi da banche tedesche, casse di risparmio, cooperative di credito e dalla Agenzia finanziaria tedesca. L'Agenzia finanziaria della Repubblica Federale di Germania fornisce informazioni sulle proprie obbligazioni, sui prezzi del mercato e altri dati attraverso il suo sito.
È possibile acquistare titoli di stato tedeschi attraverso l'Agenzia finanziaria, in alcuni casi anche online. Il sito web dell'Agenzia finanziaria descrive a grandi linee i termini e i dettagli dei prodotti e degli strumenti.
Vi sono svariate disposizioni fiscali in merito alle obbligazioni tedesche, tra cui una ritenuta d'acconto sugli interessi per la maggior parte degli investitori.

I Titoli di Stato Inglesi

I titoli di stato del Regno Unito sono anche chiamati titoli gilt-edge o gilts, e a volte Treasury Stock.
I gilts vengono emessi dal UK Debt Management Office per conto del Tesoro di Sua Maestà e vengono quotate alla Borsa di Londra (London Stock Exchange). Questi titoli di stato si chiamano "gilt" perché originariamente i certificati per questi titoli erano bordati d'oro.

- La maggior parte dei gilts viene venduta con un tasso fisso di interesse per tutta la durata dell'obbligazione, pagata semestralmente, con restituzione del valore nominale totale alla scadenza (noto anche come "rimborso in unica soluzione alla scadenza").

I titoli di stato del Regno Unito sono considerati tra le obbligazioni di maggior qualità al mondo poiché il Regno Unito non è mai stata una nazione insolvente su un'emissione (anche se i risultati passati non garantiscono che non vi siano inadempienze in futuro).

- I gilt sono emessi in sterline inglesi da 100 unità ma possono essere negoziate in unità minori e vengono emessi per periodi tra 1 e 50 anni.

I gilts non possono essere riscossi prima della loro data di scadenza ufficiale, ma un investitore li può vendere sul mercato obbligazionario. Vi sono anche alcuni gilt "irredimibili" che non hanno data di rimborso. I gilt del Regno Unito sono caratterizzati dal numero di anni rimanenti alla scadenza; si distinguono, infatti:

- Gilt a scadenza ravvicinata, se mancano meno di sette anni alla scadenza.
- Gilt a scadenza media, se la scadenza dell'obbligazione è dopo 7-15 anni.
- Gilt a lunga scadenza, se la data di scadenza è a più di 15 anni.

I singoli investitori dovrebbero notare la differenza rispetto a quanto avviene negli USA, dove i mercati obbligazionari specificano le scadenze utilizzando il numero di anni alla scadenza

quando il titolo viene emesso. I gilt presentano svariati vantaggi e requisiti fiscali. È opportuno consultare il proprio consulente fiscale, il sito web dello UK Debt Management o l'autorità fiscale del Regno Unito.
Esistono molti tipi di gilt, ma il 99% delle emissioni di queste obbligazioni sono di due tipi principali:

- Gilt convenzionali.
- Gilt indicizzati.

Gilt convenzionali

I gilt convenzionali, emessi in unità da 100 sterline, sono la forma più comune di gilt che garantisce al detentore dell'obbligazione il pagamento di un coupon, pagamento fisso in contanti, ogni sei mesi, fino alla data di scadenza, in cui gli verrà restituito il capitale e l'importo finale degli interessi della cedola. La maggior parte dei gilt convenzionali è emessa con scadenza a cinque, dieci e trenta anni, anche se a partire dal 2005 sono stati emessi anche gilt convenzionali con scadenza a cinquant'anni.
Come esempio ipotetico, un 3% Treasury Gilt 2020 comporta un 3% di tasso cedolare (il pagamento in contanti per unità da 100 sterline che l'investitore riceverà in due pagamenti in date fisse ogni sei mesi all'anno); 2020 è l'anno di scadenza (durante il quale vi sarà una data specifica in corrispondenza della quale il capitale verrà restituito).
La percentuale solitamente riflette il tasso di interesse del mercato al momento della prima emissione del gilt.

Gilt indicizzati

I gilt indicizzati (IG), a volte noti come obbligazioni indicizzate all'inflazione, sono state una novità del Regno Unito poi copiata da altri governi, come nel caso degli US Treasury TIPS LINK.
I gilt indicizzati hanno pagamenti della cedola e del capitale ritoccati in linea con lo UK Retail Price Index (RPI); in altre parole, il pagamento della cedola e il capitale sono corretti per tenere in considerazione l'inflazione maturata da quando il gilt è stato inizialmente emesso. Ogni pagamento della cedola sui gilt indicizzati è costituito dalla metà dell'importo della cedola del tasso di interesse reale annuo (indicato nel titolo del gilt) e dall'adeguamento applicato all'importo del pagamento della cedola reale al fine di tenere in considerazione l'aumento dell'RPI da quando il gilt è stato emesso.
Le nuove emissioni di gilt indicizzati vengono calcolate su un'indicizzazione trimestrale, detta "lag structure" (struttura di ritardo). Le emissioni più vecchie sono state calcolate con un ritardo di otto mesi. La metodologia di indicizzazione è anch'essa diversa per questi due tipi di gilt indicizzati. Sul sito web dello UK Debt Management Office vi è una sezione di dati legati ai gilt indicizzati. Sul relativo sito web si possono trovare informazioni sulle formule per calcolare i prezzi dei gilt a partire dal rapporto tra rendimenti e indice giornaliero e RPI di riferimento.

STRIPS dei gilt

STRIPS è l'acronimo per Separate Trading of Registered Interest and Principal Securities (negoziazione distinta della quota interessi e della quota capitale di un prestito).

I gilt che possono essere negoziati in questo modo sono "scorporati" in segmenti di capitale e cedola, che possono essere, quindi, detenuti o negoziati separatamente come obbligazioni non fruttifere (o zero coupon). Gli STRIPS vengono chiamati "obbligazioni zero coupon" perché non pagano interessi alla data di scadenza dello STRIPS; chi li possiede riceve un pagamento per il valore nominale dello strips. Per questo, tali obbligazioni sono negoziate sotto la pari del valore nominale prima della scadenza.

Tutti i gilt "strippable" (scorporabili) sono attualmente obbligazioni convenzionali a cedola fissa.

Lo UK Debt Management Office dichiara di considerare tutte le emissioni di nuovi gilt convenzionali come "strippable". Si possono ottenere maggiori informazioni sui dettagli degli STRIPS tramite lo UK Debt Management Office. I singoli investitori possono investire in STRIPS, a volte direttamente, ma dovrebbero consultare un consulente finanziario o un broker prima di investire in STRIPS, essendo un prodotto destinato più che altro ai professionisti del mercato.

- I gilt vengono negoziati in un mercato all'ingrosso incentrato su un gruppo di aziende note come Gilt-edged Market Makers (GEMM).

I prezzi aumentano e diminuiscono a seconda dei mercati, quindi il titolo dei gilt non indica il valore di quel gilt nel mercato, né quanto sarà necessario pagare per acquistarlo o quanto si riceverebbe se lo si vendesse piuttosto che attenderne il rimborso alla scadenza. Il prezzo di un gilt può cambiare continuamente. Se si sta acquistando o vendendo un gilt, generalmente si dovrà pagare o ricevere l'importo corrispondente all'interesse maturato sul gilt stesso.

Vi è anche un regolamento relativo ai periodi "ex-dividendo".

- Il periodo "ex-dividendo" è il periodo di 7 giorni lavorativi precedente alla data di pagamento di un dividendo (coupon).

Un venditore, durante il periodo ex-dividendo, riceverà l'intero dividendo, ma dovrà ripagare all'acquirente una proporzione o "abbuono di interesse". Chi acquista un gilt entro questo periodo non avrà diritto al successivo dividendo né al pagamento dell'interesse maturato, ma riceverà l'abbuono di interesse. Si ricordi che un broker, una banca o lo UK Debt Management Office applicherà delle commissioni per la compravendita di gilt. È opportuno assicurarsi di conoscere gli importi di tali commissioni applicate alla propria transazione.

Le Azioni

Il termine azione costituisce la frazione minima del capitale sociale che occorre sottoscrivere per assumere la qualità di socio di una società per azioni o in accomandita per azioni. Normalmente l'azione è rappresentata da un documento che attribuisce la qualità di socio a chi ne acquista il possesso in base a determinate regole di circolazione. In linea di massima le azioni devono poter circolare liberamente; tuttavia, la legge consente che l'atto costitutivo della società per azioni possa porre dei limiti alla loro circolazione, per esempio attraverso la clausola di gradimento oppure la clausola di prelazione.

- La clausola di gradimento subordina il trasferimento delle azioni all'approvazione del consiglio di amministrazione della società. Questa clausola non è naturalmente ammessa per le società quotate in borsa.
- In base alla clausola di prelazione, presente nelle società di piccole-medie dimensioni, gli azionisti si impegnano a offrire dapprima agli altri soci le azioni che intendono alienare.

Il possessore di una azione è, quindi, proprietario di un'unità del capitale sociale della società, o, detto più brevemente, è proprietario di una quota societaria, e per questo motivo è socio della stessa. Le azioni devono essere di eguale valore e conferiscono ai loro possessori uguali diritti.
Le azioni possono essere quotate o non quotate.

- Nel primo caso è più facile acquistarle o venderle a un prezzo di mercato.
- Le azioni non quotate, invece, possono presentare grossi problemi al momento della vendita.

La distinzione tra azioni e obbligazioni è una delle ripartizioni fondamentali nel mondo della finanza.
La prima differenza riguarda proprio lo status dell'investitore; chi investe in un'obbligazione diventa creditore della società, invece, chi acquista un'azione ottiene lo status di socio. Con i pro e i contro.

- Chi compra un'obbligazione riceverà, a una scadenza predefinita, il rimborso del capitale con un determinato rendimento.
- Nel caso delle azioni, invece, il rischio finanziario è maggiore, o comunque di più difficile determinazione; infatti, le quotazioni avvengono in Borsa, e quindi ne subiscono le fluttuazioni.

Se il titolo sale, si riuscirà a venderlo a un prezzo maggiore a quello di acquisto. Se scende, subiremo una perdita; insomma, non c'è nessuna garanzia di recupero del capitale investito, e la remunerazione è solo eventuale.
Un'ulteriore differenza tra equity e debt riguarda la loro durata di vita; i titoli azionari, al contrario delle obbligazioni, hanno una scadenza indeterminata.
Attraverso l'emissione e il collocamento delle azioni, le società per azioni finanziano la propria attività.
Si tratta, quindi, di quote rappresentative del capitale di rischio di una società e conferiscono al possessore tutta una serie di diritti che possono essere suddivisi in diritti patrimoniali e diritti non patrimoniali.

I **diritti patrimoniali** si dividono in:

- Diritto alla distribuzione del dividendo: se la politica della società lo prevede, gli utili vengono annualmente distribuiti sotto forma di dividendi.
- Diritto alla ripartizione dell'attivo, in caso di liquidazione della società (dopo aver soddisfatto i diritti dei creditori).
- Diritto di opzione, consistente in una prelazione in sede di aumento di capitale sociale.
- Diritto all'assegnazione di azioni nuove, gratuite nel caso di aumento di capitale a titolo gratuito per effetto del passaggio a capitale di riserve, o a pagamento nel caso di aumento di capitale a titolo oneroso o misto.
- Diritto di recesso.

I **diritti non patrimoniali** più importanti sono:

- Diritto di voto nelle assemblee degli azionisti, ordinarie e straordinarie.

- Diritto di richiesta della convocazione dell'assemblea.
- Diritto di visionare i libri contabili.
- Diritto di impugnare le delibere assembleari.

Le azioni sono tipicamente emesse dalle società per raccogliere le risorse economiche necessarie allo svolgimento della propria attività o allo sviluppo della stessa; in caso di andamento favorevole e di successo della società, i soci hanno diritto a una remunerazione, nella forma di dividendi o di capital gain. Le azioni compongono il capitale sociale di un'impresa, che è registrato come voce del Patrimonio Netto dello Stato Patrimoniale. Il valore nominale delle azioni è il valore della quota del capitale sociale rappresentato da ogni singola azione, mentre assai diversi possono essere i prezzi, o i valori reali della stessa.

- Il valore nominale delle azioni è dato dal rapporto tra il capitale sociale dell'impresa e il numero delle azioni emesse da essa.

Esempio

La società Alfa S.p.A. ha un capitale sociale di 200.000 euro e ha emesso 20.000 azioni. Il valore nominale di ogni azione è dato dal rapporto 200.000/20.000, quindi ogni azioni ha un valore nominale di 10 euro.

- Le azioni possono essere emesse alla pari o sopra la pari. Esse, quindi, non possono mai essere emesse sotto la pari. Ciò è dovuto al fatto che, se si emettessero azioni sotto la pari il capitale sociale effettivo dell'impresa finirebbe con l'essere inferiore rispetto al capitale dichiarato.

Esempio

Supponiamo che la società Alfa S.p.A. abbia un capitale sociale di 200.000 euro rappresentato da 20.000 azioni del valore nominale di 10 euro l'una. Se la società emettesse le azioni a un valore nominale di 9 euro, il capitale effettivamente versato dai sottoscrittori sarebbe di 180.000 euro e non di 200.000 euro.

- Prendono il nome di capital gain i guadagni di capitale, cioè i guadagni che possono essere conseguiti dall'azionista in seguito alla vendita delle azioni a un prezzo superiore rispetto a quello di sottoscrizione o di acquisto.

Esempio

Il signor Rossi ha sottoscritto 500 azioni della società Alfa S.p.A. del valore nominale di 10 euro l'una. Dopo alcuni anni, dato l'ottimo andamento economico-finanziario dell'impresa, il loro valore di mercato è di 14 euro l'una. Il signor Rossi decide di vendere le sue azioni realizzando un capital gain di:

[(500 x 14) - (500 x 10)] = 2.000 euro

Il valore nominale

Il valore nominale delle azioni è la parte del capitale sociale che ciascuna azione rappresenta e si esprime in una cifra monetaria. Pertanto, questo valore deve essere identico per tutte le azioni emesse e può essere variato solo mediante una modificazione dello statuto con operazioni sul capitale o sulle azioni stesse. E' tuttavia possibile che una società, al fine anche di semplificare eventuali operazioni sul capitale, emetta azioni senza valore nominale, operazione che deve necessariamente interessare tutte le azioni in circolazione in quanto le azioni senza valore nominale non costituiscono una speciale categoria. In realtà anche in questa ipotesi, seppure non indicato, il valore nominale esiste ed è individuabile nel rapporto tra ammontare del capitale sociale e numero complessivo dei titoli. Attraverso il valore nominale è anche possibile capire se il mercato prezza quel determinato titolo alla giusta maniera, in particolare confrontando quest'ultimo con il prezzo di mercato del titolo, che può essere maggiore o inferiore. Ad esempio, la società XXX ha un capitale sociale di 500.000 euro. Esso può essere suddiviso in 100.000 azioni con valore nominale pari a:

500.000 / 100.000 = 5 euro per azione

Al contrario il valore reale delle azioni è in funzione del patrimonio, consistendo, quindi, nel rapporto tra patrimonio netto complessivo e numero delle azioni emesse. A differenza, quindi, del valore nominale, il valore reale è variabile e legato alle vicende economiche della società, la cui misura è periodicamente determinata attraverso il bilancio di esercizio.

Il prezzo di emissione

Il prezzo di emissione è il prezzo stabilito dall'emittente per la vendita del titolo sul mercato primario. Si tratta del costo reale che viene sopportato dall'investitore che intenda acquistare un certo numero di azioni di una nuova società o di nuova emissione da parte di una società esistente; normalmente, viene stabilito un sovrapprezzo di emissione che porta a un prezzo di emissione spesso molto superiore al valore nominale. Tale prezzo può essere determinato in maniera univoca dall'emittente (o dal consorzio di collocamento), come nel caso delle operazioni di collocamento retail, oppure può scaturire da un'asta tra operatori istituzionali, come nel caso di operazioni riservate a investitori istituzionali, oppure nel caso dei Titoli di Stato. Esso può riguardare sia titoli non ancora diffusi tra il pubblico, sia titoli già diffusi tra il pubblico (in caso di aumenti di capitale). Il prezzo di emissione delle azioni non può essere inferiore al valore nominale, sia durante la fase di primo collocamento sia per emissioni successive dovute ad aumenti di capitale sociale. Con questo si vuole evitare la formazione di un capitale sociale apparente, di ammontare superiore a quello realmente conferito dai soci.

Il valore di mercato

Il valore di mercato assume un'importanza particolare nella compravendita di titoli che abbiano un valore nominale, quali, appunto, le azioni o le quote di società di capitali.

- In questo caso il valore di mercato viene determinato sulla base del patrimonio della società stessa, sul suo posizionamento sul mercato di riferimento, su parametri di redditività, su aspettative che gli operatori nutrono circa l'andamento futuro ma anche sulle contingenze economiche che si vengono a creare.

Nel caso delle società per azioni quotate alla Borsa valori, per la determinazione del valore di mercato si prende in considerazione la quotazione delle azioni (solitamente una media dei prezzi in un arco temporale definito e prossimo all'atto di compravendita), se del caso con l'aiuto di uno o più advisor, che molte volte è una banca d'affari. Queste società di consulenza (advisor) utilizzano sistemi di valutazione che si fondano sull'implementazione di tecniche quali, ad esempio, i multipli di mercato e/o la stima dei flussi di cassa attesi.
Sulla base di questi valori differenti, avviene la capitalizzazione, ossia la dinamica per cui si crea un certo dislivello tra valore nominale e valore di mercato. Per calcolare la capitalizzazione bisogna moltiplicare il prezzo di una singola azione per il numero di azioni che compongono il capitale sociale dell'ente che le emette.

Il sovrapprezzo azioni

Il sovrapprezzo di un'azione è dato dalla differenza tra il suo valore di emissione e il valore nominale.
Il linea di massima la determinazione del valore di emissione delle azioni è lasciata alla discrezionalità della società emittente, tenuto conto che non è mai possibile effettuare emissioni di azioni sotto la pari, cioè con un valore di emissione inferiore al valore nominale.
Sono, invece, ammissibili le:

- Emissioni alla pari, cioè con valore di emissione pari al valore nominale, e quindi prive di sovrapprezzo.
- Emissioni sopra la pari, cioè con valore di emissione superiore al valore nominale, e quindi con sovrapprezzo.

La determinazione di tale valore deve essere effettuata nel rispetto di quanto stabilito negli articoli 2343 e 2441 del codice civile. Ciò premesso, occorre osservare che il codice civile non fornisce precise indicazioni circa le modalità che dovrebbero essere utilizzate dalla società nel determinare il sovrapprezzo.
Secondo la dottrina prevalente il sovrapprezzo ha come finalità quella di evitare ai soci, precedenti all'aumento del capitale sociale, una riduzione del valore della propria partecipazione.

Esempio

Situazione precedente all'aumento del capitale sociale:

- Capitale sociale: 120.000 euro rappresentato da 12.000 azioni del valore nominale di 10 euro l'una.
- Riserva legale: 24.000 euro.
- Riserva facoltativa: 10.000 euro.
- Patrimonio Netto: 154.000.

Valore di una azione:

Patrimonio netto 154.000 / numero di azioni 12.000 = 12,83

Questo è il valore patrimoniale di un'azione prima dell'aumento del capitale sociale.

Situazione successiva all'aumento del capitale sociale:

- Emesse 10.000 nuove azioni alla pari.
- Capitale sociale: 220.000 euro rappresentato da 22.000 azioni del valore nominale di 10 euro l'una.
- Riserva legale: 24.000 euro.
- Riserva facoltativa: 10.000 euro.
- Patrimonio Netto: 254.000 euro.

Valore di una azione:

Patrimonio netto 254.000 / numero di azioni 22.000 = 11,54

Questo è il nuovo valore patrimoniale di un'azione dopo l'aumento del capitale sociale.

Esempio

Situazione precedente all'aumento del capitale sociale:

- Capitale sociale: 120.000 euro rappresentato da 12.000 azioni del valore nominale di 10 euro l'una.
- Riserva legale: 24.000 euro.
- Riserva facoltativa: 10.000 euro.
- Patrimonio Netto: 154.000.

Valore di una azione:

Patrimonio netto 154.000 / numero di azioni 12.000 = 12,83

Questo è il valore patrimoniale di un'azione prima dell'aumento del capitale sociale.

Situazione successiva all'aumento del capitale sociale:

- Emesse 10.000 nuove azioni al valore di emissione di 12,83 euro l'una.
- Capitale sociale: 220.000 euro rappresentato da 22.000 azioni del valore nominale di 10 euro l'una.
- Riserva legale: 24.000 euro.
- Riserva facoltativa: 10.000 euro.

- Riserva da sovrapprezzo azioni: 28.300 euro.
- Patrimonio Netto: 282.300 euro.

Valore di una azione:

Patrimonio netto 282.300 / numero di azioni 22.000 = 12,83

Questo è il nuovo valore patrimoniale di un'azione dopo l'aumento del capitale sociale.

Come si può notare, prevedendo un adeguato sovrapprezzo azioni, il valore delle azioni non varia in seguito all'operazione di aumento del capitale sociale.
Il sovrapprezzo, infatti, permette alla società di mantenere inalterato il valore unitario patrimoniale di ciascuna azione.
La riserva da sovrapprezzo azioni rappresenta l'ammontare dei conferimenti che i soci si sono obbligati a effettuare nei confronti della società in sede di aumento del capitale sociale a pagamento, che eccede il valore nominale delle azioni sottoscritte. In bilancio tale riserva compare nel passivo dello Stato patrimoniale; In questa voce occorre indicare:

- L'eccedenza del prezzo di emissione delle azioni rispetto al loro valore nominale.
- Le differenze che emergono in seguito alla conversione delle obbligazioni in azioni.

Da un punto di vista aziendalistico, il "sovrapprezzo" azioni, in presenza di operazioni di aumento di capitale a pagamento, tutela il valore economico unitario delle azioni, mantiene inalterato il rapporto tra il valore contabile e il valore economico del capitale dell'azienda.
Ne consegue che la determinazione del prezzo finale di emissione delle nuove azioni è solitamente influenzata dai seguenti elementi:

- Il valore nominale delle azioni: capitale sociale diviso il numero delle azioni già emesse.
- Il conguaglio dividendo: utile in corso di maturazione nell'esercizio in cui viene deliberato l'aumento di capitale diviso il numero delle azioni già emesse.
- Il sovrapprezzo: somma delle riserve e dell'avviamento diviso il numero delle azioni già emesse.

Quanto sopra può essere espresso attraverso la seguente formula:

PAN = (CS + U + RS + A) / NVA

dove:

- PAN = prezzo azioni nuove
- CS = Capitale sociale
- U = Utile
- RS = Riserve
- A = Avviamento
- NVA = Numero vecchie azioni

Il "sovrapprezzo" può quindi essere determinato come segue:

S = [W (NVA + NNA)] / NVA - W - ACS

dove:

- S = Sovrapprezzo.
- W = Valore economico.
- NVA = Numero vecchie azioni.
- NNA = Numero nuove azioni.
- ACS = Aumento del capitale sociale.

Rendimento delle azioni

Il rendimento di un'azione dipende dall'incremento, o decremento, del valore dell'azione stessa in un dato periodo di tempo, a cui si aggiungono eventuali dividendi pagati nello stesso periodo.
Il rendimento è quindi calcolato nel seguente modo:

$$R = (P1 + D) - P0$$

dove:

- P1 = valore di vendita dell'azione.
- P0 = prezzo di acquisto dell'azione.
- D = dividendo pagato dall'azione tra il momento 0 e il momento 1.

Dividendo il rendimento così ottenuto per il prezzo di acquisto dell'azione P0, otteniamo il rendimento percentuale per il periodo di possesso, ovvero:

$$R\% = ((P1 + D) - P0)) / P0 =$$
$$R / P0$$

Il rendimento di un titolo azionario è dato quindi da due componenti:

- Dividend Yield : D / P0
- Capital gain: (P1 – P0) / P0

A seconda che un investitore sia maggiormente interessato all'una o all'altra variabile, dividendo o prezzo dell'azione, possiamo dividere l'insieme degli azionisti in cassettisti e speculatori. La differenza tra queste due figure che operano in Borsa, e nel mercato finanziario in generale, è netta e sostanziale, e riguarda un modus operandi caratterizzato da strategie opposte spalmate nel tempo.

- I Cassettisti tendono a tenere le azioni in portafoglio per lunghi periodi, generalmente perché sono interessati a diritti di natura amministrativa (come il diritto di voto); a questa categoria di azionisti preme quindi soprattutto prevedere l'entità dei dividendi futuri. Si tratta, quindi, di persone che operano nel mercato azionario con una visione a lungo termine, a cui non interessano i piccoli movimenti di mercato.

- Gli Speculatori non sono interessati, al contrario, ai diritti amministrativi e mantengono in portafoglio le azioni per un breve arco di tempo, aspettando che il loro prezzo salga abbastanza per permettere loro di realizzare una plusvalenza; se consideriamo poi che il breve tempo di detenzione delle azioni spesso non permette loro nemmeno di percepire i dividendi, il loro interesse si concentra solo ed esclusivamente sulle oscillazioni del prezzo dell'azione stessa. Esistono due tipi di speculatore: il bull e il bear.
    - Con il termine Bull, ossia toro, si indica uno speculatore che opera al rialzo, ovvero, compra titoli o valori immobiliari a termine, eventualmente anche allo scoperto, che abbiano un costo basso, e li rivende nel momento in cui riesce a ottenere un guadagno, lucrando sulla differenza tra il prezzo di acquisto e il prezzo di vendita.
    - Con il termine Bear, ossia orso, s'intende lo speculatore che vende titoli o valori immobiliari a termine, eventualmente anche allo scoperto, con lo scopo di poterli riacquistare a un prezzo minore, lucrando sulla differenza tra il prezzo di vendita e il prezzo di acquisto.

Tra gli speculatori possiamo individuare un altro gruppo: gli Scalper. Lo scalper è un vero e proprio speculatore di borsa e svolge la sua azione intraday; entra ed esce dal mercato in continuazione e si accontenta anche di piccolissimi margini di guadagno. Più che alla consistenza del singolo profitto guarda alla quantità degli utili; la sua prospettiva è nella ripetitività e quindi nella somma dei ricavati. Può acquistare e vendere, ad esempio, lo stesso titolo più volte nel corso della giornata. L'obiettivo, quindi, è un veloce ma contenuto guadagno, il quale fa riferimento alle tante operazioni eseguite durante il giorno che danno una percentuale di profitto accettabile. Il suo operare è veloce e segue non più di un tot di titoli in modo da poter decidere meglio quando entrare e quando uscire dal mercato. Gli scalper sono

completamente disinteressati alla natura della società e ai dividendi.
Per lo scalper non è importante se un titolo sale o scende, non è interessato al trend di fondo del titolo, poiché opera ovunque possa speculare e quindi guadagnare. Chi fa scalping sa che vi saranno movimenti ascendenti e discendenti di uno strumento finanziario con micro oscillazioni al rialzo; diminuendo il time-frame le giornate si riveleranno sostanzialmente simili e questo rende possibile assumere un atteggiamento neutrale valido. Essendo movimenti molto brevi diventano anche prevedibili.

Rendimento del cassettista

Il rendimento del cassettista si calcola seguendo il cosiddetto modello di Gordon:

$$\mathbf{R = (D1 / p) + g}$$

dove:

- R = rendimento atteso dall'azionista.
- D1 = dividendo al tempo 1 (ad esempio, un anno dopo l'acquisto dell'azione).
- p = prezzo dell'azione.
- g = tasso di crescita del dividendo; si ipotizza che il dividendo nel tempo cresca a un tasso 1+g, in modo tale che: D2 = D1x(1 + g); g a volte viene uguagliato al tasso di inflazione, in modo tale che il valore del dividendo in termini reali sia sempre lo stesso.

È evidente che, se calcolato *ex ante*, tale previsione è soggetta ad alcune limitazioni, poiché il tasso di crescita futuro può essere approssimato al massimo facendo riferimento a dati storici; in più, perché il modello di Gordon sia valido, dobbiamo supporre che tutti gli anni il dividendo venga distribuito e che esso cresca sempre con un tasso (1+g).
Il modello di crescita di Gordon può, quindi, servire per valutare un'azienda che si trova in una fase di crescita stabile, quando cioè i suoi dividendi crescono a un tasso costante. Se è vero che il modello di crescita di Gordon rappresenta un approccio semplice e potente alla valutazione di azioni, è anche vero che il suo utilizzo è limitato alle imprese che si trovano in una fase di crescita costante.

Esempio

Siano dati:

- Prezzo = 210
- Dividendo stimato = 8
- g = 5%

Calcoliamo quanto rende il titolo:

$$R = (D1 / p) + g =$$
$$(8 / 210) + 5\% = 8,8\%$$

Vediamo ora cosa succede se i rendimenti si abbassano, ovvero se R passa da 8,8% a 6,4%:

$$R = (D1 / x) + g =$$
$$6,4\% = (8 / x) + 5\%$$

dove x = prezzo stimato.
Risolvendo rispetto a x otteniamo:

$$x = 8 / (6,4\% - 5\%) = 8 / 1,4\% = 571$$

Possiamo, quindi, affermare che se i rendimenti scendono, le quotazioni salgono.
Cosa succede, invece, al prezzo se il dividendo stimato scende a 6, fermo restando un "rendimento richiesto" a 8,8:

$$P = D1 / (R - g) =$$
$$6 / (8,8\% - 5\%) = 6 / 3,8\% = 157,89$$

Quindi, se le previsioni di dividendo si fanno più pessimistiche si abbassano le quotazioni, il che è ovvio, ma la formula mi permette di stimare l'ordine di grandezza del fenomeno; infatti, il nuovo prezzo diviene:

157,89 contro i 210 iniziali, con calo del 25%

Esempio

Si consideri l'azienda Gamma, per la quale si intende stimare il valore intrinseco di ciascuna azione sulla base dei seguenti dati.

- Periodo esplicito di previsione: 2005-2009.
- Valore del capitale di debito = € 250.
- Costo medio ponderato del capitale = 13%.

- Numero di azioni in circolazione = 250.
- Tasso di crescita costante dei dividendi = 3%.

I dividendi stimati per ciascuno degli anni compresi nel periodo esplicito di previsione sono pari a:

- € 150 (2005)
- € 160 (2006)
- € 170 (2007)
- € 180 (2008)
- € 160 (2009).

Il valore intrinseco sulla base del Gordon Growth Model è dato da:

p = D1 / (R – g) =
150/(0.13-0.03) = 1.500 euro

Esempio

La società Alfa paga un dividendo pari a 0,10 €, che cresce al tasso del 2,5% annuo.
Il tasso di attualizzazione è pari al 4% annuo.
A quale prezzo è giusto acquistare le azioni, secondo la formula di Gordon?

La formula da utilizzare è,dunque, la seguente:

p = D1 / (R – g) =
0,10 / (0,04 – 0,025) = 6,67 euro

Rendimento dello speculatore

Calcolare il rendimento dello speculatore significa calcolare la plusvalenza sull'azione, ossia la differenza fra prezzo di acquisto e prezzo di vendita.
La forte variabilità dei mercati e dei prezzi delle azioni non permette di calcolare con precisione tale valore: l'analisi fondamentale fornisce, quindi, alcuni indicatori per poter valutare, tramite il confronto con altre azioni, se un titolo è sottovalutato o sopravalutato.
I principali indicatori sono:

- Book Value.
- Earnings per share (EPS).
- Price to Book Value.
- Price Earnings.

Book Value

Il Book Value serve a stabilire il valore patrimoniale contenuto in un titolo azionario. Si tratta del valore di una partecipazione che viene iscritto all'attivo nel bilancio della società che la possiede.

Book Value =
Patrimonio netto / Numero di azioni in circolazione

Le azioni in circolazione si riferiscono alle azioni di una società attualmente detenute da tutti i suoi azionisti, compresi i blocchi azionari detenuti da investitori istituzionali e azioni soggette a restrizioni.

- Il Book Value non corrisponde solitamente al valore nominale, bensì al valore di mercato al quale la partecipazione stessa è stata acquisita, eventualmente modificato da rivalutazioni o svalutazioni effettuate successivamente in considerazione dell'andamento positivo o negativo della partecipata.

Il valore contabile derivante da una società è semplice, in quanto le società segnalano il totale delle attività e il totale delle passività nel loro bilancio su base trimestrale e annuale. Inoltre, il valore contabile è disponibile anche come patrimonio netto nel bilancio.
Ad esempio, il bilancio di Microsoft Corp. per l'anno fiscale che si è concluso a giugno 2018 riporta un totale attivo di $ 258,85 miliardi e passività totali per $ 176,13 miliardi, il che porta al valore di libro di Microsoft:

$ 258,85 miliardi - $ 176,13 miliardi = $ 82,72 miliardi

Questa è la stessa cifra riportata come patrimonio netto.
Da notare, tuttavia, che le azioni in circolazione per Microsoft il 29 giugno 2018 (fine dell'anno fiscale) erano 7,794 miliardi e il titolo ha chiuso al prezzo di $ 98,61 per azione.
Di conseguenza, il market cap di Microsoft arriva a:

7,794 miliardi * $ 98,61 = $ 768,56 miliardi

Questo valore di mercato risulta più di nove volte il valore contabile della società, $ 82,72 miliardi, calcolato precedentemente:

$ 258,85 miliardi - $ 176,13 miliardi = $ 82,72 miliardi

Si noti che se la società ha una componente di minoranza, tale valore deve essere ulteriormente ridotto per arrivare al valore contabile corretto.

- L'interesse di minoranza è la proprietà di meno del 50% del patrimonio netto di una controllata da un investitore o da una società diversa dalla società madre.

Prendiamo, come esempio, il gigante del commercio al dettaglio Walmart Inc., che aveva un totale attivo di 204,52 miliardi di dollari e un passivo totale di 123,7 miliardi di dollari per l'anno fiscale che terminava a gennaio 2018, il che equivale a 80,82 miliardi di dollari. Tuttavia, la società aveva accumulato interessi di minoranza pari a $ 2,95 miliardi che, una volta dedotti, portano il valore contabile netto o, patrimonio netto, a $ 77,87 miliardi per il periodo indicato. Ancora, Walmart aveva 3,01 miliardi di azioni in circolazione e un prezzo di chiusura di $ 106,6 per azione al 31 gennaio 2018, fine dell'anno fiscale di Walmart; il suo valore di mercato arriva, quindi, a:

3,01 miliardi * $ 106,6 = $ 320,866 miliardi

Anche in questo caso, ci troviamo in presenza di un valore di mercato che è più di quattro volte il valore contabile di Walmart, $ 77,87 miliardi, calcolato precedentemente:

$ 204,52 - $ 123,70 - $ 2,95 = $ 77,87

Esempio

Si consideri la società Alfa con 2.602 azioni in circolazione, con un valore di mercato pari a € 67.652. Il valore contabile di patrimonio netto è pari a € 4.694. Il Book Value è pari a:

4.694/2.602 = € 1,80

Earnings per share (EPS)

L'indicatore EPS (utile netto per azione) indica gli utili che un'azienda ha generato parametrati al numero di azioni emesse dall'azienda stessa. L'EPS funge da indicatore della redditività di un'azienda ed è generalmente considerato la variabile più importante per determinare il prezzo di un'azione.
La formula di calcolo per gli EPS non include i dividendi privilegiati.
La formula base per il calcolo dell'EPS è la seguente:

Utile per azione =
Utile Netto / Numero azioni emesse in circolazione

La formula dell'EPS, corretta per eventuali dividendi corrisposti ad azioni privilegiate, risulta essere rettificata come segue:

Utile per azione =
(Utile Netto - Dividendi Privilegiati) / Numero azioni emesse in circolazione

Il motivo per cui i dividendi privilegiati sono dedotti è che l'EPS rappresenta solo i guadagni disponibili per gli azionisti comuni e che i dividendi privilegiati devono essere pagati prima che gli azionisti comuni ricevano qualcosa.
Ad esempio, se il reddito netto di un'azienda fosse di $ 10 milioni e avesse pagato $ 1 milione agli azionisti privilegiati, ci sarebbero stati $ 9 milioni di guadagni disponibili per gli azionisti comuni. Se la società avesse 20 milioni di azioni in circolazione, l'EPS potrebbe essere calcolato come:

EPS = 9 milioni / 20 milioni = $ 0,45

Gli utili per azione sono importanti per gli investitori perché suddividono i profitti di un'azienda in base alle singole parti, il che è particolarmente utile per tenere traccia delle prestazioni nel lungo periodo.

Nel corso del tempo, il numero totale di azioni in circolazione di una società può, però, variare in modo significativo, pertanto i guadagni totali potrebbero non essere indicativi di una maggiore redditività per gli azionisti.
Ad esempio, se un'azienda ha guadagnato $ 10 milioni nel 2000 e $ 20 milioni nel 2010, potrebbe sembrare che la redditività sia raddoppiata. Tuttavia, durante questo periodo, se il numero di azioni in circolazione è aumentato da 10 a 40 milioni, possiamo calcolare che l'utile per azione è effettivamente diminuito da:

EPS 2000 = 10 milioni / 10 milioni = $ 1,00

a:

EPS 2010 = 20 milioni / 40 milioni = $ 0,50

L'EPS è anche utilizzato in diverse metriche di valutazione, in particolare il rapporto prezzo/utili, che è probabilmente il metodo più utilizzato per confrontare le valutazioni degli stock. Dividendo il prezzo corrente delle azioni per gli utili per azione, possiamo ottenere una base per confrontare la società con la sua valutazione storica, o con altre società dello stesso settore, al fine di valutare se è costosa o abbastanza apprezzata.

- Si ipotizza, a grandi linee che di solito il 50% dell'utile si reinveste e con l'altro 50% si pagano i dividendi.

Quindi:

ROI (Return of Investment alla fine dell'anno) = (0,5 EPS) / P

Il rendimento delle azioni deve essere paragonabile a quello di strumenti alternativi a tasso fisso (obbligazioni, titoli di Stato); se si ipotizza che il rendimento a tasso fisso è circa del 3% lordo, sostituiamo il 5% al ROI per azioni:

(0,5 EPS) / P = 0,03

P = EPS / 0,06 = 16,6 * EPS

Questo P è la "deduzione del prezzo" di un'azione nel caso della presenza di rendimenti medi di strumenti alternativi fissati al 3% l'anno.
Se si ipotizza che il rendimento a tasso fisso è circa del 5% lordo, sostituiamo il 3% al ROI per azioni:

(0,5 EPS)/P = 0,05

da cui:

P = EPS / 0,1 = 10 * EPS

Più del 5% fisso è difficile che venga offerto. Quindi si può supporre che il prezzo dell'azione si muove in un intervallo che va da 10 a 17 volte il suo EPS.
E' inoltre fondamentale ricordare che per risalire all'EPS si può utilizzare la formula:

Utile per azione al tempo 2 =
Dividendo al tempo 2 / Tasso di distribuzione utili

dove:

Tasso di distribuzione utili =
Dividendo al tempo 1 / Utile per azione al tempo 1

Gli analisti finanziari utilizzano sia gli utili netti annuali (da bilancio annuale), sia i dati trimestrali, sia i dati annualizzati sulla base di ciascun trimestre (in questo caso si parla di Trailing Twelve Months o TTM).
In alcuni casi gli analisti usano anche le stime di redditività attese per periodi futuri, e in questo caso si parla di utili attesi (Expected Income).
Esistono due tipologie di utile per azione:

- Basic earnings per share: indicatore che risulta dalla divisione dell'utile netto disponibile per gli azionisti ordinari con la media ponderata delle azioni ordinarie in circolazione durante l'anno. In questo modo si tiene conto delle possibili variazioni del numero di azioni in circolazione.

- Diluted earnings per share: le azioni ordinarie prese a riferimento sono una stima sulla base dell'effetto di esercizio e della possibile conversione dei titoli.

Esempio

Supponiamo che una società abbia un utile netto di 25 milioni. Se la società paga 1 milione in dividendi privilegiati e ha 10 milioni di azioni nell'arco temporale della prima metà dell'anno e 15.000 azioni nell'altra metà.
Per prima cosa viene sottratto 1 milione dall'utile netto della società, ottenendo 24 milioni dollari; in seguito viene calcolata la media ponderata per trovare il numero di azioni in circolazione nell'intero anno: (0,5 x 10 + 0,5 x 15 = 12,5).
Di conseguenza, l'EPS sarà:

(25 – 1) / ((10 + 15) / 2) =
(24 / 12,5) = 1,92

Rimane aperta la questione delle azioni proprie detenute da una società. In tale caso non esiste una regola consolidata, ma generalmente vengono considerate come vendute ed eventuali profitti aggiunti all'utile netto, detratte le tasse rilevanti.
Le società indicano nei bilanci di fine anno il numero di azioni emesse ed esistenti sul mercato, indicando anche il numero di azioni proprie possedute e il numero di azioni emesse durante l'anno.
In funzione della tipologia di azioni utilizzate si parla di:

- EPS finale: basato sul numero dell'anno precedente. Un EPS finale utilizza i quattro trimestri precedenti di utili nel suo calcolo e ha il vantaggio di utilizzare numeri reali anziché proiezioni. La maggior parte dei rapporti prezzo/guadagno viene calcolata utilizzando l'EPS finale poiché rappresenta ciò che è realmente accaduto e non ciò che potrebbe accadere.
- EPS attuale: basato sui numeri di quest'anno, che sono ancora proiezioni. L'attuale EPS include in genere i quattro

trimestri dell'anno fiscale in corso, alcuni dei quali potrebbero essere già scaduti e alcuni dei quali devono ancora venire. Di conseguenza, alcuni dati saranno basati su dati reali e alcuni saranno basati su proiezioni.

- Forward EPS: basato su numeri futuri, che sono proiezioni. Un forward EPS è basato esclusivamente su proiezioni per un certo periodo di tempo in futuro, in genere i prossimi quattro trimestri. Le stime previsionali di EPS possono essere fatte dagli analisti o dall'azienda stessa. Sebbene questo numero sia basato su stime e non su fatti, gli investitori sono spesso interessati a conoscere forward EPS, poiché desiderano conoscere il potenziale di guadagno futuro di un'azienda.

L'EPS fornisce utili indizi agli investitori e ai potenziali investitori circa la profittabilità di una società. Un EPS elevato di solito indica una società solida e profittevole; tuttavia, come la maggior parte dei numeri e indicatori, l'EPS non va analizzato da solo. Non ci sono regole fisse per i valori di EPS sopra i quali un'azione andrebbe acquistata e sotto i quali venduta. E' fondamentale leggere gli EPS di una società mettendoli in relazione a quelli di altre società.

Osservare l'EPS delle società è più indicativo che osservare i loro profitti perché l'EPS considera gli utili in un'ottica prospettica; una grande società che produce un milione di dollari di utile netto non è particolarmente appetibile, mentre lo è una piccola società che genera lo stesso milione di dollari di utile netto. L'EPS ci dice come si sta comportando una società rispetto a un'altra, o rispetto al proprio settore di riferimento, o all'industria in generale, ma non ci potrà mai dire a prima vista se l'investimento nella società è un affarone o se questa è sopravvalutata. Allo scopo di prendere una decisione consapevole se investire o no su un'azione, bisogna anche considerare qanto segue:

- La capitalizzazione di mercato.
- Il prezzo dell'azione.
- I dividendi o le capitalizzazioni.
- Le previsioni finanziarie di lungo periodo.
- Un'deguata liquidità.

Price to Book Value

Il Price to Book Value rappresenta il rapporto tra il prezzo e il patrimonio netto per azione. Questo multiplo misura quanto è un titolo è caro in relazione alla quota di competenza degli azionisti. Esprime la solidità patrimoniale di un'azione.
Il valore del rapporto è legato alla redditività prospettica della società e va considerato congiuntamente a questa. Esso fornisce un confronto tra il valore di bilancio e il valore di mercato del patrimonio della società, incorporando, dunque, informazioni sulle aspettative degli investitori e sulla capacità di creare profitto.

Price to Book Value =
Prezzo del titolo / Book Value

Più è basso, più l'azienda dovrebbe essere sottovalutata.

- Ottimi valori di Price to Book Value sono compresi tra 0,5 e 1.
- Valori inferiori a 0,5 indicano un titolo sottovalutato (undervalued) ovvero sfiducia del mercato. Se una società è scambiata a un valore di mercato inferiore al suo valore contabile, di solito indica che il mercato ha perso fiducia nella società per il momento. Può essere dovuto a problemi con il business, perdita di importanti cause legali legate al business o possibili anomalie finanziarie. In altre parole, il mercato non crede che la società valga il valore dei suoi libri o che ci siano abbastanza attività per generare profitti e flussi di cassa futuri. Gli investitori di valore spesso amano cercare società in questa categoria nella speranza che la percezione del mercato risulti errata in futuro. In questo scenario, il mercato offre agli investitori l'opportunità di acquistare una società per meno del suo patrimonio netto dichiarato, il che significa che il prezzo delle azioni è inferiore al valore contabile dell'azienda. Tuttavia, non vi è alcuna garanzia che il prezzo aumenterà in futuro.
- Valori superiori a 1 indicano che il titolo è sopravvalutato (overvalued). In genere le società quotate hanno multipli

superiori a 1, e questo perché il loro prezzo di borsa incorpora anche le aspettative sugli utili che verranno. Quando il valore di mercato supera il valore contabile, il mercato azionario assegna un valore superiore alla società a causa del potenziale di guadagno della società e delle sue attività. Ciò indica che gli investitori ritengono che l'azienda abbia eccellenti prospettive di crescita, espansione e aumento dei profitti che alla fine aumenteranno il valore contabile dell'azienda. Possono anche ritenere che il valore della società sia superiore rispetto agli attuali calcoli del valore contabile. Le società costantemente redditizie, in genere, hanno valori di mercato superiori ai valori di libro e la maggior parte delle società negli indici migliori soddisfa questo criterio, come si può vedere dagli esempi di Microsoft e Walmart citati sopra. Gli investitori in crescita potrebbero trovare tali società promettenti; tuttavia, può anche indicare titoli sopravvalutati o ipercomprati che si scambiano a caro prezzo.

- Valori pari a 1 indicano che il valore contabile equivale al valore di mercato. Il mercato non vede, quindi, motivi convincenti per ritenere che le attività della società siano migliori o peggiori di quelle dichiarate a bilancio.

Questo, tuttavia, non basta a stabilire il giusto valore (Fair Value) di un titolo.

- Se, ad esempio, una società lavora costantemente in perdita, senza che esista la speranza di un ritorno all'utile in tempi ragionevoli, è ovvio che trimestre dopo trimestre il patrimonio della società in questione diminuisce. Di conseguenza, le sue azioni avranno una quotazione inferiore al loro valore patrimoniale intrinseco. Non è detto, però, che acquistarle si riveli un buon affare.
- Se, al contrario, una società che presenta utili in costante crescita sarà quotata ben al di sopra del suo valore intrinseco, specie se si prevede una prosecuzione di tale crescita in futuro. Acquistare le sue azioni, però, non è detto che sia un cattivo affare.

Il Price/Book Value, quindi, è solo uno degli indicatori utili all'analisi; il parametro, tuttavia, da solo non è significativo e dovrebbe essere sempre accompagnato da un altro indicatore.
La cosa buona è che ci permette di valutare anche le aziende con p/e negativo, rispetto alle altre dello stesso settore.

Price Earnings

Il Price Earnings è il rapporto fra il prezzo di un'azione, al momento del calcolo dell'indicatore, e l'utile atteso per ogni azione, che è pari all'ultimo dividendo distribuito dalla società (nell'anno corrente o in anni precedenti) diviso il numero di azioni circolanti in quel periodo (EPS).

P/E = Prezzo del titolo / Utile netto per azione =
Prezzo del titolo / EPS

Supponiamo che il prezzo di un'azione sia di 100 euro e che l'utile per azione relativo all'ultimo esercizio ammonti a 5 euro. Il P/E dell'azione considerata è pari a 100/5, ovvero 20.
Ciò significa che, se la società conseguirà gli stessi utili dell'ultimo esercizio, ci vorranno 20 anni per recuperare il prezzo pagato per l'acquisto dell'azione.
L'ipotesi sottostante è di una crescita dei dividendi tale che il successivo sarà pari almeno al precedente; un aumento delle azioni fra i quali è distribuito il dividendo non dovrebbe erodere l'utile per azione, in quanto la ricapitalizzazione è accompagnata da nuovi investimenti e maggiori utili che dovrebbero seguire l'emissione di nuove azioni.
Tale rapporto serve a valutare le quotazioni di un'azione, anche se un giudizio sul corretto valore di un titolo deve tener conto di diversi fattori, come il settore di appartenenza o l'andamento futuro dell'impresa.

- Un valore pari a 13-15 è ritenuto normale: prezzo pari a 15 volte l'utile atteso.
- Se è superiore indica di norma un titolo sopravvalutato: lo è certamente intorno a 27-30.
- Valori intorno a 8-9 sono ricercati dagli analisti, perché indicano titoli ancora sottovalutati dal mercato, che potrebbero avere una buona crescita.

Il Price/Earnings funziona a questo modo:

- Con un **P/E = 10**, il titolo quota 10 volte gli utili, vale a dire che l'utile per azione EPS = 10,00% del prezzo.

- Con un **P/E = 15**, il titolo quota 15 volte gli utili, vale a dire che l'utile per azione EPS = 6,66% del prezzo;
- Con un **P/E = 20**, il titolo quota 20 volte gli utili, vale a dire che l'utile per azione EPS = 5,00% del prezzo.
- Con un **P/E = 25**, il titolo quota 25 volte gli utili, vale a dire che l'utile per azione EPS = 4,00% del prezzo.
- Con un **P/E = 30**, il titolo quota 30 volte gli utili, vale a dire che l'utile per azione EPS = 3,33% del prezzo.

Attenzione: le percentuali non rappresentano il rendimento degli utili distribuiti agli azionisti (Yield) sotto forma di dividendo, ma solo la percentuale degli utili netti per azione rispetto al prezzo.

- Da questo semplice schema, appare evidente come la convenienza di un titolo cresce al diminuire del P/E. Infatti, si può affermare che un titolo con un price earning più basso, a parità di altri fattori, rappresenta un miglior investimento dato che il prezzo non è particolarmente elevato rispetto agli utili prodotti dall'azione. Se, invece, il P/E è elevato, significa che occorre pagare oggi un prezzo alto per avere un flusso di utili che verrà erogato solo in futuro.

Non bisogna però trascurare un fattore importante, ovvero che esiste sempre una relazione tra andamento degli utili e prezzi. Supponiamo, allora, di trovarci di fronte a un'azienda con utili molto modesti, ma ipotizziamo anche che i risparmiatori si aspettino una notevole crescita per tale azienda e per i suoi dividendi. Questa aspettativa di crescita si traduce in un innalzamento del prezzo del titolo che finirebbe con l'avere, oggi, un price earning elevato rispetto al livello attuale degli utili. Quindi, un P/E elevato potrebbe semplicemente essere dovuto a delle aspettative di crescita che legittimino un prezzo elevato. Va però osservato che, per questa ragione, si potrebbe innescare un meccanismo perverso di crescita delle aspettative che si tradurrebbe in un aumento ingiustificato dei prezzi, per cui il P/E elevato starebbe semplicemente a indicare una sopravvalutazione del titolo.
Un P/E elevato potrebbe anche indicare che il mercato considera gli utili della società contraddistinti da un basso fattore di rischio. Bisogna, inoltre, tenere conto del fatto che, partita di altre condizioni, il P/E è più elevato nelle imprese che hanno minori

esigenze finanziarie rispetto a quelle che hanno bisogno di un maggior reinvestimento di utili.
In settori economici più tradizionali, dove è maggiore la concorrenza e minore la possibilità di ottenere utili di dimensioni elevate, ci si attende che il rapporto prezzo-utili o PE sia basso. In settori innovativi o in settori appena usciti da una situazione di crisi, le attese di utili futuri elevati spinge invece più in alto il P/E considerato corretto.

- Il P/E esprime anche il tempo necessario perché gli utili ripaghino il prezzo dell'azione; dopo tale periodo anche una vendita al di sotto del prezzo iniziale (ad esempio se il titolo è in forte calo) è conveniente poiché già dagli utili l'azionista ha realizzato il suo profitto.
- Se P/E è 15, servono 15 anni di utili perché la società ripaghi il prezzo versato con gli utili, nell'ipotesi che vi sia sempre un utile all'anno (società non in perdita); se l'utile è in crescita (ad esempio, se vi sono dividendi straordinari), 15 anni è il tempo massimo di ripagamento.

Esempio

Calcoliamo il rapporto P / E per Wal-Mart Stores Inc. al 14 novembre 2017:

- Prezzo delle azioni della società alla chiusura $ 91,09.
- Il profitto dell'azienda per l'anno fiscale terminato il 31 gennaio 2017 è stato di $ 13,64 miliardi.
- Il suo numero di azioni in circolazione è di 3,1 miliardi.

Il suo EPS può essere calcolato in:

$ 13,64 miliardi / 3,1 miliardi = $ 4,40

Il rapporto P / E di Wal-Mart è quindi di:

$ 91,09 / $ 4,40 = 20,70

Esempio

Il titolo Island Corporation è attualmente scambiato a $ 50 per azione e il suo utile per azione per l'anno è di 5 dollari.
Il rapporto P / E sarà quindi:

P/E = 50/5 = 10

Ciò significa che gli investitori sono disposti a pagare 10 dollari per ogni dollaro di guadagno.

Le Azioni ordinarie

Le azioni ordinarie rappresentano la più semplice tipologia di titolo azionario. Le azioni ordinarie assegnano all'intestatario un insieme di diritti di carattere patrimoniale e amministrativo.
Tra i diritti patrimoniali assegnati dalle azioni ordinarie si possono, ad esempio, menzionare:

- Diritto al dividendo.
- Diritto di liquidazione, in caso di scioglimento della società.
- Diritto di opzione, in caso di aumento del capitale.

L'aumento di capitale è un atto di carattere straordinario che si realizza o con la modifica del patrimonio netto (aumento a pagamento) o con la semplice imputazione di riserve o fondi di bilancio in quanto disponibili (aumento gratuito). In entrambi i casi l'aumento può aver luogo con l'emissione di nuovi titoli o con l'incremento del valore nominale delle vecchie azioni.
I titoli devono essere offerti in opzione (il cosiddetto diritto d'opzione) ai soci (e ai possessori di obbligazioni convertibili nella S.p.A.) in proporzione delle azioni/quote (se S.R.L.) possedute (e ai possessori di obbligazioni convertibili sulla base del rapporto di cambio) per consentire ai soci di mantenere inalterata la loro quota di partecipazione al capitale sociale e ai possessori di obbligazioni convertibili di mantenere inalterato il cd. rapporto di cambio.
L'aumento del capitale oneroso, nel silenzio della delibera, è inscindibile ma è ben possibile che i soci ne prevedano la scindibilità; in pratica:

- Se l'aumento è inscindibile esso non viene attuato finché non è integralmente sottoscritto.
- Viceversa, nel caso di scindibilità, l'aumento sarà attuato per un importo pari alle sottoscrizioni raccolte alla fine della operazione.

È altresì possibile, con modalità che variano a seconda che si tratti di S.p.A. o di S.R.L., che sia previsto altresì un diritto di prelazione per le azioni rimaste inoptate in favore dei soci che ne facciano richiesta all'atto della sottoscrizione.
Tra i diritti amministrativi si possono, invece, trovare:

- Diritto al voto nelle assemblee ordinarie e straordinarie.
- Diritto di richiedere la convocazione dell'assemblea.
- Diritto di impugnazione delle delibere assembleari.
- Diritto di denuncia al collegio sindacale.
- Diritto di denuncia in tribunale.

In merito agli obblighi previsti a carico del titolare di azioni ordinarie è possibile menzionare, a titolo esemplificativo, l'obbligo del conferimento e l'obbligo di non esercitare il diritto di voto in presenza di interessi in conflitto con la società (per conto proprio o per terzi).
Le azioni ordinarie sono azioni nominative.

Le Azioni privilegiate

L'azione privilegiata, al pari dell'azione ordinaria, rappresenta l'unità minima di partecipazione al capitale di una società, e attribuisce sia diritti amministrativi, sia diritti patrimoniali. Le azioni privilegiate, infatti, sono una particolare categoria di titoli azionari che conferiscono ai titolari "privilegi" in termini di ripartizione degli utili (dividendo minimo garantito) e/o nel rimborso del capitale in caso di scioglimento della società.

- Il privilegio nella ripartizione degli utili può tradursi nel diritto a ricevere una certa quota dell'utile distribuibile prima che sia assegnato il dividendo delle azioni ordinarie.

Benché la prelazione possa assumere diverse configurazioni, di norma essa è stabilita in una % fissa sul valore nominale delle azioni (ad esempio, 4%). Solo dopo aver assegnato la quota spettante alle azioni privilegiate, la società può procedere a distribuire il dividendo anche alle azioni ordinarie.
Il privilegio nella ripartizione degli utili ha in genere il carattere della cumulatività; in questi casi, la mancata distribuzione di dividendi in un anno fa sorgere il diritto di sommare la parte non riscossa ai dividendi dell'esercizio successivo, anche se per un numero limitato di anni.

- Vale la pena di ricordare che, anche nel caso dell'emissione di azioni privilegiate, vale il limite del cosiddetto patto leonino, formula che nella nostra giurisprudenza indica il patto teso a escludere uno o più soci dalla partecipazione agli utili o alle perdite. Questo vuol dire che in alcun modo le azioni privilegiate possono escludere dal godimento degli utili i soci che possiedono azioni ordinarie o di risparmio.

Come anticipato, le azioni privilegiate possono inoltre prevedere dei privilegi per ciò che concerne il rimborso del capitale per scioglimento della società.
Al verificarsi di questa eventualità, può essere, ad esempio, previsto il diritto di prelazione nel rimborso del capitale o il diritto al rimborso di una somma maggiorata rispetto a quella prevista per le azioni ordinarie.

L'entità dei privilegi di carattere patrimoniale cui ha diritto l'azionista sono determinati dalla società e opportunamente esplicitati all'interno dello statuto.

- La loro emissione viene prevista nell'atto costitutivo, nel quale si stabilisce con la massima libertà il contenuto del privilegio, le condizioni, i limiti, le modalità e i termini per il suo esercizio.

Le azioni privilegiate possono essere emesse anche da società non quotate. Dati questi privilegi, i portatori di azioni privilegiate subiscono delle limitazioni nel diritto di voto, che è, in genere, precluso nelle assemblee ordinarie, mentre è sempre concesso nelle assemblee straordinarie.
Ai titolari delle azioni privilegiate competono il diritto di opzione e di recesso, oltre che i diritti di impugnativa e di convocazione, di informativa e di controllo. Nell'eventualità in cui le azioni privilegiate conferiscano al titolare il pieno diritto di voto, queste prendono il nome di "azioni preferenziali".
Le azioni privilegiate, al pari delle azioni ordinarie, sono azioni nominative.
Da un punto di vista economico-finanziario, la remunerazione fissa spinge ad assimilare le azioni privilegiate al debito tradizionale; a differenza di questo, però, i dividendi corrisposti ai possessori di azioni privilegiate non sono deducibili contrattualmente come gli oneri finanziari.

Valore dell'azione privilegiata =
Dividendo annuale / Rendimento atteso (kPS)

Emettere di azioni privilegiate consente alle società di raccogliere capitali senza tuttavia perdere il controllo della società, in quanto, non potendo votare nelle assemblee ordinarie, gli azionisti privilegiati non partecipano alla nomina degli amministratori, che rimane prerogativa degli azionisti ordinari.
Rimane in vigore per tutte le società il limite che stabilisce che il complesso delle azioni con voto limitato non può superare la metà del capitale sociale.

Le Azioni di risparmio

Le azioni di risparmio sono azioni che prevedono privilegi di tipo patrimoniale rispetto alle azioni ordinarie ma che, a differenza di queste, sono prive del diritto di voto, sia per ciò che concerne le assemblee ordinarie che quelle straordinarie.

- Le azioni di risparmio possono essere emesse unicamente da società con azioni quotate in Borsa, sui mercati regolamentati (sia italiani, sia di altri paesi dell'Unione Europea).

I privilegi di natura patrimoniale riconducibili alle azioni di risparmio si traducono solitamente nel diritto a ricevere un dividendo minimo garantito e maggiorato rispetto a quello ricevuto dai titolari di azioni ordinarie, poiché la società emittente deve distribuire utili ai titolari di queste azioni fino ad almeno il 5% del valore nominale delle azioni stesse.

- Qualora non si verifichino utili nell'esercizio, è previsto peraltro il diritto a recuperare il dividendo minimo nel corso dei due anni successivi.

Un ulteriore privilegio di natura patrimoniale associato alle azioni di risparmio è costituito dal diritto di prelazione nel rimborso del capitale in caso di scioglimento della società.
Le azioni di risparmio sono in particolar modo rivolte ai piccoli risparmiatori, interessati più al rendimento che all'esercizio dei diritti di natura amministrativa (diritto di voto). Sono state istituite in Italia con la legge 7 giugno 1974 n. 216, che ha istituito la Consob. Le azioni di risparmio possono essere nominative o al portatore; sono generalmente al portatore, mentre sono nominative quelle appartenenti agli amministratori, ai sindaci e ai direttori generali della società emittente. Le azioni di risparmio furono introdotte per incentivare l'investimento in azioni dei risparmiatori privati, poiché rispondevano meglio alle loro esigenze: mancanza di interesse per l'esercizio dei diritti amministrativi e forte rilievo all'aspetto economico patrimoniale.
Si attua in questo modo una distinzione tra azionisti imprenditori e azionisti risparmiatori.

- Costituiscono un'eccezione rispetto al principio della nominatività obbligatoria delle azioni vigente in Italia, poiché possono essere al portatore.

Tale asimmetria porta ad avere una redditività del dividendo, in termini percentuali, più alta rispetto alle azioni ordinarie e questo è dovuto a due fattori: il maggiore dividendo e il prezzo inferiore delle azioni di risparmio. Non esiste una regola matematica, oppure un'analisi econometrica inequivocabile, che sia in grado di stabilire quale sia lo sconto giusto al quale le azioni di risparmio debbano essere trattate rispetto alle azioni ordinarie. Storicamente si è verificato un incremento dello sconto nelle fasi di rialzo e un decremento in quelle di ribasso. In alcune ricerche si pone il differenziale di prezzo tra azioni ordinarie e azioni di risparmio (detto voting premium) quale indicatore del valore del diritto di voto e, di conseguenza, del diritto di controllo. Il valore del controllo dipende soprattutto dai relativi diritti dei singoli privati, i quali sono oggetto di manovre di appropriazione da parte del gruppo di comando; tali manovre possono essere circoscritte da una legislazione sul governo societario attenta alla tutela degli azionisti di minoranza.

Per questo motivo, il voting premium può riflettere la "qualità" delle regole sul funzionamento delle società e sui conflitti di interessi fra azionisti di minoranza e soci di controllo. In effetti, secondo queste ricerche, la nuova legislazione dettata dal Testo Unico della Finanza ha aumentato le tutele a favore dei piccoli azionisti portando a una diminuzione del voting premium.

Il TUF ha previsto che solo le società italiane con azioni ordinarie quotate in mercati regolamentati italiani o di altri paesi dell'Unione Europea possono emettere azioni prive del diritto di voto, dotate di particolari privilegi di natura patrimoniale che vengono stabiliti nell'atto costitutivo.

- Le azioni devono contenere esplicitamente la denominazione di "azioni di risparmio" e l'indicazione dei privilegi che le assistono.

La parte di capitale sociale rappresentata da azioni di risparmio non è tenuta in considerazione ai fini della regolare costituzione dell'assemblea e della validità delle deliberazioni.

Le azioni di risparmio possono essere emesse sia in sede di aumento del capitale sociale, sia in sede di conversione di azioni già emesse, ordinarie o di altra categoria; il diritto di conversione è attribuito ai soci con delibera dell'assemblea straordinaria. Salvo diversa disposizione dell'atto costitutivo, in caso di aumento di capitale a pagamento per il quale non sia stato escluso o limitato il diritto di opzione, i possessori di azioni di risparmio hanno diritto di opzione su azioni di risparmio della stessa categoria ovvero, in mancanza o per la differenza, nell'ordine, su azioni di risparmio di altra categoria, su azioni privilegiate ovvero su azioni ordinarie.
I possessori di azioni di risparmio si riuniscono in un'assemblea speciale per la tutela dei loro diritti.
Tale assemblea delibera:

- Sulla nomina e sulla revoca del rappresentante comune e sull'azione di responsabilità nei suoi confronti. Sull'approvazione delle delibere dell'assemblea della società che pregiudicano i diritti della categoria, con il voto favorevole di tante azioni che rappresentino almeno il venti per cento delle azioni della categoria.
- Sulla costituzione di un fondo per le spese necessarie alla tutela dei comuni interessi e sul rendiconto relativo; il fondo è anticipato dalla società, che può rivalersi sugli utili spettanti agli azionisti di risparmio in eccedenza al minimo eventualmente garantito.
- Sulla transazione delle controversie con la società, con il voto favorevole di tante azioni che rappresentino almeno il venti per cento delle azioni della categoria.
- Sugli altri oggetti d'interesse comune.

L'assemblea speciale dei possessori di azioni di risparmio è convocata dal rappresentante comune degli azionisti di risparmio, ovvero dagli amministratori della società, entro sessanta giorni dall'emissione o dalla conversione delle azioni e quando lo ritengano necessario o ne sia fatta richiesta da tanti possessori di azioni di risparmio che rappresentino almeno l'uno per cento delle azioni di risparmio della categoria.

- Da ricordare che nessuna società può avere un capitale sociale costituito per più del 50% da azioni di risparmio.

Le Azioni a voto limitato

Le azioni a voto limitato sono una tipologia di azioni che prevede limitazioni del diritto di voto rispetto alle azioni ordinarie. All'interno della categoria delle azioni a voto limitato è possibile trovare:

- Azioni prive del diritto di voto.
- Azioni con diritto di voto limitato al verificarsi di condizioni non meramente potestative.
- Azioni con diritto di voto limitato a specifici argomenti.

La Legge Italiana (art. 145 comma 1 del Decreto Legislativo 24 febbraio 1998 n. 58) prevede che le azioni a voto limitato, qualora emesse da società quotate in Borsa, debbano presentarsi nella forma di azioni di risparmio o privilegiate e offrire un privilegio di natura patrimoniale al legittimo titolare.
Se sono emesse da società non quotate in borsa, il diritto di voto può essere limitato anche senza la concessione del privilegio patrimoniale.

Le Azioni correlate

Hanno visto la luce e si sono diffuse negli USA negli anni 80 e sono entrate nel nostro ordinamento di diritto societario recentemente.
A differenza delle azioni ordinarie che godono di diritti patrimoniali e amministrativi riferiti all'intero compendio societario-aziendale, le azioni correlate attuano una suddivisione di tali diritti, correlandoli, anziché all'intera azienda, al patrimonio e ai benefici complessivi, a specifici comparti aziendali variamente determinabili con riferimento a business unit, settori di attività, linee di prodotti, stabilimenti, anche facenti capo a società controllate.
La segregazione riguarda la sola sfera degli azionisti e non ha effetti nei confronti dei creditori, per i quali, anche in presenza di azioni correlate, la società continua a rappresentare un soggetto giuridico unitario e il suo patrimonio una garanzia nei confronti della generalità dei creditori.

- La loro particolarità è, quindi, che la remunerazione periodica è funzione di risultati ottenuti in un determinato settore o attività della società.

La società emette tale azione per rendere più visibili i settori con maggiore possibilità di crescita evitando lo scorporo giuridico dell'azienda. L'atto costitutivo definisce per ogni caso le limitazioni dei diritti e la quantificazione della remunerazione. Tuttora in Italia non vi sono questi titoli.
Sono disciplinate dall'articolo 2350 del codice civile e sono state istituite con la riforma del diritto societario entrata in vigore a gennaio 2004.
Non concedono comunque diritto al dividendo se non sulla base di utili risultanti dal bilancio complessivo della società.
Lo statuto sociale potrà stabilire criteri particolari e forme di correlazione anche nell'attribuzione delle perdite e prevedere la creazione di riserve di utili e di quote di patrimonio destinate alle specifiche categorie di azioni correlate cui erano destinati i risultati che quelle riserve hanno alimentato.
L'analisi delle ragioni che possono portare una compagine societaria a decidere l'emissione di azioni correlate vede come

principale motore la volontà di attuare una più stretta correlazione tra l'apporto di capitale di rischio e gli specifici settori o attività aziendali in cui quel capitale trova impiego, escludendo al contempo quelle risorse dai rischi e dai rendimenti di altri settori aziendali.

- Lo strumento mira, quindi, a motivare in modo più diretto e specifico l'impiego di risorse in un preciso comparto dell'azienda, prestandosi altresì, in caso di stock options attuate attraverso tale tipologia di azioni, a motivare in modo più diretto anche il management che in detto comparto specificamente opera.

Le origini delle azioni correlate si fanno risalire al 1984 quando la società "General Motors", al fine di acquisire la società "Electronic Data System" attribuì agli azionisti di quest'ultima, come parte del corrispettivo, un determinato numero di azioni la cui remunerazione era collegata ai futuri risultati dell'attività caratteristica di "Electronic Data System" all'interno del gruppo "General Motors".

Le Azioni postergate

Le azioni postergate sono azioni che offrono un trattamento meno favorevole rispetto ad altri tipi di azioni della stessa società; queste azioni, infatti, non vengono ammesse nelle quotazioni ufficiali di borsa e inoltre non hanno neanche diritto di voto, a meno che non sia esplicitamente previsto dall'atto costitutivo o dallo statuto della società.
Le azioni postergate che hanno diritto di voto sono quelle a voto limitato e che generalmente si presentano durante le assemblee straordinarie.

- Sono azioni che hanno diverse modalità di partecipazione alle perdite. L'azione, dunque, subisce la perdita solo dopo il totale annullamento delle altre azioni; è possibile, quindi, creare azioni postergate nella partecipazione alla copertura delle perdite.

L'emissione di azioni postergate può rivelarsi vantaggiosa sia per potenziali investitori che assumono in tal modo la qualifica di socio pur partecipando in modo ridotto al rischio di impresa, sia per la società emittente, in quanto può facilitare l'ingresso di nuovi capitali in caso di ristrutturazione o difficoltà economica.
Le azioni postergate si sono rivelate strumento spesso utile e a volte indispensabile per il finanziamento dell'impresa sociale, specialmente nell'ambito di processi di ristrutturazione e tentativi di superamento di situazioni di crisi.
E' permresso alle società per azioni di emettere speciali categorie di azioni in cui le perdite incidono in maniera diversa a seconda che la postergazione sia totale o parziale.

- Nella postergazione totale le perdite incidono sulle azioni postergate solo quando abbiano "consumato" la quota di capitale sociale detenuta dagli altri azionisti.
- Nella postergazione parziale, invece, la perdita inciderà sulla quota di capitale sociale rappresentato dalle azioni postergate solo fino a un importo predeterminato. Il superamento di tale limite comporta la ripartizione della perdita eccedente in maniera proporzionale sulle varie categorie azionarie incluse le azioni postergate.

Tipiche azioni postergate sono le azioni di godimento che nel caso di riduzione del capitale sociale possono essere attribuite ai soci, ai quali viene rimborsato l'ammontare del capitale corrispondente all'azione.

Azioni di godimento

Sono delle azioni assegnate come rimborso all'ex azionista nel caso in cui le sue azioni siano state annullate per via di una riduzione del capitale sociale per esuberanza.

- Esse attribuiscono un diritto di partecipazione agli utili futuri ma non rappresentano una quota di capitale sociale e sono postergate rispetto alle altre categorie di soci.

Gli utili saranno corrisposti a questa categoria di azioni solo successivamente alla remunerazione di tutte le altre categorie di azioni nella misura dell'interesse legale, e anche in caso di scioglimento della società il diritto alla liquidazione di un eventuale attivo residuale sarà postergato rispetto alle altre categorie di azioni.

- Alle azioni di godimento è negato il diritto di voto.

Il Mercato Azionario

Il mercato azionario è il luogo, non necessariamente fisico, dove sono negoziati i titoli azionari.
Tale mercato si distingue in primario e secondario.

- Sul mercato primario sono collocate le azioni di nuova emissione.
- Sul mercato secondario sono negoziati titoli già in circolazione.

Le imprese emittenti, pertanto, raccolgono nuove risorse finanziarie solo tramite il mercato primario.
Sono ammessi a operare all'interno dei mercati azionari solo alcuni intermediari; tra di essi, ad esempio, le banche, gli agenti di cambio, le Sim (Società di Intermediazione Mobiliare) e le imprese di investimento autorizzate a questo genere di servizi.
Quando si parla di azioni e di investimento azionario non si può fare a meno di pensare alla Borsa, luogo deputato per eccellenza alla compravendita e alla negoziazione dei titoli azionari. Di seguito si fornisce una descrizione della Borsa, del suo funzionamento e del suo importante ruolo come punto di incontro tra acquirenti e venditori di azioni e di altre tipologie di strumenti finanziari.

- La Borsa Valori è un mercato organizzato, regolamentato e ufficiale, all'interno del quale avviene la negoziazione di valori mobiliari (quali azioni, obbligazioni e strumenti derivati come futures e opzioni) e valute estere e il cui scopo è quello di agevolare l'incontro tra domanda e offerta di capitali.

Mentre un tempo le contrattazioni avvenivano attraverso le famose "grida", attualmente gli scambi avvengono appoggiandosi a sistemi telematici e a reti di computer, permettono così a trader e intermediari la gestione delle transazioni direttamente dal proprio ufficio.
La Borsa valori è un organismo molto importante in quanto mezzo di collegamento tra le aziende che necessitano di risorse economiche per finanziare la propria attività produttiva e i soggetti che dispongono di capitali da investire. La Borsa valori è un

mercato regolamentato, in quanto le operazioni di negoziazione e di scambio, le tipologie di contratti ammessi e gli operatori autorizzati sono opportunamente disciplinati. A occuparsi della gestione, dell'organizzazione e del corretto funzionamento della Borsa valori (e quindi del mercato borsistico e finanziario italiano) è una società privata chiamata Borsa Italiana spa.

- Borsa Italiana Spa è il nome della società privata che, a partire dal 1998, è impegnata nella gestione e nell'organizzazione della Borsa Valori di Milano. Inizialmente la Borsa era a tutti gli effetti un organo di diritto pubblico, la cui organizzazione, gestione e il cui funzionamento dipendevano dalla legge italiana. In seguito, l'assetto istituzionale della Borsa italiana ha subito una modifica sostanziale; dal gennaio 1998, infatti, la gestione della Borsa Italiana è stata affidata a Borsa Italiana Spa, un organismo di diritto privato dotato di ampi poteri di autoregolamentazione del mercato. A fondamento di tale cambiamento, la necessità di rendere il mercato azionario italiano più competitivo ed efficiente in ambito internazionale. Borsa Italiana spa, che ha sede in Piazza degli Affari a Milano, si occupa di promuovere lo sviluppo dei mercati gestiti e di massimizzarne liquidità, trasparenza, competitività ed efficienza. A Borsa Italiana spa competono molti ruoli tra i quali quello di definire l'organizzazione e il funzionamento dei mercati, definire i requisiti e le procedure di ammissione per società emittenti e intermediari, gestire l'informativa delle società quotate. Tra i compiti riconosciuti a Borsa Italiana Spa figura anche la possibilità di istituire nuovi mercati regolamentati e definirne norme e regole di funzionamento.
- Alla Consob (Commissione Nazionale per la Società e la Borsa) spetta, invece, il compito di controllare che il funzionamento del mercato borsistico rispetti e promuova i fini di trasparenza e tutela dei clienti previsti dalla legge italiana. Tra i poteri che la Consob può esercitare per adempiere al proprio ruolo e far rispettare gli obiettivi menzionati, figurano:
  - La possibilità di autorizzare nuovi mercati finanziari.
  - La possibilità di proporre al Ministero del Tesoro l'estinzione di mercati finanziari, in caso di mancato

rispetto degli obiettivi di trasparenza e di tutela della clientela menzionata.

La Borsa valori è un mercato secondario, essendo trattati e negoziati titoli già emessi e, quindi, già in circolazione.
Oltre alle borse valori è possibile individuare la presenza di borse merci, luoghi di incontro all'interno dei quali avviene la contrattazione di materie prime e prodotti omogenei e di largo consumo seguendo le logiche della Borsa. L'ultima revisione dell'elenco dei mercati regolamentati italiani, dei mercati regolamentati riconosciuti ai sensi dell'ordinamento comunitario e dei mercati esteri riconosciuti autorizzati dalla Consob è stata approvata con delibera n. 15212 del 15 novembre 2005.
I mercati italiani esistenti, suddivisi per società di gestione, sono:

- Mercati gestiti da Borsa Italiana S.p.A.
  - Mercato telematico azionario (MTA).
  - STAR (segmento dell'MTA).
  - MTF (segmento dell'MTA).
  - Mercato Telematico dei Securitised derivatives (SeDex).
  - Mercato Telematico delle Obbligazioni (MOT).
  - Mercato MTAX.
  - Mercati "After hours" TAH e TAHX.
  - Mercato Espandi.
  - Mercato degli strumenti derivati IDEM per la negoziazione di futures e opzioni.

- Mercati gestiti da MTS S.p.A.
  - Mercato Telematico all'Ingrosso dei Titoli di Stato (MTS).
  - Mercato BONDVISION per la negoziazione via internet all'Ingrosso di Titoli di Stato.
  - Mercato all'Ingrosso delle Obbligazioni non governative e dei Titoli emessi da Organismi Internazionali partecipati da Stati.

- Mercati gestiti da TLX S.p.A.
  - Mercato TLX.

La Borsa Valori di Milano fu istituita il 16 gennaio del 1808, attraverso un decreto napoleonico del Viceré d'Italia Eugenio di Beauharnais, e Carlo Ciani, che aveva dietro di sé una grande tradizione di banchieri e uomini d'affari, ne fu il primo presidente. Verso la fine del diciannovesimo secolo, in Italia erano presenti, oltre a milano, altre nove Borse: Venezia, Trieste, Roma, Firenze, Napoli, Torino, Genova, Bologna e Palermo; tra tutte, quella di Milano è sempre stata considerata la Borsa più importante del nostro paese.

- La prima sede della Borsa di Milano fu il Monte di Pietà, dove essa venne istituita.

Pochi mesi dopo, a causa dell'inadeguatezza della sede, la Borsa fu trasferita per un breve periodo nel Fabbricato della Piazza dei Tribunali fino al 29 settembre 1808, quando venne inaugurata la nuova sede nel Palazzo dei Giureconsulti.
In seguito, a causa di alcune ristrutturazioni del Palazzo dei Giureconsulti, la Borsa occupò tra il 1887 e il 1890 il Ridotto del Teatro alla Scala. Agli inizi del '900, precisamente l'8 ottobre 1901, fu inaugurata una nuova sede nell'attuale palazzo delle Poste in Piazza Cordusio.
Infine, nel 1932 si ebbe la sede definitiva nel Palazzo Mezzanotte, dal nome dell'architetto che lo ha progettato, situato in Piazza degli Affari. Si estendeva su un'area di quasi 6.500 mq e ospitava una galleria a portici, una vera piazza coperta per i servizi e gli operatori, un salone ovale per le contrattazioni, un servizio telegrafico e postale, un albergo diurno, un bar, un ristorante, servizi amministrativi, una biblioteca e una sala di lettura.
Separati dal resto i borsini, dove vi erano gli operatori.
Nel dicembre del 1987 si inaugurò una nuova sede provvisoria, il Gabbiotto, per permettere il restauro di Palazzo Mezzanotte. Oggi Palazzo Mezzanotte, sede della Borsa Italiana S.p.A., società che gestisce la Borsa Valori, non ospita più indaffarati agenti di cambio tesi a scambiare titoli, ma dei "freddi" calcolatori sui quali si incontrano la domanda e l'offerta di operatori di tutto il mondo.
Ripercorriamo insieme le tappe più importanti che hanno consentito il passaggio dal mercato "alle grida" alla Borsa telematica. All'inizio le Borse ospitavano lo scambio sia di merci sia di valute e titoli.

Successivamente, si assistette alla separazione tra il mercato delle merci e quello dei titoli che a Milano avvenne nel 1913. Da questo momento, è possibile parlare di Borsa Valori in termini appropriati, ossia di un mercato in cui si scambiano solo valori mobiliari. Altra tappa di transizione molto importante è rappresentata dall'anno 1991 con la direttiva della Comunità Europea sull'intermediazione mobiliare e i servizi di investimento, che ha avviato il processo di privatizzazione dei mercati finanziari. La Borsa Valori di Milano era, infatti, come tutte le altre Borse, un mercato pubblico, disciplinato da leggi dello Stato e regolamenti degli organi di controllo.

La legge n. 1 del 2 gennaio 1991 istituì il Consiglio di Borsa (operativo dal febbraio 1993), al quale erano affidate tutte le competenze organizzative, tecniche e consultive dei precedenti organi locali, mentre l'attività di vigilanza, gestione e organizzazione dei mercati era rimasta alla Consob. Il 1991 è importante anche per quanto riguarda le modalità di negoziazione; infatti, fina ad allora, le contrattazioni avvenivano "alle grida" ed erano svolte in particolari recinti (corbeilles), nei quali gli agenti di cambio compravano e vendevano azioni, gridando e gesticolando le loro proposte d'affari. In questi recinti erano svolte anche tutte le operazioni relative all'accertamento dei prezzi ufficiali e alla redazione dei listini: i prezzi erano trasmessi a un funzionario, che si trovava al centro del recinto, il quale era incaricato di raccogliere le notifiche e a fine giornata il comitato direttivo degli agenti di cambio definiva il listino ufficiale.

- Le contrattazioni erano divise in tre fasi: l'apertura, la fase del durante e la chiusura o fase di compilazione del listino.

Il passaggio verso il mercato telematico si conclude nell'aprile del 1994, con la migrazione completa delle negoziazioni a un sistema di reti informatiche interconnesse. Ogni transazione viene effettuata tramite computer e ogni intermediario immette gli ordini dalla propria sede. Il Decreto legislativo 23 luglio 1996, n. 415 sancì, due anni dopo, il passaggio di consegne dell'attività di organizzazione e gestione dei mercati regolamentati dall'autorità pubblica all'impresa privata.

Il 7 febbraio 1997, il Consiglio di Borsa costituì la società Borsa Italiana S.p.A. con sede a Milano, il cui azionariato era composto da banche, Sim e altri intermediari e attori del mercato;

contemporaneamente furono chiuse le preesistenti Borse Valori (Roma, Trieste, Venezia, Napoli, Torino, Genova, Firenze, Bologna e Palermo) e gli scambi concentrati presso la sede di Milano.
Alla nuova società furono affidati, tra i mercati regolamentati allora esistenti, la Borsa valori, il Mercato Ristretto, l'Idem e il Mif mentre il rimanente, l'Mts, fu affidato alla Mts S.p.A.
Dal 1998, la Borsa Italiana S.p.A. è divenuta a tutti gli effetti una società di gestione dei mercati, acquisendo una certa operatività ed emanando un proprio regolamento: il Regolamento dei mercati organizzati e gestiti dalla Borsa Italiana S.p.A.

Gli indici di borsa

Gli indici di borsa servono per avere una visione globale dell'andamento dei titoli di un determinato paniere di azioni.

- L'indice rappresenta la media dell'andamento dei titoli, dando maggior peso ai titoli con maggiore capitalizzazione e, viceversa, minor peso ai titoli considerati "più leggeri".

Il valore di partenza è convenzionalmente posto a un certo livello di riferimento, in un certo anno base.
Di per sé, il valore dell'indice non è molto significativo, mentre quello di cui si tiene conto è la sua variazione percentuale, essendo il rendimento che si otterrebbe investendo nei titoli compresi nell'indice e nella stessa proporzione. Gli indici sono ottenuti da medie ponderate dei prezzi dei titoli negoziati in borsa, la cui costruzione può avvenire secondo modalità differenti, basate su differenti meccanismi di ponderazione dei singoli titoli; pertanto, utilizzando questo criterio, possiamo dividere gli indici in:

- Indici equally weighted, dove il termine "equally" sta per "uguaglianza"; infatti, in questo calcolo vi è l'uguaglianza tra i fattori di ponderazione per tutti i titoli facenti parte dell'indice, ossia, tutti i titoli hanno lo stesso peso. In questo calcolo non si considerano le capitalizzazioni delle società incluse.
- Indici price weighted, in cui il peso del titolo dipende dal suo prezzo. Questa tipologia di indici ha un grosso limite legato alla non considerazione della dimensione, in termini di capitalizzazione, della società. Infatti, i titoli con il prezzo maggiore influiscono sul valore dell'indice in misura superiore rispetto ai titoli con prezzo minore, ma il fatto che un'azione abbia un prezzo superiore a un'altra non implica in alcun modo che le relative società emittenti rispettino lo stesso ordine dimensionale. Esempi illustri di questa categoria sono il Dow Jones e il Nikkei 225.
- Indici value weighted, in cui la ponderazione dei singoli titoli dipende dalla loro capitalizzazione in termini relativi al mercato (rapporto tra capitalizzazione del titolo e il valore della borsa nel suo complesso) e vengono rettificati

ogni volta che le società eseguono frazionamenti, fanno raggruppamenti, pagano i dividendi. Rispetto ai precedenti, quindi, questi indici riflettono prevalentemente l'andamento dei titoli azionari delle società più grandi. Ne sono esempi lo S&P/500, il DAX30, l'HANG SENG, il FTSE /MIB, il FTSE 100 e il CAC40.

Tutti gli indici finora citati sono indici parziali, ovvero indici che comprendono solo un campione di tutti i titoli quotati in un certo mercato; a questi si contrappongono gli indici generali, i quali, invece, includono tutti i titoli. Il metodo di scelta del campione può seguire differenti criteri, tra questi, uno dei più importanti, è quello che raggruppa insieme i titoli delle società che operano nel medesimo settore produttivo.
Si hanno così gli indici settoriali, che hanno, appunto, la funzione di indicare la salute di un certo comparto economico. Non è un caso che tra gli indici citati quelli più numerosi siano indici parziali value weighted. Infatti, gli indici così costruiti assolvono meglio alle loro funzioni in quanto permettono contemporaneamente, di dare una raffigurazione complessiva dell'evoluzione del mercato e di essere facilmente replicabili dagli operatori. Infine, passando ad analizzare i possibili utilizzi, constatiamo che essi possono fungere da parametro di riferimento per le politiche gestionali di gestori di fondi comuni di investimento o di altri investitori istituzionali, oppure da parametri ai quali indicizzare il rendimento di certi strumenti finanziari (ad esempio le obbligazioni strutturate), oppure ancora da strumento sottostante di alcuni strumenti derivati (ad esempio future e opzioni su indici).
I grafici sono lo strumento principale attraverso il quale valutare gli indici di Borsa.
Indipendentemente dalla borsa di riferimento, i grafici possono essere di due tipi:

- Grafici indici di Borsa storici. Come si intuisce dalle stesse parole, inquadrano quello che nel gergo è lo storico ossia l'andamento dell'indice di Borsa in un dato periodo. La scelta dell'intervallo di tempo dipende da quelli che sono gli obiettivi di chi consulta i grafici. Solitamente si consulta un grafico storico per rilevare quelli che sono stati i minimi e i massimi toccati dall'indice di Borsa in un intervallo passato.

- Grafici indici di Borsa in tempo reale. I grafici degli indici di Borsa in tempo reale, invece, non necessitano di alcun intervento da parte dell'utente. Essi fotografano quello che è l'andamento real time dell'indice. Solitamente le impostazioni che vengono fornite di default allargano l'orizzonte temporale all'intera giornata. Gli indici di Borsa in tempo reale, quindi, fotografano l'andamento delle contrattazioni minuto per minuto. Nella quasi totalità dei casi, poi, i risultati forniti sono ritardati di circa 15 minuti.

Dow Jones

Il Dow Jones deve il suo nome al proprio padre, Charles Henry Dow, una delle figure più importanti nel mondo economico finanziario statunitense della seconda metà dell'Ottocento.
Nato il 6 Novembre 1851 nel Connecticut e morto a New York il 4 Dicembre del 1902, Charles Dow è il co-fondatore della Dow Jones & Company insieme a Edward Jones e Charles Bergstresser, ed è il fondatore del "Wall Street Journal", ancora oggi una delle più autorevoli pubblicazioni del mondo. Oltre a essere ricordato per l'indice Dow Jones, Charles Dow è quello stesso Charles Dow famoso per essere uno dei progenitori dell'analisi tecnica, ed è lo stesso Charles Dow noto per la Teoria di Dow.

- L'indice fu creato negli Stati Uniti per valutare i ritmi di crescita dell'economia americana.
- Dow creò l'indice - che è il più vecchio tra i principali indici statunitensi, insieme al Dow Jones Transportation Average, creato dallo stesso Dow nel 1884 - con l'intento di misurare le performance delle componenti industriali dei mercati borsistici americani.

Per far ciò, sul finire dell'Ottocento, selezionò dodici azioni appartenenti a diversi settori industriali americani, creandone una semplice media matematica varata il 26 Maggio 1896 con il nome, appunto, di Dow Jones Industrial Average. Delle dodici azioni presenti oltre 110 anni fa, solamente il titolo di General Electric persiste nel listino odierno, mentre le altre aziende sono state sostituite con il passare degli anni.
Quel 26 Maggio sul finire del secolo, l'indice assunse il valore di 40,94 punti. Da quel momento in poi il Dow Jones conoscerà una crescita in certi tratti molto ripida e alcuni crolli storici. Nemmeno la partenza fu senza scossoni: poche settimane dopo la sua inaugurazione l'indice toccò il minimo storico, a quota 28,48 punti.

- Il 14 Novembre 1972 l'indice varcò la soglia dei 1.000 punti per la prima volta nella sua storia.

Negli anni '80 e negli anni '90 il Dow Jones proseguì nella sua crescita, un progressivo aumento né continuo né privo di correzioni

e cadute. Passato alla storia è, ad esempio, il "Lunedì nero" del 19 Ottobre 1987, in cui l'indice perse oltre il 20% del proprio valore. Qualche giorno dopo, tuttavia, il Dow Jones si risollevò, superando la soglia dei 2.000 punti.
Il 21 Novembre del 1995 vennero superati i 5.000 punti, il 29 Marzo del 1999 i 10.000 punti.

- La storia recente dice che il Dow Jones raggiunse il suo massimo storico il 3 ottobre 2018 a 26.838,39 punti.

L'indice è calcolato, a differenza di altri indici che tengono conto della capitalizzazione (e quindi del peso relativo delle varie società), soppesando il prezzo dei principali 30 titoli di Wall Street.
Per calcolare il DJIA (Dow Jones Industrial Average), viene divisa la somma di tutti i prezzi delle 30 azioni per un apposito divisore (divisore Dow).
Il divisore è adeguato in modo tale da tener conto di cambi nella composizione delle azioni, aumenti di capitale, scissioni, fusioni, così da assicurare che tali eventi non alterino il valore dell'indice.
All'inizio il divisore era semplicemente il numero delle società componenti, il valore attuale invece, a seguito di numerosi aggiustamenti, è addirittura inferiore a 1 (il che significa che il valore dell'indice è attualmente maggiore della somma dei componenti). Calcolo:

$$\mathbf{DJIA = \Sigma p / d}$$

dove:

- p sono i prezzi delle varie azioni componenti
- d è il Divisore Dow.

In caso di cambiamenti nella composizione delle azioni e società componenti, per evitare la discontinuità dell'indice il divisore Dow è aggiornato, cosicché il valore precedente e successivo rimanga lo stesso:

$$\mathbf{DJIA = \Sigma pvecchio / dvecchio = \Sigma pnuovo / dnuovo}$$

La scelta di limitarne la composizione a solo 30 Blue Chips ha fatto sì che nel corso del tempo, l'indice abbia perso parte della sua importanza perché non è più in grado di riflettere l'intero andamento del listino azionario americano. Le aziende che compongono l'indice Dow Jones Industrial Average vengono cambiate al cambiamento delle condizioni del mercato e su selezione degli editori di *The Wall Street Journal*. Quando vengono cambiate, il divisore usato per il calcolo dell'indice viene cambiato così da non influenzare il valore dell'indice stesso. Come detto, per calcolare il DJIA, si sommano i prezzi correnti dei 30 titoli che compongono l'indice e il numero ottenuto viene diviso per il divisore Dow.

Supponiamo che la somma totale dei prezzi dei 30 titoli sia 6.000; ciò implica che il valore del DJIA sarà:

(6.000/30) = 200

In questo caso il divisore Dow è 30.

Ipotizziamo ora che uno dei titoli dell'indice vale 400, ma subisce un frazionamento 2 per 1; ne segue che il nuovo prezzo del titolo è 200.

Se il nostro divisore rimanesse inalterato, il calcolo del Dow sarebbe:

(5.800/30) = 193,33

Questo valore, però, sarebbe inesatto, in quanto il titolo ha cambiato il prezzo a seguito del frazionamento ma il valore della società è sempre lo stesso.

Quindi, per assorbire l'effetto della scissione, il divisore deve essere adeguato al ribasso a 29. In questo modo, il valore del DJIA rimane:

(5.800/29) = 200

e riflette con maggiore precisione il valore del titolo.

Nasdaq

Acronimo di "National Association of Securities Dealers Automated Quotation" (Quotazione automatizzata dell'Associazione nazionale degli operatori in titoli) il Nasdaq è il primo esempio al mondo di mercato borsistico elettronico, cioè di un mercato costituito da una rete di computer.
Il NASDAQ è stato istituito a Wall Street il 5 febbraio 1971. La sede si trova a Times Square.
I principali indici del Nasdaq sono:

- NASDAQ Composite.
- NASDAQ-100.

Il NASDAQ-100 include i titoli di cento aziende (statunitensi ma non solo) con un peso ponderato in base al valore di capitalizzazione.
A tale indice è riconosciuta una notevole rilevanza, in quanto è in grado di rispecchiare piuttosto fedelmente lo stato di salute dei maggiori gruppi industriali quotati nel NASDAQ: fanno, infatti, parte del NASDAQ-100 le più importanti compagnie del settore informatico e tecnologico, delle telecomunicazioni, del farmaceutico, del commercio all'ingrosso e al dettaglio.
Tuttavia, l'indice non comprende nessuna società del settore finanziario, e non può, quindi, essere considerato come una sintesi di tutti i settori compresi nel Nasdaq. Aver escluso dal NASDAQ-100 il settore finanziario, si ricorda, non è stata ovviamente una banale dimenticanza, in quanto, per il mondo finanziario ci si riferisce al NASDAQ Financial 100, indice operativo anche questo operativo dallo stesso giorno di lancio del NASDAQ-100.

- Il NASDAQ-100 fu lanciato il 31 gennaio 1985.

Oltre a costituire una base per le misurazioni e i confronti, il NASDAQ 100 è una delle principali fonti di riferimento per i futures negoziati al CME, il Chicago Mercantile Exchange, dove i futures collegati al NASDAQ 100 costituiscono i contratti più scambiati.
La base di partenza furono 250 punti, ma subito fu aggiustato a 125 nel 1993 dopo aver raggiunto quota 800; le aziende straniere furono

ammesse solo nel 1998. È un indice ponderato; il peso delle diverse società che lo compongono è basato sulla loro capitalizzazione di mercato, con alcune regole per tener conto delle influenze delle componenti maggiori. Gli standard per essere inclusi nel NASDAQ-100 sono molto stringenti:

- Bisogna essere quotati solo al NASDAQ.
- Bisogna essere quotati da almeno 2 anni oppure avere una determinata capitalizzazione.
- Bisogna avere una media di volumi scambiati di 200.000 quote.
- Non avere precedenti di bancarotta e bisogna presentare i reports annuali e trimestrali.

Il NASDAQ Composite ha in media 5.000 componenti, include tutte le azioni quotate sul NASDAQ Stock market.
E' un indice azionario molto famoso e seguito in tutto il mondo, include aziende anche straniere, per questo non può essere definito un indice Americano.

- Il NASDAQ Composite fu lanciato l'8 febbraio 1971, con un valore iniziale di 100 punti.

La storia recente dice che il NASDAQ Composite raggiunse il suo massimo storico il 29 agosto 2018 a 8.109,68 punti.

S&P 500

E' stato realizzato da Standard & Poor's il 4 marzo 1957 e segue l'andamento di un paniere azionario formato dalle 500 aziende statunitensi a maggiore capitalizzazione e la sua introduzione è stata possibile solo grazie alle funzionalità di calcolo avanzate e complesse possibili con i progressi nel campo dell'elettronica. Prima del 1957, quando ancora non c'erano i computer, infatti, l'indice S&P conteneva solamente 90 titoli. Fanno parte di questo basket le azioni di grandi aziende contrattate al New York Stock Exchange (Nyse), all'American Stock Exchange (Amex) e al Nasdaq. Questo indice è il più usato per misurare l'andamento del mercato azionario USA ed è ormai riconosciuto come benchmark per le performance di portafoglio.

- Il peso attribuito a ciascuna azienda è direttamente proporzionale al valore di mercato della stessa.

La metodologia di calcolo dallo S&P 500 è basata su un sistema di pesi che tiene conto della capitalizzazione di mercato delle società le cui azioni fanno parte del paniere di calcolo. Riflette, quindi, il valore totale di mercato di tutte le cinquecento azioni che lo compongono in relazione a un particolare periodo di base preso come riferimento.
Il valore totale di mercato, o capitalizzazione, di una società è determinato moltiplicando il prezzo corrente delle azioni per il numero delle stesse in circolazione.

- Nel periodo di base, anni 1941-1943, l'indice è stato posto pari a dieci.

Il motivo è giustificato dalla necessità di raccordare l'indice S&P 90 Composite all'indice S&P 500 che effettivamente ha avuto corso solo dal 1° gennaio 1957. L'indice giornaliero è calcolato dividendo il valore totale di mercato delle cinquecento società componenti l'indice per un numero chiamato Indice divisore. Nel contesto del calcolo dello S&P 500 il divisore rappresenta il collegamento con il valore del periodo di base dell'indice; ciò consente la comparabilità dello stesso nel corso del tempo:

S&P 500 =
Σi prezzo corrente titoli * Numero titoli in circolazione / Indice Divisore

La somma del prezzo medio di ciascuna azione nel periodo base è moltiplicata per il numero di azioni in circolazione nello stesso periodo; tale somma è poi moltiplicata per un fattore di aggiustamento. Il risultato è l'indice divisore.
Quest'ultimo ha lo scopo di tener conto delle conseguenze che hanno le variazioni della capitalizzazione di mercato sull'indice. Il Future sull'S&P 500 introdotto nel 1982 è lo strumento principe usato dai gestori per seguire l'indice o per effettuare coperture sul mercato Usa. Viene contrattato al CME (Chicago Mercantile Exchange).
Le società da inserire nel paniere sono scelte per capitalizzazione flottante e in questo lo S&P 500 si differenzia nettamente dall'indice Fortune 500 che considera le prime 500 aziende USA per fatturato e non fa nemmeno distinzione sul fatto che esse siano quotate oppure no. Originariamente i pesi dei componenti dell'indice dipendevano dalla mera capitalizzazione delle aziende, ma nel 2005 è stato introdotto il principio della capitalizzazione flottante.

- Il flottante è la parte di capitale sociale che può essere comprata e venduta sul mercato, cioè titoli non detenuti dagli Stati, dai blocchi di controllo o da azionisti legati da patti di sindacato. La capitalizzazione flottante è semplicemente il prodotto del numero di titoli flottanti moltiplicati per i prezzi di detti titoli.

La transizione al nuovo sistema di calcolo, a causa del gran numero di titoli presenti nell'indice, è stata realizzata in due tappe, la prima il 18 marzo 2005 e la seconda il 16 settembre dello stesso anno. Tale cambiamento non ha comunque comportato un grande stravolgimento. Infatti, a differenza del caso europeo, e in particolare italiano, le aziende dello S&P 500 con un flottante inferiore alla capitalizzazione totale sono un'esigua minoranza.

- A causa dell'elevato numero di titoli inclusi nell'indice, i numerosissimi fondi che lo utilizzano come benchmark raramente replicano esattamente il portafoglio di 500 titoli, dal momento che le compravendite richiederebbero notevoli costi in termini di commissioni di intermediazione.

Solitamente i gestori di portafoglio utilizzano la tecnica della syntetic replication, cioè cercano di replicare le performances dell'indice con un numero minore di titoli selezionati in base a complessi algoritmi. In alternativa molti money managers utilizzano i liquidissimi futures che hanno tale indice come sottostante e che sono quotati al Chicago Mercantile Exchange (CME).

Nikkei 225

L'indice giapponese Nikkei contiene i 225 titoli delle 225 maggiori compagnie quotate al TSE, e la media del segmento viene calcolato giornalmente dal quotidiano Nihon Keizai Shimbun dal 1971. Il listino contiene i titoli a maggiori capitalizzazione (l'unità di base è lo Yen), mentre i 225 componenti vengono ricalcolati una volta l'anno.
Iniziò a essere calcolato a partire dal 7 settembre 1950, retroattivamente dal 16 maggio 1949. A partire da Gennaio 2010, è aggiornato ogni 15 secondi.
Il massimo storico dell'indice Nikkei 225 è stato raggiunto il 29 dicembre 1989 a quota 38957.44, durante la Japanese asset price bubble.

- È un indice pesato sul prezzo delle azioni, e di tipo large-cap, che rappresenta l'intero mercato; pertanto, non sono presenti pesi specifici per i diversi settori economici cui appartiene un titolo: tutte le azioni hanno un eguale peso basato su un valore alla pari (valore nominale) di 50 yen.

E' un indice del tipo price-weighted ossia è il prezzo dell'azione a determinarne il peso all'interno dell'indice e non la sua capitalizzazione di borsa (esattamente come il Dow Jones). Le azioni più importanti racchiuse in questo indice sono la Canon, la Panasonic, la Pioneer, la Sharp, la Sony, la Nissan, la Toyota, la Mitsubishi, la Mazda e la Honda. Dal punto di vista storico l'indice ha avuto un andamento molto altalenante e attualmente è praticamente e metà del suo valore massimo.

DAX 30

Il Dax 30 (Deutsche Aktien Xchange 30, in precedenza Deutscher Aktien-Index 30) è l'indice di riferimento della Borsa di Francoforte contenente i 30 titoli a maggiore capitalizzazione. La borsa è il più grande mercato di scambio della Germania: 85% degli scambi tedeschi e il 35% di quelli europei. Il data base per il DAX è il 30 dicembre 1987 ed è stato preso un valore di base di 1.000 punti.

- É un tipo di indice di performance; questo vuol dire che viene calcolato ogni secondo sulla base dei pagamenti dei dividendi e dei ricavi dei diritti d'opzione durante l'orario di negoziazione che avviene dalle 9 di mattina alle 17.30; successivamente, a contrattazioni chiuse, fino alle 22.00, la borsa tedesca calcola l'X-Dax indice, ricavando i prezzi dal Dax Future.

In questo modo l'indice è molto funzionale per il rispecchiamento dell'andamento complessivo dei ricavi del mercato. Le aziende intestatarie dei titoli che fanno parte di questo indice vengono accuratamente selezionate sulla base dei criteri di capitalizzazione, dei volumi di negoziazione e dei valori di attendibilità e solvibilità delle società.

Possono essere ammesse nell'indice DAX sia le società tradizionali sia quelle del settore tecnologico, ma, oltre ad altri parametri specifici, è necessario che la società sia quotata in borsa da almeno tre anni e che sia registrata in Germania.

I settori più rappresentati sono: utilities, beni e servizi industriali, assicurazioni, automobilistico, chimico, bancario. Le società con il peso maggiore sono E.On, Allianz, Siemens, Deutsche Bank e DaimerChrysler.

Tra gli indici minori i più importanti sono: DAXplus, DivDAX, CDAX, LDAX, MDAX (basato sui 50 titoli a maggiore capitalizzazione susseguenti a quelli compresi nel DAX30; non vengono incluse in questo indice le azioni delle aziende che si occupano del settore tecnologico, TecDAX (calcolato sulla base delle prime 30 società del settore tecnologico), SDAX, VDAX e l'EuroStoxx 50.
Nel mercato tedesco esiste anche la Borsa di Monaco che è la Borsa Valori con sede a Monaco di Baviera.

FTSE 100

E' l'indice di riferimento della Borsa di Londra contenente le 100 società più capitalizzate quotate al London Stock Exchange. La Borsa di Londra è stata fondata nel 1801 ed è una delle più grandi borse valori del mondo, con molte società quotate anche al di fuori dei confini britannici.
FTSE è l'abbreviazione di "Financial Times Stock Exchange".

- L'indice è quotato dal 3 gennaio 1984 con un livello iniziale di 1.000.

L'indice è gestito dal FTSE Group, una società ora indipendente che originariamente era nata come joint venture tra il Financial Times e il London Stock Exchange.
Le 100 società componenti dell'indice rappresentano circa l'80% della capitalizzazione di mercato dell'intero London Stock Exchange. Sebbene l'indice FTSE All-Share sia più completo, l'indice FTSE 100 è di gran lunga il più usato come indicatore del mercato londinese.
Altri indici correlati sono:

- Il FTSE 250 (che comprende le ulteriori 250 società più grandi dopo le prime 100 del FTSE 100).
- Il FTSE 350 (che è l'aggregazione del FTSE 100 e del FTSE 250).
- Il FTSE SmallCap (piccole imprese).
- Il FTSE Fledgling. Il FTSE All-Share comprende il FTSE 100, il FTSE 250 e il FTSE SmallCap.

I componenti dell'indice sono stabiliti trimestralmente; le più grandi società dell'indice FTSE 250 sono promosse se la loro capitalizzazione di mercato le colloca tra le prime 90 aziende del FTSE 100.
L'importanza della Borsa londinese è attestata dalla cifra di titoli scambiati nel 1910, circa 10,7 miliardi di sterline, corrispondente a un terzo del valore mondiale. Nonostante il lungo periodo di successo, intorno agli anni ottanta iniziò un lento calo di importanza del centro finanziario londinese, che costrinse l'autorità a emettere il cosiddetto Big Bang, ossia un insieme di norme atte a

deregolamentare la Borsa di Londra, coinvolgente soprattutto la figura del broker e del jobber, oltre al funzionamento tecnico della borsa radicalmente rinnovato grazie all'ausilio delle nuove tecnologie informatiche.

CAC 40

Prende nome dal primo sistema di automazione della Borsa di Parigi, la Cotation Assistée en Continu (Quotazione continuamente assistita); è il principale indice di borsa francese e uno dei più importanti del sistema Euronext. L'indice rappresenta una misura basata sulla capitalizzazione dei 40 valori più significativi tra le 100 maggiori capitalizzazioni di mercato della Borsa di Parigi.

- Il valore base di 1.000 venne fissato il 31 dicembre 1987.

Al 1 dicembre 2003, l'indice è diventato un indice pesato a flottante libero.
Va notato che, anche se il CAC 40 è composto da aziende "francesi", circa il 45% delle loro azioni è di proprietà di investitori stranieri, come, ad esempio, di fondi pensione statunitensi, che sono state acquisite negli ultimi 20 anni grazie a una lunga serie di privatizzazioni di aziende statali. Questa percentuale è insolitamente alta.

FTSE MIB Index

Ha sostituito, dal 1 giugno 2009, il vecchio indice S&P/MIB, e rappresenta le c.d. "blue chip", cioè le 40 maggiori società ad alta capitalizzazione del mercato azionario italiano, all'incirca l'80% della capitalizzazione del nostro mercato azionario. L'indice è stato creato per essere più adatto al trading di future e opzioni, sostituendo il MIB 30 quale indice di benchmark per gli ETF (Exchange Traded Funds) e per il monitoraggio di titoli a elevata capitalizzazione nel mercato italiano. Ciascun titolo viene analizzato per dimensione e liquidità e l'indice fornisce complessivamente una corretta rappresentazione per settori. L'indice FTSE MIB è ponderato in base alla capitalizzazione di mercato dopo aver corretto i componenti in base al flottante.

- E' stato stabilito come valore base dell'indice FTSE MIB quello dell'indice MIB 30 alla chiusura delle contrattazioni del 31 ottobre 2003 (10.644 punti).

Questa scelta è stata fatta per uniformarsi con l'indice MIB 30, in modo da agevolare per future e altri derivati la transizione dal MIB 30 all'indice FTSE MIB.
I valori storici dell'indice FTSE MIB sono stati ricalcolati al 31 dicembre 1997. I titoli sono classificati secondo la liquidità, misurata dal valore a sei mesi del titolo scambiato in Euro, dal turnover del flottante e dal numero di giorni di contrattazione. Per prendere in considerazione i titoli da includere si utilizza di solito una soglia minima di turnover del 30%. Tuttavia, i dati sul turnover saranno diversi per i vari settori, dato che alcuni settori hanno di per sé un turnover più elevato di altri.
I componenti dell'indice sono sottoposti a revisione formale ogni sei mesi per verificare che rappresentino al meglio il mercato italiano. La revisione semestrale dei componenti ha luogo a marzo e settembre di ciascun anno.

- FTSE Italia All-Share: ha sostituito, dal 1 giugno 2009, il vecchio indice MIBTEL e non comprende tutte le azioni quotate in borsa, pur essendo composto dalla somma delle azioni facenti parte degli indici: FTSE MIB, FTSE Mid Cap, FTSE Small Cap.

- Ne risultano, infatti, escluse 25 azioni, incluse nell'indice FTSE Micro Cap, che non soddisfano i criteri di liquidità predisposti da FTSE e la cui capitalizzazione nominale è inferiore a quella dell'azione più piccola contenuta nell'indice FTSE MIB. Il che non significa che si tratti solo ed esclusivamente di società a "micro-capitalizzazione" perché di piccole dimensioni; in gran parte è così, ma vi sono anche incluse società di medie dimensioni che però presentano un flottante limitato.

- FTSE Italia Mid Cap: ha sostituito, dal 1 giugno 2009, il vecchio indice MIDEX e rappresenta 60 aziende di piccola e media capitalizzazione.

- FTSE Italia Small Cap: rappresenta le rimanenti aziende a piccola capitalizzazione non rientranti nell'indice FTSE Itali Mid Cap ed è costituito da 150 titoli.

- FTSE Italia STAR: ha sostituito, dal 1 giugno 2009, il vecchio indice STAR e rappresenta le 75 società che presentano un flottante minimo pari al 75%.

La seduta di Borsa

La seduta di Borsa è articolata in più momenti:

- Asta di apertura.
- Negoziazione continua.
- Asta di chiusura.

L'asta di apertura e quella di chiusura corrispondono al "vecchio mercato a chiamata" attuato con mezzi elettronici.
Gli ordini di ciascun titolo che affluiscono si cumulano (non hanno esecuzione immediata); scaduto il termine per la presentazione delle proposte o le applicazioni, il "banditore" elettronico individua il prezzo a cui si concludono tutti gli ordini compatibili.
In sintesi, l'apertura determina una quotazione che è espressione del totale della domanda e dell'offerta presente nel mercato entro una determinata ora.
L'asta si articola in tre diverse fasi:

- Pre-asta o preapertura.
- Validazione.
- Apertura.

Pre-asta o preapertura

Nella preapertura il sistema accoglie le proposte, le ordina e determina, per ciascun titolo, il prezzo teorico di apertura che varia con l'affluire di nuovi ordini. L'operatore autorizzato può inserire proposte a prezzo di apertura o con limite che possono essere modificate o cancellate fino al termine della fase.
Il sistema calcola e aggiorna il prezzo teorico d'apertura che corrisponde al prezzo al quale è negoziabile la maggiore quantità del titolo.
Si ipotizzi che le proposte relative al titolo Alfa siano le seguenti:

Quantità totale in acquisto	Prezzo	Quantità totale in vendita
13000	5,7	
8000	5,8	2000
7000	5,9	4000
5000	6,0	7000
3000	6,1	13000

Il prezzo teorico d'apertura è 6 perché è quello che consente la maggiore quantità di scambio (5.000 titoli).
A parità di quantità scambiata, il prezzo teorico d'apertura è quello che produce la minore differenza fra il volume degli acquisti e delle vendite (ovvero, il prezzo che lascia il minore ineseguito).
A parità di quantità scambiata e di ineseguito, il prezzo teorico d'apertura è quello più vicino al prezzo di riferimento precedente (il prezzo di riferimento è il prezzo d'asta di chiusura; se non è possibile determinare il prezzo d'asta di chiusura , il prezzo di riferimento è pari alla media ponderata dell'ultimo 10% delle quantità negoziate al netto delle quantità scambiate mediante la funzione cross-order).
Si abbia ora la seguente situazione del book:

Quantità totale in acquisto	Prezzo	Quantità totale in vendita
13000	5,7	
8000	5,8	4000
7000	5,9	5000
5000	6,0	7000
3000	6,1	13000

Il prezzo teorico d'apertura è 6 perché, a parità di quantità scambiata (5.000 azioni), di ineseguito (2.000 azioni) e di vicinanza al prezzo di riferimento (+/-0,05), è il maggiore.

Non è possibile avere il prezzo teorico d'apertura se:

- Il book è vuoto.
- Si hanno proposte a prezzo limitato solo da un lato del mercato. In tal caso le proposte passano alla fase della continua con il loro prezzo e la priorità temporale originaria.
- Si hanno proposte a prezzo d'apertura (APE) da un solo lato del mercato. Tali proposte passano alla continua e assumono il prezzo di controllo (prezzo di riferimento del giorno precedente).
- Si hanno proposte a prezzo d'apertura e a prezzo limitato in un solo lato del mercato. In tale ipotesi, le prime passano alla continua assumendo il prezzo con limite migliore della propria parte del mercato e le seconde mantengono il proprio prezzo.
- Se i prezzi limitati dei due lati del mercato non consentono la conclusione di contratti (caso in cui il più alto prezzo in acquisto è inferiore al minore prezzo di vendita).
- Si noti che nella situazione contraria (il miglior prezzo in acquisto è maggiore del minor prezzo di vendita) si ha una normale apertura.
- Infine qualora siano presenti su entrambi i lati del "book" solo proposte APE, il sistema determina un prezzo teorico di apertura che corrisponde a quello di riferimento del giorno prima.

Validazione

La fase successiva alla pre-asta è quella della validazione del prezzo teorico. In tale periodo non è possibile immettere nuove proposte né modificare o cancellare quelle esistenti. Affinché il prezzo sia considerato valido dal sistema deve essere soddisfatta la condizione che la differenza tra prezzo teorico e prezzo di riferimento non deve superare una percentuale stabilita, attualmente il 10% per le azioni e il 5% per le obbligazioni convertibili.

- Se il prezzo non è validato viene riattivata la fase di pre-asta per un tempo stabilito dalla BORSA spa.

Le proposte con prezzo limitato vengono trasferite alla continua con il loro prezzo e la priorità originari, le applicazioni passano anch'esse alla continua e assumono il miglior prezzo presente sul mercato; le proposte con clausola VSD in caso di non apertura o di non validazione passano alla continua con il prezzo e la priorità temporale originaria mentre le applicazioni APE non assumono alcun prezzo.
Validato il prezzo si procede con l'abbinamento delle proposte. Nell'apertura i contratti sono conclusi a un unico prezzo, quello di apertura, fino a esaurimento delle quantità disponibili e tenuto conto della priorità di prezzo e di tempo. Nel caso non vi sia coincidenza tra domanda e offerta, la ripartizione avviene come segue:

- Le proposte APE assumono il prezzo d'apertura.
- Le proposte del lato minore del mercato sono interamente soddisfatte.
- Le proposte del lato maggiore del mercato sono eseguite in misura parziale iniziando da quelle che hanno un prezzo superiore a quelle di apertura (priorità di prezzo).

Gli ordini di borsa

Gli operatori abilitati (Banche e SIM), ricevuti gli ordini dai propri clienti, immettono nel sistema proposte di negoziazione o applicazioni secondo quanto stabilito nel Regolamento e nelle Istruzioni della Borsa Italiana Spa.
Gli ordini si distinguono in proposte e in applicazioni.

- Le proposte sono ordini con prezzo limitato e vengono esposte nel book degli operatori con l'indicazione del proponente, del titolo, del tipo di operazione, della quantità, del prezzo e dei parametri di negoziazione.
- Le applicazioni sono proposte senza indicazioni di prezzo ("al prezzo di mercato" o, secondo la dizione più comune, "al meglio") destinate a essere abbinate alle proposte di segno contrario esposte al momento nel video. L'eventuale residuo si trasforma in una proposta con il prezzo dell'ultimo contratto concluso.

L'ordine può essere corredato da particolari modalità di esecuzione.

- In apertura, i parametri sono relativi al tempo e alla quantità:
  - "Esegui o cancella" (EOC). La proposta con o senza limite di prezzo, deve essere eseguita anche solo parzialmente, la quantità residua è cancellata dal sistema e non passa alla fase successiva della continua.
  - "Valido fino a cancellazione" (VSC). L'eventuale quantità residua permane nel mercato sino al termine della seduta, quando viene automaticamente cancellata.
  - "Valido fino alla data specificata" (VSD). La proposta permane, conservando la priorità temporale, per la quantità non eseguita, fino alla scadenza indicata che non può essere superiore ai 90 giorni dall'immissione. Se il parametro interessa proposte a "prezzo di apertura" (APE), queste il giorno successivo assumono un prezzo pari a quello di apertura del giorno di immissione.
  - "Valido fino all'orario specificato" (VSO). Il parametro è valido solo per le proposte con limite di prezzo. Nella

fase della contrattazione continua, le proposte possono essere immesse sia con limite sia al meglio; queste all'atto dell'introduzione assumono il miglior prezzo (il più basso per l'acquisto, il più alto per la vendita) del lato opposto del mercato trasformandosi in proposte a prezzo limitato.

- Con riferimento alla quotazione è possibile indicare due diverse modalità di esecuzione:
  - "Esponi al raggiungimento del prezzo" (ERP). La proposta è accettata dal sistema, ma è visualizzata solo quando è stato concluso nel mercato un contratto al prezzo indicato nella proposta stessa. Più in particolare, la visualizzazione, in caso di acquisto avviene dopo un contratto fatto a un prezzo uguale o superiore a quello indicato; nel caso di vendita si deve attendere l'esecuzione di un negozio a un prezzo uguale o inferiore a quello esplicitato nella proposta. Il parametro è incompatibile con le applicazioni ed è dunque valido per le sole proposte.
  - "Esegui comunque" (ECO). Il parametro riguarda le sole applicazioni; la proposta è abbinata a quelle di segno contrario con il prezzo più conveniente, fino all'esaurimento della quantità richiesta. L'eventuale residuo è trasformato in proposta a prezzo limitato con la priorità temporale originaria e un prezzo pari all'ultimo contratto concluso.

Quantità totale in acquisto	Prezzo acquisto	Prezzo vendita	Quantità totale in vendita
5000	5,7	6,1	2000
3000	5,9	6,2	6000
3000	6,0		

Si immette un'applicazione in acquisto di 10.000 con parametro ECO.
L'ordine è eseguito:

- 2.000 azioni sono negoziate al prezzo di 6,1.

- 6.000 azioni sono negoziate al prezzo di 6,2.
- Il residuo di 2.000 rimane nel circuito al prezzo di 6,2.

Dopo l'esecuzione, il "book" è il seguente:

Quantità totale in acquisto	Prezzo acquisto	Prezzo vendita	Quantità totale in vendita
5000	5,7		
3000	5,9		
3000	6,0		
2000	6,2		

Il parametro ECO consente di incrociare anche a prezzi maggiori del miglior prezzo del lato opposto del mercato fino a esaurire l'ordine.
E' importante sottolineare che se l'ordine fosse stato impartito al meglio senza la specifica EOC, l'eseguito sarebbe stato di 2.000 azioni al prezzo di 6,1, mentre il residuo di 8.000 sarebbe stato evidenziato nel "book" al prezzo di 6,1 in attesa di incrociarsi con proposte compatibili. L'ordine al meglio, dunque, è eseguito, in tutto o in parte, a un solo prezzo mentre l'ordine con il parametro ECO può essere soddisfatto a prezzi diversi.

- Con riferimento al **tempo**, si possono indicare i parametri:
  - **"Valido sino a cancellazione" (VSC).** La proposta o l'applicazione, non eseguite, sono automaticamente cancellate al termine della giornata.
  - **"Valido sino a data specificata" (VSD)**. La proposta o l'applicazione sono valide entro la data indicata e comunque non oltre il 90° giorno dall'immissione.
  - **"Valido fino all'orario specificato" (VSO).** Il parametro è valido solo per le proposte con limite di prezzo.

- Con riferimento al **quantitativo** da scambiare si hanno i seguenti parametri:

- **"Esegui quantità minima" (EQM).** La proposta o l'applicazione deve essere eseguita per il quantitativo minimo indicato; se tale quantitativo minimo non è disponibile l'ordine decade. Nel caso di esecuzione parziale (il quantitativo minimo è stato soddisfatto), il residuo permane nel mercato al prezzo originario o a quello acquisito (nel caso di un'applicazione).
- **"Esegui o cancella" (EOC).** La proposta o l'applicazione può avere esecuzione parziale ma il residuo è cancellato automaticamente.
- **"Tutto o niente".** La proposta o l'applicazione, al momento dell'immissione, deve essere eseguito per l'intero altrimenti l'ordine decade.

- Durante la **continua** possono essere immesse, con o senza limite di prezzo, proposte "valide solo in asta di chiusura" (VAC). Tali proposte non sono visibili durante la continua, ma lo diventano al momento della pre-asta di chiusura. Il singolo ordine può essere caratterizzato da più parametri compatibili; ad esempio, all'applicazione è possibile aggiungere ECO/EOC (si accetta qualsiasi prezzo sul lato opposto del mercato e l'eventuale residuo è cancellato) ma non ECO/ ERP (la clausola "esegui comunque" non è compatibile con "evidenzia al raggiungimento del prezzo"). Non è altresì possibile combinare il parametro VSD con TON o EOC che impongono la cancellazione immediata del residuo non eseguito.

Limiti di variazione dei prezzi

Esaminiamo ora qual è il limite massimo di variazione dei prezzi dei contratti rispetto al prezzo di controllo.

- Azioni e quote di fondi chiusi: +/-10%
- Warrant e diritti d'opzione: +/- 30%
- Obbligazioni convertibili: +/- 5%
- Quote o azioni di OICR: +/-3,5%

Nel caso di limite massimo di variazione dei prezzi tra due contratti consecutivi abbiamo:

- Azioni, warrant e quote di fondi chiusi: +/- 5%
- Diritti d'opzione: +/- 15%
- Obbligazioni convertibili: +/-2,5%
- Quote o azioni di OICR: +/- 1,5%

Se si verifica una modifica superiore a quelle indicate si ha la sospensione temporanea sino a quando, nel giudizio della Borsa Italiana spa, non è cessata la condizione di alterazione del mercato; durante la sospensione temporanea non è consentito immettere, modificare o cancellare proposte.
La società di gestione ha piena autonomia nel modificare i limiti e ha un'ampia capacità di intervento discrezionale. In altri termini, la Borsa può sospendere le contrattazioni quando:

- Si hanno andamenti anomali negli scambi per quantità o prezzi.
- Si abbia necessità di acquisire informazioni.
- Per segnalazione di comportamenti irregolari di uno o più operatori.
- Per motivi tecnici che non assicurano il regolare svolgimento delle contrattazioni.
- Nella fase della continua gli operatori possono abbinare ("compensare") due proposte di segno opposto e di pari quantità (funzione di "cross order") senza che siano soddisfatte le normali procedure e rispettate le priorità temporali.

Si assuma che la situazione del book del titolo sia la seguente:

- Data di godimento: 1/0X
- Titolo: Obbligazione convertibile 2%
- Prezzo: 115,75
- TRI: 1,74
- PoS%: -3,54%

Le proposte presenti nel "book" al termine della negoziazione continua sono automaticamente trasferite alla fase successiva, quella della chiusura con il prezzo e la priorità temporale originaria. La giornata ha termine con la seconda asta, quella di chiusura che ha svolgimento analogo a quella di apertura.
Il prezzo teorico è determinato secondo le quattro regole esposte.

- La **validazione** ha come parametro di riferimento il prezzo di controllo e ammette uno scarto del 10%, così come avviene in apertura. Qualora non sia possibile determinare il prezzo di chiusura (valgono le stesse regole dell'apertura) o non sia possibile validarlo, le proposte con parametro VSD sono trasferite alla pre-asta del giorno dopo. Tutte le altre proposte sono cancellate automaticamente. La trasformazione delle proposte in contratti avviene con le stesse modalità già viste nella fase di apertura. Nel corso della giornata di borsa si ha la formazione di alcuni prezzi particolarmente significativi.

- Il **prezzo ufficiale** del titolo considerato è la media ponderata dell'intera quantità negoziata. Essendo un dato medio, il prezzo ufficiale può non essere un prezzo "fatto".

- Il **prezzo di riferimento** è il prezzo dell'asta di chiusura. Se non è possibile determinare il prezzo di chiusura, il prezzo di riferimento è pari alla media ponderata dei prezzi dell'ultimo 10% di quantità negoziata. Il dato esprime la tendenza al termine della giornata ed è utilizzato come prezzo di controllo per la validazione del prezzo d'apertura del giorno successivo.
- Il **prezzo di controllo** varia nel corso della seduta ed è:
  - il prezzo di riferimento precedente, nel corso dell'asta di apertura.

- il prezzo di asta di apertura, durante la negoziazione continua e la fase di chiusura (se non è possibile determinare il prezzo di apertura, il parametro di controllo è il prezzo di riferimento precedente).

Riassumendo abbiamo i seguenti prezzi di borsa:

- **Prezzo d'asta di apertura**: è il prezzo validato che si forma in base al totale delle proposte di acquisto e di vendita immesse, con limite o senza prezzo, nella fase della pre-asta.

- **Prezzo di controllo**: assume configurazioni diverse:
  - Nella fase dell'asta di apertura è il prezzo di riferimento precedente.
  - Durante la negoziazione continua e nella fase di chiusura è il prezzo d'asta di apertura (se non esiste il prezzo d'apertura è il prezzo di riferimento precedente).

- **Prezzo di riferimento**: è il prezzo di chiusura oppure, in sua vece, la media ponderata dell'ultimo 10% della quantità negoziata.

- **Prezzo di chiusura**: è il prezzo validato che si forma in base al totale delle proposte di acquisto e di vendita presenti nel book, nella fase di chiusura.

- **Prezzo ufficiale**: è il prezzo medio ponderato di tutta la quantità negoziata nel corso della giornata di borsa al netto delle quantità scambiate con l'utilizzo della funzione cross-order.

Il Buy Back

Il buy-back, o riacquisto di azioni proprie, è l'operazione di riacquisto di azioni proprie, già collocate e scambiate nel mercato secondario, da parte di una società per azioni. In base alla legislazione italiana, le azioni proprie in portafoglio non possono superare la quota limite del 20% del totale delle azioni presenti sul mercato.
E' stabilito che:

- Le azioni possono essere acquistate con utili e riserve risultati dall'ultimo bilancio approvato.
- Le operazioni devono essere autorizzate dall'assemblea dei soci.
- La % massima di azioni che è possibile acquistare non deve superare il 10% del capitale sociale.
- L'assemblea stabilisce il prezzo massimo e minimo degli acquisti e il tempo di durata del buy back (comunque non superiore ai 18 mesi).
- Se la società è quotata, il riacquisto deve avvenire tramite un'OPA o sul mercato secondario; in questa seconda ipotesi le modalità operative devono essere concordate con l'autorità che gestisce la borsa.

Le motivazioni che fanno decidere per l'acquisto di azioni proprie sono molteplici, tra cui:

- Il ritiro, totale o parziale, di alcune categorie di azioni (di risparmio o privilegiate).
- La predisposizione di un portafoglio di azioni proprie da scambiare per realizzare alleanze o piani di stock options a favore di dipendenti.
- Per influire sul prezzo di mercato ritenuto basso o per consentire ai soci di realizzare guadagni in conto capitale.

Il mercato all'annuncio dell'operazione reagisce aumentando i volumi di scambio e spingendo il prezzo del titolo verso l'alto. Tuttavia l'effetto tede a esaurirsi in un tempo breve ed è seguito da un'inversione nel segno della dinamica delle quotazioni. In

generale, il buy back non segnala un reale mutamento delle prospettive di reddito dell'impresa e la variazione iniziale dei prezzi è frutto dell'emotività del mercato.
Le operazioni di buy-back vengono condotte sulla base di quattro principali motivazioni.

- Eccesso di liquidità: l'azienda ritiene, in questo caso, che la sua liquidità in eccesso possa essere più redditizia se investita nelle sue stesse azioni, piuttosto che adoperata in impieghi bancari, a causa, magari, dei bassi tassi di interesse, o reinvestita nel suo business caratteristico. È come se la società si ponesse nell'ottica di un investitore esterno, decidendo di condurre un investimento sul suo stesso titolo. Tramite il buy-back la società fornisce liquidità al mercato, rendendo meno onerosa l'operatività degli investitori. Evita, inoltre, che il prezzo di un corso azionario perda significatività per ragioni indipendenti dai fondamentali del titolo.
- Valore per gli azionisti, poiché un'operazione di buy back aumenta la quotazione dei titoli, in quanto ne sostiene la domanda sul mercato, e aumenta il valore patrimoniale dei titoli rimasti, qualora i titoli soggetti a buy-back vengano distrutti.
- Il riacquisto può essere anche finalizzato al mantenimento della maggioranza, assoluta o relativa, delle quote azionarie, e quindi del controllo e della proprietà aziendale, in quanto le azioni riacquistate dall'emittente escono dal listino del mercato azionario, e non possono essere oggetto di Offerta pubblica di acquisto. Quando i prezzi delle azioni sono particolarmente bassi, il lancio di un OPA e una scalata societaria sono molto meno costosi per potenziali concorrenti.
- Il riacquisto può essere, infine, finalizzato a ottenere una plusvalenza, acquistando le azioni ai minimi storici per rivenderle sul mercato successivamente non appena le quotazioni ritornano ai livelli precrisi. Essa può configurarsi come un'operazione che attribuisce un dividendo straordinario agli azionisti.

Tecnicamente il buy back viene realizzato in due modi.

- Offerta diretta. La società si rivolge direttamente ai propri azionisti offrendosi di ricomprare un numero stabilito di azioni a una forchetta di prezzo fissata ed entro un determinato intervallo temporale.

- Acquisto sul mercato. In questo caso l'azienda opera esattamente come farebbe un qualsiasi investitore acquistando i titoli sul mercato al prezzo creato via via dalle dinamiche della domanda e dell'offerta. Questa è una pratica meno frequente perché economicamente più svantaggiosa per la società in quanto appena si diffonde la notizia del buyback in corso il prezzo dei titoli tende a salire.

Le Stock Options

Anche in Italia hanno diffusione i piani di stock options che attribuiscono al dipendente la facoltà di acquistare a un prezzo predeterminato e a condizioni stabilite, azioni della società per cui lavora.
La tipologia dei piani di stock options è assai variegata.
Si può tentare di individuare le clausole più comuni:

- Il numero delle opzioni riconosciute a ciascun dipendente può essere fisso in funzione della retribuzione o altro parametro, oppure variabile in dipendenza dei risultati aziendali o della quotazione di borsa ecc.
- Il prezzo di acquisto dell'azione può essere fisso o variabile in funzione di parametri di specificati. Ad esempio, il prezzo d'esercizio può essere maggiorato della percentuale di incremento dell'indice di borsa tenuto conto del rischio del titolo.
- Il periodo d'esercizio in genere è differito e ha una durata pluriennale.
- L'esercizio oltre che essere dilazionato può prevedere una distribuzione temporale (ad esempio il 50% del totale può essere esercitato dopo due anni, il rimanente dopo il quarto anno).
- L'esercizio è condizionato al mantenimento del rapporto di lavoro e, a volte, al raggiungimento di specifici obiettivi.

Il piano può lasciare alla decisione del dipendente se esercitare, pagare il prezzo d'esercizio e ritirare le azioni oppure incassare la differenza tra il valore corrente dei titoli e il prezzo di esercizio.

Il Prestito Titoli

Il prestito titoli è un contratto in cui:

- Il prestatore ("lender"), trasferisce in proprietà al prestatario ("borrower"), una certa quantità di titoli per un termine concordato ma non superiore a un anno.
- Il prestatario (prenditore a prestito) corrisponde al "lender" (datore a prestito) il controvalore aumentato di un margine a garanzia di eventuali fluttuazioni di prezzo dei titoli. Il margine ha la funzione di scoraggiare il "borrower" dall'inadempimento in caso di rialzo della quotazione.

Il margine è infruttifero.
Alla scadenza del contratto:

- Il "borrower" restituisce i titoli e paga il prezzo del prestito.
- Il "lender" restituisce il controvalore iniziale aumentato del margine, riottiene i titoli e incassa il prezzo convenuto.

Il rapporto tra prestatore e prestatario è spesso intermediato dalla presenza di un operatore specializzato che agisce da "agente"; costui si interpone tra le parti per consentire una più facile conclusione del contratto, ma lo stesso intermediario può essere controparte assumendo, a seconda del caso, la figura di colui che presta o prende a prestito. Il contratto di prestito è traslativo della proprietà dei titoli e a essa si accompagna quella dei diritti accessori che sono nella piena disponibilità del prestata rio: dividendi, diritto di voto e di opzione, ogni altro diritto e onere relativo ai titoli stessi. Il prezzo del prestito o compenso per il prestatore è determinato, in genere, in forma di interesse. L'importo è aumentato di una somma corrispondente ai proventi derivanti dai titoli nel periodo di durata del contratto e incassati dal prestatario per effetto del passaggio di proprietà. Per gli aderenti alla Monte Titoli è attiva una procedura centralizzata di prestito titoli della durata di un giorno di borsa aperta per soddisfare esigenze di liquidazione. Il contratto attribuisce alla società un mandato a concludere in nome e per conto dell'aderente, negozi in cui l'aderente stesso può assumere la figura di colui che da o riceve a prestito.

La Monte Titoli opera come agente e dunque gli effetti economici e finanziari del contratto ricadono sulle sole parti contraenti. Queste inseriscono nel sistema telematico le offerte di prestito, permanenti o temporanee, potendo indicare anche i "borrowers" con cui sono disponibili a concludere. I prenditori a prestito si distinguono in richiedenti automatici (lo scoperto in liquidazione attiva la richiesta) o discrezionali (su esplicita richiesta).
Le offerte e le domande sono combinate in modo automatico secondo criteri di priorità (prima le automatiche poi le altre).

- Il margine ("hair cut") è in contanti e va aggiunto al prezzo di riferimento del giorno precedente (controvalore).

Il compenso al prestatore è rappresentato da una commissione fissa e da un tasso d'interesse. Nella pratica si sono affermati i contratti di prestito di durata trimestrale stipulati da banche con operatori che vendono allo scoperto. L'intermediario blocca sul conto del cliente prenditore a prestito il controvalore della cessione e l'importo del margine.
Alla ricopertura, il cliente ha accreditato la restituzione del margine e la differenza tra ricavo della vendita iniziale e il costo per l'acquisto dei titoli.
E' prevista la ricopertura automatica (acquisto dei titoli) se la quotazione sfonda una data barriera di incremento di prezzo. La banca inserisce un ordine di stop-loss e chiude la posizione di vendita allo scoperto. Il compenso per l'istituto è una commissione più un interesse applicato sul controvalore iniziale.

Le Offerte Pubbliche

Il legislatore italiano ha predisposto alcuni strumenti giuridici per la vendita o la sottoscrizione di titoli azionari:

- OPA
- OPSC
- OPASC
- OPV
- OPST

OPA - Offerta Pubblica di Acquisto

- Scopo: acquisire il controllo di una società.
- Oggetto: acquistare titoli in cambio di denaro per ottenere diritti di voto.

Secondo il Regolamento CONSOB, un'OPA si considera pubblica se è rivolta a un numero di soggetti superiore alle 100 unità e se riguarda un valore complessivo dei titoli oggetto di offerta pari a 2.500.000 di euro. Sono divisibili in due tipologie:

- Volontaria: l'iniziativa proviene esclusivamente dall'offerente e può avere a oggetto qualsiasi tipo di strumento finanziario.
- Obbligatoria: è l'ordinamento a costringere l'offerente se sussistono determinate condizioni e può avere a oggetto solo azioni ordinarie, con diritto di voto, di società italiane quotate in mercati regolamentati italiani. L'offerta pubblica di acquisto è obbligatoria quando un soggetto venga a detenere, a seguito di acquisti a titolo oneroso, una partecipazione nel capitale ordinario della società superiore al 30%. In tale caso, il legislatore impone di offrirsi come acquirente per l'intera quantità delle azioni residue. A loro volta, queste possono configurarsi come OPA:
    - Consensuale: quando il consiglio di amministrazione della società oggetto di scalata si pronuncia favorevole all'offerta stessa.
    - Ostile: quando il consiglio di amministrazione della società oggetto della scalata si pronuncia contrario all'offerta stessa.

L'OPA non è, dunque, un'operazione d'acquisto sul mercato, bensì un'offerta, in quanto quest'ultimo potrà aderire o meno. L'offerta pubblica d'acquisto non è nemmeno definibile come contratto, bensì come procedimento attraverso il quale un soggetto si rivolge al mercato.
Del controllo circa il corretto svolgimento delle OPA si occupano gli organismi di vigilanza della Borsa, la Consob in Italia.

- La durata del periodo è concordata con la società di gestione del mercato, se l'oggetto dell'offerta sono strumenti finanziari quotati, o con la Consob, se non quotati. La durata del periodo dura da un minimo di venticinque giorni a un massimo di quaranta se trattasi di OPA volontaria totalitaria o di OPA preventiva lanciata su almeno il 60% dei prodotti finanziari.

Per tutti gli altri tipi d'offerta la durata parte da un minimo di quindici giorni arrivando a un massimo di venticinque.
L'offerente non può ridurre il periodo concordato, ma ha la facoltà di protrarlo comunque non oltre i suddetti limiti.
La durata può essere protratta fino a un massimo di 55 giorni dalla Consob quando giustificata da esigenze di corretto svolgimento dell'offerta e tutela degli investitori.
È inoltre prevista una proroga automatica di dieci giorni se negli ultimi dieci giorni di pendenza dell'offerta viene convocata l'assemblea dei soci per assunzione di misure difensive. Un'offerta concorrente può essere lanciata da un terzo interessato ad acquistare le stesse azioni, deve avere un prezzo maggiore della precedente offerta, ma può essere lanciata su un quantitativo minore.

OPA successiva totalitaria

E' disciplinata dall'art.106 del T.U.F. e consiste, in pratica, nell'obbligo da parte di chi abbia acquisito a titolo oneroso (direttamente o indirettamente), quindi non per successione mortis causa o donazione, una partecipazione societaria superiore al 30% del capitale sociale ordinario di una società per azioni quotata in borsa, di lanciare un'OPA sulla totalità delle azioni ordinarie residue.

- L'obbligo sussiste anche quando il limite è raggiunto tramite partecipazioni (OPA a cascata).
- L'obbligo sussiste anche per chi già detiene il 30% di azioni con diritto di voto e acquisisce nei 12 mesi più del 5% del capitale.

L'obbligo di un OPA sussiste anche quando si ha il controllo di una società non quotata in borsa. L'offerta va promossa entro 20 giorni dal superamento di tale soglia a un prezzo non inferiore a quello più elevato pagato dall'offerente e da persone che agiscono in concerto con il medesimo, nei 12 mesi anteriori alla comunicazione della decisione di promuovere un'offerta pubblica di acquisto, per acquisti di titoli della medesima categoria. Qualora non siano stati effettuati acquisti a titolo oneroso di titoli della medesima categoria nel periodo indicato, l'offerta è promossa per tale categoria di titoli a un prezzo non inferiore a quello medio ponderato di mercato degli ultimi 12 mesi o del minor periodo disponibile.

OPA residuale

Era disciplinata dall'art.108 del T.U.F.
Tale tipologia era stata prevista dal legislatore per la tutela degli azionisti di minoranza in caso di delisting, cioè cancellazione del titolo dalla quotazione di borsa per impossibilità di un regolare andamento delle negoziazioni a seguito della riduzione del volume delle azioni correntemente trattate.

- L'OPA residuale era un'OPA obbligatoria che riguardava chiunque venisse a detenere e intendesse mantenere una quota del capitale sociale ordinario di una società quotata superiore al 90%.

Chiunque si fosse trovato nella condizione di cui sopra, se non avesse voluto lanciare l'OPA sul restante 10%, sarebbe stato tenuto a ripristinare, entro 90 giorni, un flottante sufficiente a ripristinare il normale andamento delle quotazioni e la decisione sarebbe stata comunicata alla Consob non oltre 10 giorni dal superamento della soglia del 90%. In difetto sarebbe scattato l'obbligo di acquisto con:

- Prezzo pari a quello dell'OPA totalitaria precedente se il 90% fosse stato rappresentato tutto da azioni con diritto di voto.
- Prezzo determinato dalla CONSOB se il 90% fosse stato composto anche con azioni senza diritto di voto.

L'istituto è stato sostituito dall'obbligo d'acquisto sempre rubricato all'art.108 del T.U.F.
Invece, qualora chi abbia lanciato un'OPA avente a oggetto la totalità delle azioni con diritto di voto, venga poi a detenere più del 98% tali azioni, se ha dichiarato nel documento di offerta l'intenzione di avvalersi di tale diritto, può acquistare le restanti azioni (art. 111 T.U.F.).
Il diritto ha valore solo se dichiarato nel documento di offerta. Il prezzo è determinato come nell'obbligo di acquisto.
Tale facoltà, comunemente denominata "squeeze out", è riconosciuta in molti ordinamenti ai fini di tutela dell'offerente, che può essere agevolato dal possesso della totalità delle azioni.

OPA di concerto

L’OPA di concerto, o acquisto di concerto, è disciplinata dall’art.109 del T.U.F.
La norma stabilisce che, quando tra i soggetti detentori di titoli azionari (indifferentemente persone fisiche o giuridiche) intercorrono le seguenti relazioni, tassativamente indicate:

- Si tratta di aderenti a un patto, anche nullo, che regolamenta il diritto di voto degli stessi all’interno delle assemblee di società quotate o loro controllanti.
- Si tratta di amministratori o direttori generali di una stessa società, e compresa la società di cui fanno parte.
- Si tratta di soggetti legati da rapporti di controllo, sia un soggetto e le società da esso controllate, sia le società sottoposte a comune controllo.

Allora le precedenti soglie del 30% e del 90% vanno conteggiate sommando le azioni possedute da ciascuno dei soggetti. In questo caso l’obbligo di lanciare l'OPA grava solidalmente su ciascuno dei soggetti. Ai sensi dello stesso articolo, l’obbligo di offerta pubblica sussiste in capo ai soggetti aderenti a un patto che regolamenta il diritto di voto anche quando gli acquisti siano stati effettuati nei 12 mesi.

OPA a cascata

L'OPA a cascata è disclipinata dall'art. 45 del Regolamento Consob. Consiste nell'obbligo di lanciare un'OPA totalitaria sulle azioni ordinarie delle società quotate di cui si arriva a detenere indirettamente una partecipazione superiore alla soglia del 30% prevista per l'OPA totalitaria.
La norma è finalizzata a evitare l'elusione della disciplina prevista dall'art.107 T.U.F. attraverso l'acquisizione di controllanti per acquisire il controllo di tutte le controllate. Affinché ricorrano gli estremi della detenzione indiretta di cui sopra, che fanno scattare l'obbligo dell'OPA a cascata, occorre che:

- Il soggetto possieda una certa percentuale delle azioni ordinarie della società "madre":
  - Il 30% se la società stessa è quotata.
  - Il 50% se non quotata.
- La somma delle azioni possedute dal soggetto direttamente sommata a quelle possedute attraverso la società madre, di cui risulta quindi titolare quest'ultima, superi la soglia del 30%.

Tuttavia, affinché queste ultime azioni vengano considerate nel computo è necessario che ricorrano le seguenti condizioni:

- La partecipazione in questione rappresenti più di 1/3 delle attività nello stato patrimoniale della società madre.
- La partecipazione costituisca l'immobilizzazione più elevata iscritta a bilancio, oppure la componente principale del prezzo di acquisto della società stessa.

OPSC - Offerte Pubbliche di Scambio

- Scopo: acquisire il controllo di una società.
- Oggetto: acquistare titoli in cambio di titoli di un'altra società, per ottenere diritti di voto.

L'offerta pubblica di scambio (OPSC) è una particolare fattispecie di OPA che si caratterizza per il fatto che il pagamento dei titoli acquisiti avviene mediante la consegna di altri strumenti finanziari.

OPASC – Offerte Pubbliche Acquisto e Scambio

Le modalità di svolgimento di un'offerta pubblica di acquisto e di scambio sono quelle previste per le Offerte Pubbliche di Acquisto e sono regolamentate dagli articoli 102-112 del Testo Unico della Finanza (D. Lgs. 58/1998).

- Scopo: acquisire il controllo di una società.
- Oggetto: acquistare titoli in cambio di denaro e di titoli di altre società per ottenere diritti di voto.

OPV - Offerte Pubbliche di Vendita

- Scopo: smobilizzo di partecipazioni qualificate, cioè pacchetti azionari consistenti.
- Oggetto: titoli già emessi vengono venduti al pubblico.

Diversa è la regolamentazione in dipendenza del fatto che i titoli siano quotati o meno in Borsa. Un'Offerta Pubblica di Vendita consiste in un'offerta irrevocabile di azioni di una società rivolta al pubblico. Una società decide, pertanto, di vendere, a determinate condizioni, parte della proprietà mediante collocamento di quote nel mercato regolamentato.
La disciplina delle OPV è regolata dal D.Lgs. 58/98 (artt. 101) che, da un lato, assicura trasparenza e garanzia e, dall'altro, condizioni di parità a tutti i possibili acquirenti. Il prezzo è unico e non modificabile durante il periodo dell'offerta, periodo che può essere prolungato, ma non può essere chiuso prima che siano decorsi due giorni dal suo inizio.

- Se le adesioni non esauriscono l'ammontare proposto, l'offerta non decade, a meno che questa evenienza sia stata prevista nell'avviso pubblicato.

Gli investitori non possono dare luogo a forme di accaparramento, sottoscrivendo l'offerta presso più di un membro del consorzio di collocamento e i consorzi di collocamento non hanno la possibilità di amministrare autonomamente l'assegnazione dei titoli. Se le accettazioni sono superiori al quantitativo offerto, vanno soddisfatte in base ai criteri di riparto indicati nel prospetto informativo predisposti per assicurare priorità di trattamento tra gli aderenti all'offerta.
Ciascun investitore, inoltre, non può vedersi attribuire quantitativi inferiori al lotto minimo indicato nel prospetto.

- Le accettazioni dell'offerta sono irrevocabili, non possono essere fatte per persona da nominare, né possono essere assoggettate a condizioni.

I risultati dell'offerta devono essere comunicati alla CONSOB e pubblicati a mezzo della stampa quotidiana a larga diffusione.

Durante il periodo di offerta di sottoscrizione, la società emittente e le società da essa controllate non possono compiere atti tali da modificare la consistenza del capitale sociale e del patrimonio. Inoltre, nello stesso periodo deve mantenersi inalterato l'assetto societario e non possono essere stipulati o modificati, a pena di nullità, accordi circa l'esercizio del diritto di voto (c.d. patti di sindacato di voto). Ogni violazione, commessa dall'offerente, delle norme di legge e di regolamento va resa pubblica dalla CONSOB e può determinare la sospensione e perfino la decadenza dell'offerta. Strumento che assicura la massima diffusione delle azioni di una società, l'OPV è normalmente usata per la privatizzazione di imprese pubbliche.

OPST - Offerte Pubbliche di Sottoscrizione

- Scopo: la società offerente raccoglie fondi.
- Oggetto: sottoscrivere titoli di nuova emissione; possono essere di società quotate o non quotate (IPO).

Operazione che consiste nel collocare sul mercato, a un prezzo prefissato e mediante idonee forme di pubblicità, prodotti finanziari, solitamente azioni di nuova emissione; essa viene effettuata quando il gruppo di controllo rinuncia all'esercizio di tutti o parte dei diritti di opzione di sua spettanza.

- La conseguenza di un'offerta pubblica di sottoscrizione è un aumento di capitale per l'azienda.

L'offerta pubblica di sottoscrizione si distingue dall'offerta pubblica di vendita perché quest'ultima prevede che le azioni quotate vengano cedute (vendute) dal soggetto economico agli investitori esterni.
Gli obiettivi dell'OPST sono generalmente due:

- La formazione del flottante necessario alla successiva quotazione.
- Il rafforzamento del capitale sociale e del patrimonio netto.

Di norma l'operazione prevede la costituzione di un apposito consorzio di collocamento e/o garanzia.
L'OPST si configura come una particolare modalità di sollecitazione all'investimento disciplinata dal D.Lgs. 58/98 (artt. 94-101), mediante la quale l'emittente può proporre la sottoscrizione di prodotti finanziari da lui stesso emessi o può invitare altri soggetti a vendere o a far sottoscrivere prodotti finanziari al pubblico.

Gli aumenti di capitale

Il capitale sociale rappresenta il valore delle somme e dei beni conferiti dai soci, a titolo di capitale di rischio, all'atto di costituzione della società. Esso è suddiviso in quote di pari valore che sono assegnate ai soci in proporzione alla parte di capitale da essi sottoscritta e versata. Nelle società per azioni il capitale sociale è suddiviso in un determinato numero di titoli (azioni), ognuno dei quali incorpora una determinata quota di partecipazione e i diritti sociali a essa relativi. Il capitale sociale è utilizzato anche come parametro per lo svolgimento di alcune attività delle società come la convocazione dell'assemblea che si costituisce quando è rappresentata almeno la metà del capitale sociale.
Viene chiamato anche capitale di rischio poiché, in caso di fallimento o liquidazione, è l'ultimo rimborsato dopo aver soddisfatto tutte le categorie di creditori. In questo senso costituisce una sorta di garanzia per il soddisfacimento dei debiti, mentre per l'azienda è la fonte di finanziamento per le operazioni.

- Il capitale sociale costituisce, quindi, la principale garanzia per i creditori della società; questi sono in realtà garantiti da tutto il patrimonio della società, ma se la società decide di operare con un capitale sociale che va ben oltre il minimo previsto dalla legge, darà un importante segnale all'esterno.

Se, ad esempio, una società ha un capitale sociale di 10 milioni di euro, o più, è come se volesse far intendere che tutto quel valore è stato "bloccato" per soddisfare i creditori, che potranno sempre contare su quel valore per soddisfare i loro crediti.
Accade, però, che spesso le società siano sottocapitalizzate, cioè abbiano un capitale sociale ben inferiore a quello che ci si aspetterebbe, avuto riguardo alle loro dimensioni e fatturato; fin quando la vita economica si svolgerà senza particolari problemi, la società potrà operare e indebitarsi, grazie al "buon nome" che è riuscita a conquistare. Quando, però, avrà delle difficoltà, il capitale sociale tornerà a essere il principale punto di riferimento per i creditori, soprattutto per quelli futuri, e per attirare nuovi creditori, o tranquillizzare quelli già esistenti; a questo punto, la società potrebbe aumentare il capitale sociale.

L’aumento di capitale è un atto di carattere straordinario nella vita di una società in quanto, andando a modificare il capitale sociale, determina una variazione dell’atto costitutivo e deve essere deliberato dall’assemblea in seduta straordinaria.

Attenzione, il capitale sociale può, anche, essere diminuito in alcuni casi:

- Se si registrano delle perdite pari a 1/3 di questo ammontare. Nel caso in cui, a seguito delle perdite, il capitale sociale sia inferiore alla soglia prevista per la forma giuridica dell'azienda, i soci devono prevedere anche una ricapitalizzazione che riporta la somma al valore richiesto. Per riduzioni meno importanti la decisione spetta alla singola società. La riduzione del capitale per perdite comporta l’adeguamento del capitale all’effettiva consistenza del patrimonio come conseguenza dei risultati negativi dell’attività sociale. La riduzione del capitale sociale è obbligatoria quando le perdite siano diminuito di oltre un terzo il capitale sociale e non siano state riassorbite nell’esercizio successivo. L’emersione di una perdita superiore al terzo, infatti, obbliga gli amministratori (e nella società per azioni, in caso di loro inerzia, il collegio sindacale o il consiglio di sorveglianza) a convocare l’assemblea con urgenza per i dovuti provvedimenti; gli amministratori stessi devono sottoporre all’assemblea una relazione con le osservazioni dell’organo di controllo o del soggetto incaricato alla revisione legale dei conti da depositare in copia nella sede della società negli otto giorni precedenti la convocazione. Se entro l’esercizio successivo la perdita non risulta diminuita a meno di un terzo, l’assemblea (o il consiglio di sorveglianza) che approva il bilancio, deve ridurre il capitale in proporzione alle perdite accertate e in tal caso per le società per azioni tale delibera è presa eccezionalmente dall’assemblea ordinaria. Qualora le azioni siano prive di valore nominale la riduzione può essere deliberata dal consiglio di amministrazione. Qualunque sia l’organo che l’ha adottata, la delibera di riduzione del capitale per perdite deve essere depositata per l’iscrizione nel registro delle imprese. Se non viene deliberata la riduzione, vi può provvedere il tribunale su richiesta dell'organo di controllo o l'organo incaricato della revisione dei conti. Se, in conseguenza della perdita superiore a un terzo, il capitale scende al di sotto del limite legale, deve essere convocata con urgenza l'assemblea per deliberare la riduzione e il contemporaneo aumento del capitale sociale fino a una cifra non inferiore al minimo o la trasformazione della società, in mancanza di ciò la società si scioglie.

- Se alcune azioni non vengono vendute o se alcuni azionisti decidano di lasciare la società.
- Se i beni contribuiti hanno un valore inferiore a 1/5 di quello che dovrebbero avere data la natura della società.
- Annullamento di azioni.

Il capitale sociale può essere diminuito in vari modi:

- Restituzione delle contribuzioni ai soci.
- Acquisto e annullamento delle azioni.
- Rimborso ai titolari delle azioni scelte tramite sorteggio e distribuzione di azioni di godimento.

Il capitale sociale rimane immutato nel corso della vita della società fino a quando, con modifica dell'atto costitutivo, non si decide di aumentarlo o di ridurlo. L'aumento di capitale si realizza o con la modifica del patrimonio netto (aumento a pagamento) o con la semplice imputazione di riserve o fondi di bilancio in quanto disponibili (aumento gratuito).
In entrambi i casi, l'aumento può aver luogo con l'emissione di nuovi titoli o con l'incremento del valore nominale delle vecchie azioni.
Per poter procedere con un aumento del capitale occorre:

- Stabilire l'entità delle risorse necessarie, tenuto conto del costo sopportabile, delle disponibilità e del costo di fonti alternative, della ricettività del mercato.
- Determinare le caratteristiche dell'operazione (tipologia dell'aumento e dei titoli offerti).
- Eseguire gli adempimenti di legge e regolamentari richiesti.
- Organizzare ed eseguire l'aumento nei suoi dettagli operativi (individuazione degli intermediari coinvolti nella fase di raccolta delle adesioni).

I titoli devono essere offerti in opzione ai soci, e ai possessori di obbligazioni convertibili nella SPA, in proporzione delle azioni possedute (e ai possessori di obbligazioni convertibili sulla base del rapporto di cambio) per consentire ai soci di mantenere inalterata la loro quota di partecipazione e ai possessori di obbligazioni convertibili di mantenere inalterato il cosiddetto rapporto di cambio: numero di azioni nuove assegnate per ogni vecchia azione. Ogni azionista, in base al numero di azioni possedute, può decidere se aderire all'aumento, esercitando i propri diritti, chiamati diritti di opzione, automaticamente acquisiti in base al numero di azioni possedute, oppure no, vendendo i propri diritti ad altri che possono aderire al suo posto all'aumento di capitale sociale. L'aumento del capitale oneroso, nel silenzio della delibera, è inscindibile ma è ben possibile che i soci ne prevedano la scindibilità. In pratica se l'aumento è inscindibile, esso non viene attuato finché non è integralmente sottoscritto; viceversa, nel caso di scindibilità, l'aumento sarà attuato per un importo pari alle sottoscrizioni raccolte alla fine dell'operazione. È altresì possibile, con modalità che variano a seconda che si tratti di SPA o di SRL, che sia previsto altresì un diritto di prelazione per le azioni rimaste inoptate.

- Una volta deliberato l'aumento di capitale, la società procede all'emissione delle nuove azioni, che sono offerte in opzione ai soci in maniera proporzionale ai titoli posseduti, attraverso il diritto di opzione, al fine di mantenere inalterato il potere decisionale in ambito sociale o di essere compensati dalle eventuali perdite patrimoniali conseguenti all'operazione.

Tale diritto viene attribuito anche ai possessori delle obbligazioni convertibili attraverso il rapporto di cambio e ai possessori di warrant.

Gli aumenti di capitale possono essere realizzati mediante tre modalità:

- Aumenti di capitale a pagamento, quando comportano un aumento del patrimonio netto e quindi dei mezzi a disposizione. Gli aumenti di capitale a pagamento vengono effettuati quando si vuole ricapitalizzare la società o per finanziare un ampliamento della attività o per diminuire l'indebitamento, quando questo ha assunto una dimensione eccessiva rispetto al capitale proprio. Non possono essere effettuati aumenti se le azioni in circolazione non sono state interamente liberate.

- Aumento di capitale gratuito, quando non comporta una variazione del patrimonio netto e i mezzi a disposizione rimangono invariati. Le finalità sottese all'aumento di capitale "gratuito" possono essere diverse; in primis, sovente accade che l'aumento di capitale gratuito sia affiancato da un contestuale aumento a pagamento, così da invogliare e stimolare i soci alla sottoscrizione della parte di aumento con nuovi conferimenti. In secondo luogo, l'operazione può essere collegata alla volontà di accrescere il prestigio e il credito della società, o ancora per soddisfare un vincolo di legge che richiede in capitale sociale minimo per poter svolgere alcune attività, quali, ad esempio, quelle bancarie ed assicurative.
- Aumento di capitale in forma mista, che sono una combinazione dei due precedenti. Per forma mista, nell'accezione più ampia dell'espressione, si intende il caso in cui l'emittente colloca (offre) prodotti finanziari diversi e riguarda sia il collocamento di obbligazioni convertibili e/o warrant, sia il contemporaneo collocamento di azioni a pagamento e azioni totalmente gratuite. Si noti fin da subito che il diritto gratuito non è negoziabile.

Aumento di capitale a pagamento

Costituisce la fattispecie più diffusa e avviene quando la sottoscrizione di nuove azioni è subordinata al pagamento di un corrispettivo, fissato in base a un prezzo di collocamento delle nuove azioni, che è compreso tra il valore nominale e quello di mercato; ovviamente, infatti, non si è disposti a sottoscrivere azioni per un valore superiore al prezzo di mercato.
Data l'equivalenza:

Capitale sociale = Numero azioni x Valore nominale

Per aumentare il capitale sociale occorre quindi:

- Aumentare il valore nominale delle vecchie azioni (caso abbastanza raro).
- Aumentare il numero delle azioni emettendone delle nuove (caso più comune).

L'aumento del capitale sociale può, a sua volta, avere luogo:

- Mediante conferimenti. L'aumento di capitale mediante conferimenti si realizza quando la sottoscrizione delle azioni di nuova emissione implica l'obbligo di effettuare nuovi conferimenti in natura.
- Mediante conversione di obbligazioni. L'aumento di capitale può avvenire anche mediante conversione di obbligazioni in azioni, come esplicitamente previsto dall'articolo 2420-bis c.c. In tal caso, l'aumento di capitale deve essere deliberato contestualmente all'emissione del prestito obbligazionario convertibile. Gli amministratori, alla scadenza del diritto di opzione per la conversione delle obbligazioni in azioni, limitatamente alla parte per la quale è stato esercitato il diritto di opzione, riducono il valore nominale del prestito obbligazionario e aumentano, in misura equivalente, il capitale sociale.

La competenza spetta all'assemblea straordinaria, ma la legge pone un primo limite all'aumento di capitale; si è stabilito, infatti, che l'aumento di capitale non può essere eseguito finché le vecchie

azioni non siano completamente liberate, cioè fino a quando i soci non abbiano effettivamente eseguito i conferimenti promessi all'atto della sottoscrizione delle azioni, e ciò per evitare che si formi un capitale che è in gran parte costituito da crediti verso i soci. L'aumento di capitale gratuito, per contro, essendo per sua natura incompatibile con un'esecuzione differita, risolvendosi in una mera imputazione contabile, può essere deliberato e attuato anche in presenza di azioni non integralmente liberate.
La delibera, anche se presa dagli amministratori, deve anche fissare un termine, non inferiore a trenta giorni, entro il quale le sottoscrizioni dovranno essere raccolte.

- A questo punto sarà necessario che le azioni emesse siano sottoscritte e chi vi siano i conferimenti, che possono avvenire in denaro, e allora si verserà il solito 25% del valore nominale delle azioni sottoscritte, ma direttamente alla società, e non a una banca.

Se c'è un sovraprezzo, (perché le azioni delle società possono avere un valore di mercato superiore a quello nominale) dovrà essere interamente versato (art. 2439). Ma come sappiamo, la S.p.A. può essere anche unipersonale, e allora l'unico socio, che ha sottoscritto anche tutte le azioni di nuova emissione, dovrà anche versare l'intero conferimento.
È possibile conferire anche beni in natura o crediti, e allora, come accade quando si costituisce la società, si dovrà effettuare l'intero conferimento con annesso procedimento di stima.
Quando la società emette nuove azioni, non è poi detto che riesca a trovare un numero sufficiente di sottoscrittori, e può quindi accadere che vi sia sottoscrizione, ma solo parziale (art. 2439). La delibera di aumento di capitale deve prevedere un termine entro il quale le azioni devono essere sottoscritte, ma può anche succedere che, maturatosi il termine, non tutte le azioni abbiano trovato sottoscrittori.
In tal caso:

- La delibera aveva già previsto tale eventualità, e l'aumento di capitale vi sarà solo per l'importo corrispondente alle azioni sottoscritte.
- La delibera non aveva previsto tale eventualità; in tal caso non si procederà all'aumento di capitale, i sottoscrittori

sono liberi dall'effettuare ulteriori conferimenti e gli dovranno essere restituiti quelli già effettuati.

Se la delibera è rispettata, gli amministratori, nei trenta giorni dall'avvenuta sottoscrizione delle azioni di nuova emissione, dovranno depositare nel registro delle imprese un'attestazione dove si dichiara che l'aumento è stato realmente conseguito. Solo dopo l'iscrizione la società potrà menzionare negli atti della società il nuovo valore del capitale sociale.
L'assemblea deve determinare il prezzo di emissione delle azioni non in relazione al loro valore nominale, ma in base al valore del patrimonio netto, tenendo conto, per le azioni quotate, anche dell'andamento delle quotazioni nell'ultimo semestre; da questi parametri può pertanto derivare l'obbligatorietà del c.d. sovrapprezzo.

- Abbiamo visto che l'aumento di capitale è deliberato dall'assemblea straordinaria, e ciò si spiega con il fatto che si tratta di una decisione importante per la società, che non può essere lasciata alla competenza degli amministratori. È anche vero, però, che se si decide di procedere all'aumento a pagamento, ci si dovrà porre anche il problema di collocare le azioni di nuova emissione, e quindi scegliere il momento opportuno per aumentare il capitale e sperare che le nuove azioni siano sottoscritte.

Una decisione del genere deve essere presa rapidamente e con buona conoscenza della situazione di mercato, e l'assemblea straordinaria, con tutte le lungaggini dovute alla sua convocazione e decisioni, porrebbe non essere in grado di decidere nei momenti e nei tempi più opportuni.
Principalmente per questi motivi, l'art. 2443 permette che l'aumento di capitale sia affidato, e quindi delegato, agli amministratori, ma a determinate condizioni:

- La delega è possibile solo per scelta statutaria.
- Se originariamente lo statuto non prevedeva la delega, sarà necessario modificare lo statuto con delibera dell'assemblea straordinaria.
- Gli amministratori potranno aumentare il capitale per il periodo massimo di cinque anni dalla data della delibera.

- Il verbale della delibera degli amministratori di aumentare il capitale deve essere redatto da un notaio e deve essere depositato e iscritto a norma dall'articolo 2436, cioè secondo le regola previste per l'iscrizione delle delibere che modificano lo statuto.

Sarà quindi lo statuto a prevedere tale facoltà riservata agli amministratori, anche se la previsione deve essere comunque accompagnata da ulteriori limitazioni.

- In primo luogo non è ammissibile una delega senza limite di valore; in altre parole lo statuto dovrà determinare l'ammontare dell'aumento.
- La delega, poi, non può essere conferita senza limiti di tempo; è stabilito, infatti, il periodo massimo di cinque anni dalla data dell'iscrizione della società nel registro delle imprese, ma si ritiene che sia possibile rinnovare la delega.
- Lo statuto può, infine, prevedere che l'aumento avvenga in una o più volte. Quest'ultima previsione si spiega considerando che, potendo aumentare il capitale in più volte, gli amministratori saranno in grado di scegliere il momento più opportuno per collocare le nuove azioni nel mercato.
- Agli amministratori può essere attribuito anche il potere di eliminare o limitare il diritto di opzione, e ancora, scegliere di aumentare il capitale attraverso conferimenti in natura.

Quando si aumenta il capitale attraverso conferimenti in natura, il diritto di opzione è escluso, e sappiamo anche che sarà necessaria la valutazione di un esperto nominato dal tribunale. Gli amministratori, tuttavia possono decidere di non avvalersi della relazione dell'esperto, e di scegliere, invece, la procedura dell'art. 2343 ter. Se faranno tale scelta il conferimento non può avere efficacia, salvo che comporti il consenso di tutti i soci, prima del decorso del termine di trenta giorni dall'iscrizione nel registro delle imprese della delibera di aumento. Negli stessi trenta giorni, poi, uno o più soci che rappresentano, e che rappresentavano alla data della delibera di aumento del capitale, almeno il ventesimo del capitale sociale, nell'ammontare precedente l'aumento medesimo, possono richiedere che si proceda, su iniziativa degli amministratori, a una nuova valutazione secondo la procedura ordinaria prevista dall'art. 2343, cioè quella che prevede la nomina di un esperto nominato dal tribunale.

- Naturalmente, avvenuta l'emissione delle nuove azioni, tutti i titoli avranno lo stesso prezzo compreso tra quello delle vecchie azioni e quello di emissione delle nuove.

Il nuovo valore dei titoli è, quindi, inferiore a quello precedente essendo riferito però a un numero maggiore di titoli. L'azionista della società può decidere di sottoscrivere le nuove azioni, esercitando il diritto di opzione, oppure può vendere sul mercato il diritto di opzione relativo in modo da compensare la perdita di valore delle sue azioni.

Le motivazioni che spingono una società a effettuare un aumento di capitale a pagamento sono due:

- Reperire liquidità per investimenti.
- Ricostituire il capitale sociale a causa di una situazione finanziaria negativa.

Se l'aumento di capitale è fatto per permettere alla società di fare nuovi investimenti questo probabilmente in futuro farà aumentare il valore dell'azione e dunque ci sono le prospettive per investire e sottoscrivere nuove azioni.

Viceversa, se l'aumento di capitale serve per risollevarsi da una situazione finanziaria negativa è probabile che l'azionista decida di vendere i suoi diritti di opzione.

L'aumento di capitale a pagamento è anche detto reale in quanto comporta, accanto all'incremento del capitale nominale della società, un incremento reale del patrimonio della stessa, in virtù dei nuovi conferimenti.

- Per i diritti non esercitati la società emittente può poi decidere di effettuare una seconda operazione, rimettendo sul mercato i diritti inoptati. In questo caso i diritti si possono solo acquistare per poi procedere all'esercizio degli stessi.

L'aumento del capitale sociale a pagamento mediante denaro, conferimento di aziende o di altri beni esclusi gli immobili, i diritti reali immobiliari e le unità da diporto, sconta l'imposta di registro in misura fissa di 200 euro.

L'aumento del capitale sociale a pagamento effettuato mediante conferimento di immobili e di diritti reali immobiliari sconta l'imposta in misura proporzionale:

- 9% fabbricato abitativo esente o non soggetto IVA
- 200 euro fabbricato abitativo soggetto a IVA
- 4% fabbricato destinato ad attività commerciali non suscettibile di altra destinazione senza radicale trasformazione nonché aree da destinare alla costruzione di un fabbricato della stessa natura purché ultimato entro 5 anni
- 200 euro fabbricato destinato ad attività commerciali non suscettibile di altra destinazione senza radicale trasformazione soggetto a IVA
- 12% terreni agricoli
- 200 euro aree edificabili soggette a IVA.

La presenza di perdite superiori al terzo del capitale, anche tali da ridurre il capitale a un importo inferiore al minimo legale previsto per le s.p.a. e le s.r.l., non impedisce l'assunzione di una deliberazione di aumento del capitale che sia in grado di ridurre le perdite a un ammontare inferiore al terzo del capitale e di ricondurre il capitale stesso, se del caso, a un ammontare superiore al minimo legale.
E' dunque legittimo l'aumento di capitale:

- In caso di perdite incidenti sul capitale per non più di un terzo.
- In caso di perdite incidenti sul capitale per più di un terzo, se il capitale non si sia ridotto al di sotto del minimo legale.
- In caso di perdite incidenti sul capitale per più di un terzo, se il capitale non si sia ridotto al di sotto del minimo legale, in qualsiasi momento antecedente l'assemblea di approvazione del bilancio dell'esercizio successivo rispetto a quello in cui le perdite sono state rilevate.
- In caso di perdite incidenti sul capitale per più di un terzo, se il capitale non si sia ridotto al di sotto del minimo legale, in sede di assemblea di approvazione del bilancio dell'esercizio successivo rispetto a quello in cui le perdite sono state rilevate, a condizione che si tratti di un aumento

di capitale da sottoscrivere tempestivamente in misura idonea a ricondurre le perdite entro il terzo.

- In caso di perdite incidenti sul capitale per più di un terzo, se il capitale si sia ridotto al di sotto del minimo legale, a condizione che si tratti di un aumento di capitale da sottoscrivere tempestivamente in misura idonea a ricondurre le perdite entro il terzo.

In ogni caso, l'aumento di capitale non esime dall'osservanza degli obblighi, in presenza dei quali la situazione patrimoniale rilevante le perdite, se non già pubblicizzata, deve essere allegata al verbale, o comunque con lo stesso depositata nel registro delle imprese.

Il sovrapprezzo azioni

Il sovrapprezzo di un'azione è dato dalla differenza tra il suo valore di emissione e il valore nominale.
Il linea di massima la determinazione del valore di emissione delle azioni è lasciata alla discrezionalità della società emittente, tenuto conto che non è mai possibile effettuare emissioni di azioni sotto la pari, cioè con un valore di emissione inferiore al valore nominale.
Sono, invece, ammissibili le:

- Emissioni alla pari, cioè con valore di emissione pari al valore nominale, e quindi prive di sovrapprezzo.
- Emissioni sopra la pari, cioè con valore di emissione superiore al valore nominale, e quindi con sovrapprezzo.

La determinazione di tale valore deve essere effettuata nel rispetto di quanto stabilito negli articoli 2343 e 2441 del codice civile. Ciò premesso, occorre osservare che il codice civile non fornisce precise indicazioni circa le modalità che dovrebbero essere utilizzate dalla società nel determinare il sovrapprezzo.
Secondo la dottrina prevalente il sovrapprezzo ha come finalità quella di evitare ai soci, precedenti all'aumento del capitale sociale, una riduzione del valore della propria partecipazione.

Esempio

Situazione precedente all'aumento del capitale sociale:

- Capitale sociale: 120.000 euro rappresentato da 12.000 azioni del valore nominale di 10 euro l'una.
- Riserva legale: 24.000 euro.
- Riserva facoltativa: 10.000 euro.
- Patrimonio Netto: 154.000.

Valore di una azione:

Patrimonio netto 154.000 / numero di azioni 12.000 = 12,83

Questo è il valore patrimoniale di un'azione prima dell'aumento del capitale sociale.

Situazione successiva all'aumento del capitale sociale:

- Emesse 10.000 nuove azioni alla pari.
- Capitale sociale: 220.000 euro rappresentato da 22.000 azioni del valore nominale di 10 euro l'una.
- Riserva legale: 24.000 euro.
- Riserva facoltativa: 10.000 euro.
- Patrimonio Netto: 254.000 euro.

Valore di una azione:

Patrimonio netto 254.000 / numero di azioni 22.000 = 11,54

Questo è il nuovo valore patrimoniale di un'azione dopo l'aumento del capitale sociale.

Esempio

Situazione precedente all'aumento del capitale sociale:

- Capitale sociale: 120.000 euro rappresentato da 12.000 azioni del valore nominale di 10 euro l'una.
- Riserva legale: 24.000 euro.
- Riserva facoltativa: 10.000 euro.
- Patrimonio Netto: 154.000.

Valore di una azione:

Patrimonio netto 154.000 / numero di azioni 12.000 = 12,83

Questo è il valore patrimoniale di un'azione prima dell'aumento del capitale sociale.

Situazione successiva all'aumento del capitale sociale:

- Emesse 10.000 nuove azioni al valore di emissione di 12,83 euro l'una.
- Capitale sociale: 220.000 euro rappresentato da 22.000 azioni del valore nominale di 10 euro l'una.
- Riserva legale: 24.000 euro.
- Riserva facoltativa: 10.000 euro.
- Riserva da sovrapprezzo azioni: 28.300 euro.

- Patrimonio Netto: 282.300 euro.

Valore di una azione:

Patrimonio netto 282.300 / numero di azioni 22.000 = 12,83

Questo è il nuovo valore patrimoniale di un'azione dopo l'aumento del capitale sociale.

Come si può notare, prevedendo un adeguato sovrapprezzo azioni, il valore delle azioni non varia in seguito all'operazione di aumento del capitale sociale.
Il sovrapprezzo, infatti, permette alla società di mantenere inalterato il valore unitario patrimoniale di ciascuna azione.
La riserva da sovrapprezzo azioni rappresenta l'ammontare dei conferimenti che i soci si sono obbligati a effettuare nei confronti della società in sede di aumento del capitale sociale a pagamento, che eccede il valore nominale delle azioni sottoscritte. In bilancio tale riserva compare nel passivo dello Stato patrimoniale; In questa voce occorre indicare:

- L'eccedenza del prezzo di emissione delle azioni rispetto al loro valore nominale.
- Le differenze che emergono in seguito alla conversione delle obbligazioni in azioni.

Da un punto di vista aziendalistico, il "sovrapprezzo" azioni, in presenza di operazioni di aumento di capitale a pagamento, tutela il valore economico unitario delle azioni, mantiene inalterato il rapporto tra il valore contabile e il valore economico del capitale dell'azienda.
Ne consegue che la determinazione del prezzo finale di emissione delle nuove azioni è solitamente influenzata dai seguenti elementi:

- Il valore nominale delle azioni: capitale sociale diviso il numero delle azioni già emesse.
- Il conguaglio dividendo: utile in corso di maturazione nell'esercizio in cui viene deliberato l'aumento di capitale diviso il numero delle azioni già emesse.
- Il sovrapprezzo: somma delle riserve e dell'avviamento diviso il numero delle azioni già emesse.

Quanto sopra può essere espresso attraverso la seguente formula:

PAN = (CS + U + RS + A) / NVA

dove:

- PAN = prezzo azioni nuove
- CS = Capitale sociale
- U = Utile
- RS = Riserve
- A = Avviamento
- NVA = Numero vecchie azioni

Il "sovrapprezzo" può quindi essere determinato come segue:

S = [W (NVA + NNA)] / NVA - W - ACS

dove:

- S = Sovrapprezzo.
- W = Valore economico.
- NVA = Numero vecchie azioni.
- NNA = Numero nuove azioni.
- ACS = Aumento del capitale sociale.

Aumento di capitale gratuito

L'aumento di capitale gratuito avviene assegnando gratuitamente nuove azioni ai vecchi azionisti con un rapporto di cambio prestabilito. La decisione è presa dall'assemblea straordinaria. L'aumento gratuito può essere effettuato anche intervenendo sul valore nominale delle azioni esistenti aumentandolo. L'aumento si ottiene trasferendo semplicemente delle quote di bilancio dalla voce "riserve" alla voce "capitale sociale"; in questo caso non si ha variazione nel patrimonio sociale e, quindi, non vengono applicate le norme dirette ad assicurare l'effettività dei conferimenti o che subordinano l'aumento del capitale all'esecuzione dei conferimenti.
Nel caso in cui si emettano nuove azioni, il valore del titolo in Borsa scenderà poiché, evidentemente, lo stesso capitale risulterà frazionato su un numero maggiore di azioni.

- L'investitore deve però fare attenzione al fatto che la discesa è solo apparente in quanto il minor valore di mercato dell'azione è compensato da un maggior numero di titoli in possesso degli azionisti.

Le finalità sottese all'aumento di capitale gratuito possono essere diverse: in primis, sovente accade che l'aumento di capitale gratuito sia affiancato da un contestuale aumento a pagamento, così da invogliare e stimolare i soci alla sottoscrizione della parte di aumento con nuovi conferimenti. In secondo luogo, l'operazione può essere collegata alla volontà di accrescere il prestigio e il credito della società, o ancora per soddisfare un vincolo di legge che richiede in capitale sociale minimo per poter svolgere alcune attività, quali, ad esempio, quelle bancarie e assicurative.
In merito alle riserve utilizzabili per l'incremento del capitale sociale, è possibile "attingere" da quelle elencate di seguito:

- Riserva sovrapprezzo azioni: tale posta di bilancio, che si forma in caso di emissione di nuove azioni a un prezzo superiore rispetto al valore nominale, non può essere distribuita fino a che la riserva legale non abbia raggiunto "il quinto" della riserva legale. Tuttavia, non sussistono particolari vincoli all'utilizzabilità della stessa per l'aumento di capitale sociale.

- Riserva di rivalutazione monetaria.
- Riserve statutarie prive di una specifica destinazione, cosiddette “generiche”.
- Riserve statutarie con una specifica destinazione, quai, ad esempio, riserva per rinnovo impianti, per manutenzioni cicliche, a condizione che l’assemblea straordinaria provveda preliminarmente a modificare la destinazione prevista nello statuto.
- Riserve facoltative: sono accantonamenti di utili “generici”, e quindi non presentano particolari vincoli all’utilizzo.
- Riserve costituite con versamenti dei soci: versamenti in contro capitale, in conto futuro aumenti del capitale, a fondo perduto.
- Riserva legale, per la parte “disponibile”, ossia per l’importo che eccede il quinto del capitale sociale (tale questione è stata oggetto di diverse sentenze). Si ricorda, infatti, che la citata disposizione normativa, al comma 1, prevede che “dagli utili netti annuali deve essere dedotta una somma corrispondente almeno alla ventesima parte di essi per costituire una riserva, fino a che questa non abbia raggiunto il quinto del capitale sociale”.
- Riserve utili esercizi precedenti.
- Riserve tassate.
- Riserve da condono.
- Riserva di fusione.
- Fondo conguaglio di dividendi.
- Utili portati a nuovo.

L’aumento gratuito del capitale sociale può avvenire secondo una delle due seguenti modalità:

- Emissione di nuove azioni e successiva assegnazione gratuita delle stesse: ai sensi dell’art. 2442 del Codice Civile, l’aumento può avvenire mediante emissione di nuove azioni aventi le stesse caratteristiche di quelle in circolazione e successiva loro assegnazione gratuita agli azionisti in proporzione alle azioni dagli stessi possedute, così da mantenere invariata la posizione dei singoli azionisti all’interno della società. Non si applica la disciplina del diritto di opzione, tipica degli aumenti di capitale a pagamento.

- Aumento del valore nominale delle azioni già in circolazione: si consente al socio di mantenere la stessa quota di partecipazione in società che aveva prima dell'operazione, accrescendo il valore nominale delle azioni possedute. Posto che lo statuto può prevedere che le azioni siano emesse senza indicazione del valore nominale, verificandosi questo caso, per attuare l'aumento, si deve risalire al valore nominale inespresso, dividendo l'ammontare del capitale sociale per il numero delle azioni.

Gli aumenti gratuiti di capitale sociale sono virtuali in quanto non fanno variare il patrimonio netto dal momento che non affluiscono nuovi mezzi. L'aumento è effettuato utilizzando le riserve: si tratta quindi di un giroconto contabile. La riserva legale e quella statutaria possono essere utilizzate solo per eccedenza di quanto previsto dal codice civile o dallo statuto. Con l'aumento gratuito del capitale sociale, ogni possessore di azioni oggetto dell'operazione riceve gratuitamente nuove azioni nella ragione comunicata dalla società emittente, senza dover esercitare alcun diritto. Pertanto, il valore teorico del diritto è nullo per definizione.
I motivi degli aumenti gratuiti possono essere svariati:

- Per aumentare il numero di azioni in circolazione in modo tale da creare un aumento degli scambi.
- Quando l'azienda non è in grado di distribuire dividendi elevati per non deludere le attese degli investitori.
- Per riequilibrare il rapporto capitale sociale - riserve quando queste hanno raggiunto un peso eccessivo rispetto al primo.

Per aumentare il capitale sociale devono essere emesse nuove azioni che vengono date gratuitamente ai soci in proporzione alle vecchie azioni possedute.
Il valore teorico delle azioni in seguito a un aumento del capitale gratuito si calcola utilizzando la seguente formula:

$$\mathbf{PX = V * PC / (V + N)}$$

$$\mathbf{D = PX * (N / V)}$$

dove :

- PX = prezzo post aumento di capitale.
- V = numero azioni vecchie.
- PC = prezzo ante aumento di capitale.
- N = numero azioni nuove.
- D = diritto teorico.

Esempio

Aumento di capitale gratuito con assegnazione di 1 azione nuova gratis ogni 5 azioni vecchie.

Ultimo prezzo (PC) 9 euro.

PX = (5*9) / (5+1) =
45 / 6 = 7,5

D = 7,5 * (1 / 5) = 1,50

Aumento di capitale in forma mista

Terza e ultima modalità con la quale effettuare l'operazione è l'aumento di capitale in forma mista. Come suggerisce il termine, l'operazione sul capitale è composta da un'offerta di titoli a pagamento e da un'assegnazione gratuita di nuove azioni. Accade di frequente che gli aumenti di capitale siano operati utilizzando la forma mista.

- Per forma mista, nell'accezione più ampia dell'espressione, s'intende il caso in cui l'emittente colloca (offre) prodotti finanziari diversi e riguarda sia il collocamento di obbligazioni convertibili e/o warrant, sia il contemporaneo collocamento di azioni a pagamento e azioni totalmente gratuite.

Le formule viste precedentemente per la valutazione del prezzo ex delle azioni (prezzo post aumento) e del valore teorico del diritto di opzione devono essere opportunamente riviste per tener conto di tutti i fattori in gioco.
In ogni caso, si consideri che:

- Il prezzo ex è la media ponderata delle quotazioni dei singoli titoli e dei costi di sottoscrizione.
- Il valore del diritto globale di opzione è la somma dei singoli diritti di opzione corrispondenti a ciascun prodotto di nuova emissione.

La tipologia di aumenti in forma mista più frequente e più nota è quella che vede l'emissione di un solo tipo di azioni in parte a pagamento e in parte gratuito.
In questo caso, le formule da utilizzare sono:

**PTAex = [(NAV * PAcum) + (NANpag * CS)
+ (NANgr * 0)] / (NAV + NANpag + NANgr)**

dove:

- PTAex è il prezzo teorico di equilibrio post aumento di capitale.

- NAV è il numero delle azioni vecchie.
- PAcum è il prezzo di mercato ante aumento di capitale.
- NANpag è il numero di azioni nuove a pagamento.
- CS è il prezzo di sottoscrizione.
- NANgr è il numero di azioni nuove gratuite.

e:

DOTtot = DOTpag + DOTgr

dove:

- DOTtot è il valore teorico totale del diritto di opzione.
- DOTpag è il valore teorico del diritto di opzione a pagamento.
- DOTgr è il valore teorico del diritto di opzione gratuito.

con:

DOTpag = (PTAex - CS) x (NANpag / NAV)

DOTgr = (PTAex) x (NANgr / NAV)

Maggiore complessità presentano le offerte di obbligazioni convertibili e/o warrant.

- Nel caso delle obbligazioni convertibili, il possessore può, entro una data scadenza e secondo un predeterminato rapporto di cambio, ricevere l'azione al posto dell'obbligazione, che a quel punto torna in possesso dell'emittente e cessa di esistere.
- Nel caso del warrant, invece, l'investitore è in possesso di un'opzione call, che gli attribuisce la facoltà di acquistare l'azione a un prezzo stabilito, entro un determinato periodo e secondo un prestabilito rapporto di cambio.

Nei casi sopra esposti, la decisione di se e quando convertire o esercitare il warrant compete all'investitore; non è possibile, pertanto, conoscere alla data dell'operazione sul capitale, in maniera precisa, il totale delle azioni collocate e neppure calcolare esattamente il valore delle due attività. Pertanto, per la loro valutazione, s'introducono due ipotesi semplificatrici:

- La prima assume che le obbligazioni siano convertite immediatamente e i warrant siano esercitati alla scadenza.
- La seconda assume che il costo di sottoscrizione delle convertibili sia versato immediatamente e il prezzo di esercizio dei warrant sia versato alla loro scadenza.

Esempio

La società Delta delibera di aumentare in forma mista il capitale sociale emettendo a 30,00 euro una azione nuova ogni 6 azioni vecchie possedute (aventi valore nominale di 10,00 euro), e offrendo una azione nuova gratis ogni 6 azioni vecchie possedute. Tenuto conto che il prezzo di mercato delle azioni Delta prima dell'aumento del capitale è di 72,00 euro, il valore optato teorico delle azioni Delta si determina come segue:

PTAex = ((6 * 72) + (1 * 30,00)) / (6 + 1 + 1) =
432 / 8 = 57,75

Dalla differenza tra il prezzo di mercato prima dell'aumento del capitale e il valore optato teorico, si determina il valore DOTtot, che è pari alla somma del diritto d'opzione per la parte a pagamento dell'aumento del capitale e del diritto di assegnazione per la parte gratuita dell'aumento del capitale:

DOTtot = 72,00 euro - 57,75 euro = 14,25 euro

Per scorporare dal valore così ottenuto i valori teorici del diritto di opzione e del diritto di assegnazione gratuita sono necessarie le seguenti formule:

Nel caso del diritto d'opzione si utilizza

DOTpag = (1 * (57,75 – 30,00)) / 6 = 4,625

Nel caso del diritto di assegnazione gratuita si utilizza:

DOTgr = (1 * 57,75) / 6 = 9,625

Da cui, di nuovo:

DOTtot = 4,625 + 9,625 = 14,25 euro

Il Diritto di Opzione

Il diritto di opzione è il diritto dei soci attuali di venire preferiti a terzi nella sottoscrizione di aumento del capitale sociale a pagamento. La disciplina del diritto di opzione è regolata dall'art. 2441 del Codice civile. Secondo il Codice, l'oggetto del diritto di opzione è rappresentato "dalle azioni di nuova emissione" e "dalle obbligazioni convertibili in azioni" che sono emesse dalla società.

- Il diritto di opzione spetta a ogni azionista, in maniera proporzionale al numero di azioni da esso già possedute.

La società ha l'obbligo di concedere un termine per l'esercizio del diritto, non inferiore a trenta giorni, mentre in caso di società quotate il termine minimo è di quindici giorni, come previsto dall'art. 134 del T.u.f.
I quindici giorni devono essere calcolati dalla pubblicazione dell'offerta sul sito internet della società, e non dal deposito dell'offerta nel registro delle imprese, come, invece, accadeva in passato. I soci possono, tuttavia, decidere all'unanimità di rinunciare a tale termine. In caso vi siano azioni rimaste non optate, gli amministratori sono obbligati a seguire particolari procedure, non essendo essi liberi di collocarle secondo il proprio piacimento.

- Se si tratta di azioni non quotate, chi ha esercitato il diritto di opzione gode del diritto di prelazione sulle azione inoptate, ma solo se ne fa richiesta al momento dell'esercizio del diritto di opzione.
- In caso di azioni quotate, gli amministratori, per conto della società, devono offrire sul mercato regolamentato i diritti di opzione residui; il ricavato andrà a far parte del patrimonio sociale.

Qualora gli azionisti non esercitino il diritto di prelazione o tali diritto rimangano invenduti sul mercato regolamentato, le azioni di nuova emissione possono venire collocate senza alcuna restrizione.
Il diritto di opzione può essere escluso:

- Ex lege se le azioni di nuova emissione, secondo la delibera di aumento del capitale, devono essere liberate mediante conferimenti in natura. In questo caso, notiamo che la società può aver bisogno, più che di denaro, di conferimenti in natura, come potrebbero essere terreni o capannoni. In tal caso, si mira ad attrarre soci che dispongano di tali beni e ciò spiega l'esclusione dell'opzione. Quando il conferimento è dovuto in natura, è quindi automaticamente escluso il diritto di opzione. Sarà ovviamente necessaria una relazione degli amministratori che esponga le ragioni della scelta sui conferimenti in natura e, in ogni caso, i criteri adottati per la determinazione del prezzo di emissione.

- Nelle società con azioni quotate, lo statuto può prevedere l'esclusione del diritto di opzione nella misura del 10% del capitale sociale preesistente, a patto che il prezzo di emissione corrisponda al valore di mercato delle azioni e ciò sia confermato in apposita relazione dal revisore legale o dalla società di revisione legale (art. 2441, 4° comma).

- Per quanto statuito dal comma 5° dell'art. 2441, cioè quando l'interesse della società lo esige. In questo caso la relazione degli amministratori dovrà spiegare le ragioni dell'esclusione o della limitazione.

- Il comma 8° prevede inoltre l'esclusione del diritto, limitatamente a un quarto delle azioni di nuova emissione, se, a seguito di delibera dell'assemblea straordinaria, le azioni di nuova emissione sono offerte in sottoscrizione ai dipendenti della società o di società che la controllano o che sono da essa controllate. L'esclusione dell'opzione in misura superiore al quarto deve essere approvata con la maggioranza prescritta per le assemblee straordinarie.

Secondo il comma 7° dell'art. 2441, non si può limitare o escludere il diritto di opzione quando la delibera preveda che le azioni siano sottoscritte da investitori professionali, come le banche o le Sim, oppure da altri soggetti autorizzati all'esercizio dell'attività di collocamento di strumenti finanziari. In questo caso si stabilisce che tali soggetti sottoscrivano le azioni al fine di far esercitare, poi, il diritto di opzione ai soci. Si parla in questi casi di opzione indiretta; nel periodo di detenzione delle azioni offerte agli azionisti e

comunque fino a quando non sia stato esercitato il diritto di opzione, i medesimi soggetti non possono esercitare il diritto di voto.
Le spese dell'operazione sono a carico della società e la delibera di aumento del capitale deve indicarne l'ammontare. La relazione deve essere comunicata dagli amministratori al collegio sindacale o al consiglio di sorveglianza e al soggetto incaricato del controllo contabile almeno trenta giorni prima di quello fissato per l'assemblea. Entro quindici giorni il collegio sindacale deve esprimere il proprio parere sulla congruità del prezzo di emissione delle azioni.
La delibera determina il prezzo di emissione delle azioni in base al valore del patrimonio netto, tenendo conto, per le azioni quotate in mercati regolamentati, anche dell'andamento delle quotazioni nell'ultimo semestre.

- Il diritto di opzione è, quindi, quel diritto di prelazione attribuito ai vecchi azionisti sui nuovi titoli emessi dalla società a seguito di operazioni di aumento di capitale a pagamento e consente ai soci di mantenere inalterata la percentuale di partecipazione al capitale sociale e ai possessori di obbligazioni convertibili di mantenere inalterato il rapporto di cambio.

Il diritto d'opzione compensa, in tutto o in parte, l'azionista che non sottoscrive, da eventuali perdite patrimoniali subite per l'operazione sul capitale. L'azionista della società, infatti:

- Può decidere di sottoscrivere le nuove azioni, esercitando il diritto di opzione.
- Può vendere sul mercato il diritto di opzione relativo in modo da compensare la perdita di valore delle sue azioni.

Di fronte a queste due possibilità, sottoscrivere le nuove azioni oppure vendere sul mercato i diritti di opzione, la scelta dipende in genere da considerazioni relative al livello di appetibilità dell'investimento, in considerazione del fatto che una società delibera, in genere, un aumento di capitale a pagamento essenzialmente per due ragioni:

- Fabbisogno di liquidità per investimenti.
- Ricostituzione del capitale sociale a causa di una situazione finanziaria negativa.

La decisione dipende dal "costo effettivo" dell'operazione ossia dalla convenienza dell'esercizio del diritto che viene assegnato proporzionalmente a ciascun azionista. Infatti, a seconda del prezzo a cui la cessione può essere conclusa il titolare del diritto può decidere se:

- Esercitare il diritto, nel caso in cui il prezzo di mercato sia inferiore al valore teorico.
- Vendere il diritto, nel caso in cui il prezzo di mercato sia superiore al valore teorico.

Il calcolo del valore teorico del diritto, quindi, assume un ruolo fondamentale per la corretta interpretazione e gestione di un aumento di capitale. Il valore teorico del diritto non è altro che l'esatto ammontare che compensa l'azionista dalla riduzione di prezzo che le azioni subiscono in conseguenza della ricapitalizzazione.

- Pertanto, se l'aumento di capitale è finalizzato a finanziare nuovi investimenti, che presumibilmente condurranno a una crescita dell'impresa, allora si dovrebbe avere in futuro un effetto positivo sul valore dell'azione, rendendo quindi l'investimento conveniente.
- In caso contrario, ossia se si procede all'aumento di capitale per risollevare una situazione finanziaria negativa, è ragionevole supporre che, dato l'aumento di rischiosità dell'investimento, sia conveniente per l'azionista decidere di cedere i diritti di opzione e non investire altro capitale in quella società.

Coloro che esercitano il diritto di opzione, purché ne facciano contestuale richiesta, hanno diritto di prelazione nell'acquisto delle azioni e delle obbligazioni convertibili in azioni che siano rimaste non optate. Se le azioni sono quotate sui mercati regolamentati, i diritti di opzione non esercitati devono essere offerti nel mercato regolamentato dagli amministratori, per conto della società, per almeno cinque riunioni, entro il mese successivo alla scadenza del termine stabilito a norma del secondo comma.

- Si definisce Rapporto di opzione il valore indicante la quantità di nuove azioni che si possono sottoscrivere in base al numero di vecchie azioni possedute.

Ad esempio, la società Alfa ha un capitale sociale di 900.000 euro suddiviso in 300.000 azioni del valore nominale di 3 euro ciascuna. Delibera un aumento di capitale di 300.000 euro con emissione di 100.000 nuove azioni.

Rapporto di opzione =
Nuove azioni / Vecchi azioni =
100.000 / 300.000 = 1 / 3

Il che significa che possono essere sottoscritte 1 nuova azione ogni 3 già possedute.

Definiamo ora con:

- PAcum - la quotazione cum del titolo comprensiva del diritto di opzione (quotazione di mercato antecedente l'aumento di capitale).
- PTAex - la quotazione ex ossia il prezzo privo del diritto di opzione (quotazione teorica post l'aumento di capitale).

Il valore del diritto di opzione VDT, valore di equilibrio o parità teorica che può anche divergere dal valore di mercato o di negoziazione del diritto di opzione, si ottiene dalla differenza tra la quotazione delle vecchie azioni (PAcum) e il prezzo delle azioni dopo l'aumento di capitale (PTAex):

VDT = PAcum – PTAex

Per determinare la parità teorica o valore d'equilibrio del diritto si deve considerare che "vecchie" e "nuove" azioni attribuiscono diritti identici e, quindi, devono avere un unico prezzo dopo l'aumento di capitale. Infatti, se così non fosse si potrebbe realizzare un semplice arbitraggio vendendo quella con la quotazione maggiore e acquistando quella con il corso di borsa inferiore.

Il nuovo prezzo di equilibrio dell'azione, o valore teorico post aumento, PTAex si calcola mediante la seguente equazione:

PTAex =

[(NAV x PAcum) + (NAN x CS)] / (NAV + NAN)

dove:

- NAV = numero di azioni vecchie (esistenti prima dell'aumento di capitale).
- NAN = numero di azioni nuove emesse.
- CS = costo di sottoscrizione delle azioni emesse.

Il valore d'equilibrio o parità teorica del diritto può anche essere ottenuto come differenza tra PTAex e CS, per il valore del rapporto (NAN/NAV):

VDT = (PTAex - CS) x (NAN/NAV)

Il diritto d'opzione ha valore per l'azionista, ossia la sua parità teorica VDT è maggiore di zero, se il prezzo di emissione è inferiore alla quotazione corrente.
Infatti, in tale ipotesi, il nuovo prezzo d'equilibrio (o teorico) del titolo è minore della sua quotazione cum.
Riassumendo:

- Il valore di equilibrio del diritto di opzione è maggiore di zero, se il costo di sottoscrizione del titolo è inferiore alla sua quotazione cum:

VDT > 0 se CS < Pacum.

- Se il costo di sottoscrizione è inferiore alla quotazione cum anche il prezzo ex di equilibrio è minore della quotazione cum:

PTAex < PAcum se CS < PAcum.

Il secondo punto chiarisce perché dopo l'aumento del capitale, la quotazione del titolo è minore di quella antecedente l'inizio dell'operazione. La flessione, a parità di altre condizioni, ha origine nella prassi di emettere titoli a un prezzo inferiore alla quotazione cum.Il limite inferiore posto dall'ordinamento è il valore nominale per evitare "l'annacquamento del capitale"; il capitale sociale in bilancio ha un valore che non corrisponde alla somma incassata dalla società emittente.

- Va precisato comunque che il valore teorico del diritto, il coefficiente di rettifica del prezzo dell'azione e il relativo prezzo rettificato vengono comunicati da Borsa Italiana il giorno antecedente all'inizio dell'aumento di capitale a mercati chiusi (normalmente alle ore 18,00).

I calcoli sono effettuati dall'AIAF, l'Associazione Italiana degli Analisti Finanziari.

Esempio

La società Alfa delibera di aumentare il capitale sociale emettendo alla pari, ossia al valore nominale, una azione nuova ogni 4 azioni vecchie possedute (aventi valore nominale di 10,00 euro).
Tenuto conto che il prezzo di mercato delle azioni Alfa prima dell'aumento del capitale è di 17,00 euro, il valore optato teorico delle azioni Alfa si determina come segue:

$$\mathbf{PTAex = ((4 * 17) + (1 * 10{,}00)) / (4 + 1) = 78 / 5 = 15{,}60}$$

Da cui il valore teorico del diritto d'opzione:

$$\mathbf{VDT = PAcum - PTAex = 17{,}00 - 15{,}60 = 1{,}40}$$

Rapporto fra diritto d'opzione e sovrapprezzo

L'imposizione di un sovrapprezzo tende a ridurre il valore del diritto di opzione influenzandone, in primo luogo, l'esercizio. Infatti, l'esercizio del diritto di opzione è tanto più oneroso quanto più elevato è il sovrapprezzo, con chiare conseguenze sulla conservazione della quota di partecipazione sociale.
L'imposizione di un sovrapprezzo tende, altresì, a ridurre il valore del diritto di opzione influenzandone il trasferimento. Infatti:

- Quanto più il valore di emissione di avvicina al valore di mercato dell'azione, tanto più diminuisce il prezzo che il potenziale investitore sarebbe disposto a pagare per acquistare tale diritto.
- Quanto maggiore è il divario tra il prezzo di emissione delle nuove azioni e il prezzo di mercato delle stesse, tanto più è elevato il valore del diritto di opzione.

Ai fini del calcolo del valore del diritto di opzione, si ipotizzino i seguenti dati della società Alfa alla data del 31.12.'X3:

- Patrimonio netto: PN = € 220.000
- Riserve: R = € 20.000
- Capitale sociale: CS = € 200.000
- Numero azioni: N1 = € 200.000
- Valore nominale azione: Pn = € 1
- Valore contabile azione:

Vc = Mezzi propri / n. azioni =
220.000 / 200.000 = € 1,1

Al 03.01.'X4 la società Alfa delibera un'operazione di aumento a pagamento del capitale azionario per € 100.000 con emissione alla pari.
Si avrà dunque:

- Patrimonio netto 03.01.'X4: PN = € 320.000
- Riserve: R = € 20.000
- Capitale sociale: CS = € 300.000
- Numero azioni vecchie: N1 = 200.000

- Numero azioni nuove: N2 = 100.000
- Valore nominale azione: Pn = € 1
- Valore contabile azione:

Vc' = Mezzi propri / n. azioni =
320.000 / 300.000 = € 1,06

Si avrà dunque che:

- L'azionista con 2 azioni che esercita il diritto di opzione, diviene proprietario di 3 azioni di Vc' = € 1,06
- L'azionista con 2 azioni, che non esercita il diritto di opzione, perde per ciascuna azione un valore pari a:

Vc - Vc' = d = 1,10 – 1,06 = 0,033

Pertanto, l'azionista che non sottoscrive la nuova azione deve vendere il diritto di opzione a un prezzo pari alla perdita subita:

"Valore teorico del diritto di opzione" =
1,10 – 1,06 = 0,033

E, infatti, il nuovo azionista, acquistando il diritto di opzione, acquista due azioni, e paga € 1,066 di cui € 1 alla società e 0,066 euro al vecchio azionista (0,033 x 2).

Ipotizziamo, invece, adesso che al 03.01.'X4 l'operazione di aumento a pagamento del capitale azionario per € 100.000 sia avvenuta con sovrapprezzo di € 5.000.
Si avrà dunque:

- Patrimonio netto 03.01.'X4: PN = € 325.000
- Riserve: R = € 20.000
- Capitale sociale: CS = € 300.000
- Riserva sovrapprezzo azioni: Rs = € 5.000
- Numero azioni vecchie: N1 = 200.000
- Numero azioni nuove: N2 = 100.000
- Valore nominale azione: Pn = € 1
- Prezzo di emissione: Pe = € 1,05
- Valore contabile azione:

Vc' = Mezzi propri / n. azioni =
325.000 / 300.000 = € 1,083

In questo caso di emissione con sovrapprezzo, l'azionista con 2 azioni, esercitando il diritto di opzione, diviene proprietario di 3 azioni di Vc' = 1,083.
Diversamente, se vende il diritto di opzione perde per ciascuna azione un importo pari al cosiddetto "Valore teorico del diritto di opzione" , vale a dire:

Vc - Vc' = d = 1,10 – 1,083 = 0,016

E, infatti, il nuovo azionista che, acquistando il diritto di opzione acquista due azioni, paga € 1,083 di cui € 1,05 alla società e € 0,033 al vecchio azionista (0,016 x 2).
Si può dunque concludere che il valore teorico del buono di opzione (B) è funzione:

- Del rapporto di cambio tra vecchie (N1=2) e nuove (N2=1) azioni
- Della differenza tra il valore delle vecchie azioni (Vc= 1,1) e il prezzo di emissione (Pe=1,05) delle nuove azioni:

B = N2(Vc – Pe) / N1 + N2 =
(1,1 – 1,05) / (2 + 1) =
0,016

Calcoliamo adesso la parità teorica del diritto di opzione utilizzando la seguente formula:

V0 = n1 * (V m – Ve) / (n1+n2)

dove:

- V0= valore del diritto di opzione.
- Ve= valore di emissione nuove azioni.
- Vm= valore di mercato vecchie azioni.
- n1= numero azioni vecchie.
- n2= numero azioni nuove.

Esempio

Ipotizziamo che un'azionista possegga un pacchetto di:

- 6.000 azioni
- aventi valore di mercato € 1.500
- che voglia sottoscrivere (secondo il rapporto 4:1) 1.500 nuove azioni
- al prezzo di emissione € 1.200.

Applicando la formula appena vista, avremo:

V0 = n1 * (V m – Ve) / (n1+n2) =
1*(1.500 – 1.200) / (4 + 1) =
300 / 5 = 60 euro

Ciò si spiega con il fatto che il socio, prima dell'aumento, possedeva un pacchetto di valore pari a:

6.000 x € 1.500 = € 9.000

Il valore che sul mercato si afferma dopo l'emissione sarà pari a:

((Pm*n1) + (Pe*n2)) / (n1 + n2) =
((1.500*4) + (1.200*1)) / (1 + 4) =
(6.000 + 1.200) / 5 = 7.200 / 5
= 1.440 euro

A seguito dell'aumento, se il socio non sottoscrive, subirà una perdita misurata dal diminuito valore delle sue azioni:

6.000 x € 1.440 = €8.640

Quindi:

€9.000 - €8.640 = € 60

Che è proprio il valore della perdita di cui deve rifarsi attraverso la cessione del diritto di opzione.

Esempio 1 - Aumento di capitale a pagamento

Si ipotizzi il caso di una società con un capitale sociale suddiviso in 1.000 azioni del valore nominale di 100 euro, la cui quotazione di mercato è pari a 150 euro.
Il capitale sociale è, quindi, pari a 100.000 (1.000 x 100) euro, mentre il suo valore di mercato (o capitalizzazione) è pari a 150.000 euro (1.000 x 150).
Ipotizziamo che la società decida di raddoppiare il capitale sociale, offrendo 1 nuova azione ogni azione vecchia posseduta; pertanto vengono emessi 1.000 nuovi titoli al prezzo di sottoscrizione di 130 euro.
Per trovare il prezzo teorico di equilibrio delle azioni, successivo all'aumento di capitale, si applica la formula:

PTAex =
[(NAV x PAcum) + (NAN x CS)] / (NAV + NAN)

dove:

- PTAex è il prezzo teorico di equilibrio.
- NAV è il numero delle azioni vecchie.
- PAcum è il prezzo di mercato.
- NAN è il numero di azioni nuove.
- CS è il prezzo di sottoscrizione.

Sostituendo opportunamente i valori si ottiene:

PTAex =
[(1.000 x 150) + (1.000 x 130)] / (1.000+1.000) =
140 euro

Pertanto, dopo l'aumento di capitale si ha la seguente situazione:

- Capitale sociale = 200.000 euro.
- Numero titoli = 2.000.
- Valore nominale unitario = 100 euro.
- Prezzo di mercato = 140 euro.
- Valore di mercato del capitale sociale = 280.000 euro.

Si consideri ora il caso di un azionista che, prima dell'operazione sul capitale possedeva una partecipazione del 10%, ovvero 100 azioni, del valore di 15.000 euro (100 x 150).
L'azionista ha di fronte a sé due possibilità:

- 1ª possibilità: l'azionista mantiene la sua quota di partecipazione al 10%, sottoscrivendo l'aumento di capitale, 100 nuove azioni al prezzo di sottoscrizione di 130, ed esercitando il diritto di opzione.
  Pertanto, dopo l'operazione l'azionista ha 200 titoli e il valore totale della partecipazione è pari a 28.000 euro.
- 2ª possibilità: l'azionista non aderisce all'aumento di capitale.
  In questo caso, la sua partecipazione si riduce dal 10% al 5% mentre il valore della sua partecipazione si riduce da 15.000 a 14.000 euro, con una perdita di 1.000 euro. Tale perdita è, in tutto o in parte, recuperata attraverso la vendita del diritto d'opzione, che viene attribuito ai vecchi azionisti, un diritto per ogni azione, in tutto 100 diritti.
  Nel caso in cui il prezzo del diritto è pari a 10 euro l'azionista non subisce alcun danno, poiché dalla vendita guadagna 1.000 euro.

Si nota che il vecchio azionista è pienamente compensato se il prezzo del diritto di opzione è pari alla differenza tra il prezzo di mercato ex-ante (150) e quello d'equilibrio ex-post (140) dell'azione.
Continuando nell'esempio, abbiamo quindi i seguenti dati:

- PAcum = 150 euro: prezzo di mercato dell'azione prima dell'aumento di capitale.
- CS = 130 euro: costo di sottoscrizione o prezzo di emissione delle nuove azioni.
- PTAex = 140 euro: nuovo prezzo d'equilibrio post aumento di capitale.
- VDT = 10 euro: valore teorico del diritto di opzione, calcolato come differenza tra prezzo di mercato ante aumento e prezzo d'equilibrio post aumento di capitale.

Si intuisce facilmente che nel caso in cui il prezzo di emissione coincide con quello di mercato ante aumento, il nuovo prezzo di

equilibrio post aumento è uguale a quello ante e il diritto di opzione vale zero.
Ricordiamo che il valore teorico del diritto di opzione (VDT) può divergere dalla sua effettiva quotazione di mercato (VDM) e che la relazione tra i due valori deve essere considerata per decidere se cedere il diritto e acquistare l'azione oppure se esercitare il diritto di prelazione.

- Se il valore di mercato del diritto (VDM) è superiore al valore teorico (VDT), il socio vende il diritto e acquista l'azione mentre il non socio, che desidera detenere l'azione, non acquista il diritto di prelazione ma compra il titolo direttamente sul mercato.
- Se invece il valore di mercato (VDM) quota sotto il valore teorico (VDT), le indicazioni saranno opposte a quelle appena descritte.

Chiariamo quanto detto con un esempio, supponendo, in aggiunta ai dati precedenti, che: VDM = 12 euro (valore di mercato del diritto di opzione).
Pertanto, poiché VDT è pari a 10 euro, siamo nel caso di prezzo di mercato maggiore del valore teorico:

VDM > VDT

Il socio, quindi, avrà convenienza a vendere il diritto e acquistare l'azione sul mercato, riducendo così il costo di acquisizione del titolo al di sotto del prezzo di sottoscrizione. In questo modo, invece di pagare per ogni azioni 130 euro (costo di sottoscrizione dato dall'esercizio del diritto), pagherà 128 euro, che è pari alla differenza tra il prezzo post aumento di capitale, a cui si acquista il titolo sul mercato, e il valore di mercato del diritto di opzione lucrato con la vendita del diritto stesso: (140 - 12).
Il potenziale azionista, a sua volta, acquisterà direttamente l'azione sul mercato pagando 140 euro, somma inferiore a quella che sborserebbe se comprasse prima il diritto (12 euro) e poi lo esercitasse pagando il prezzo di sottoscrizione (130 euro); infatti, pagherebbe in totale 142 euro.

Esempio 2 - Aumento di capitale a pagamento

La società Alfa ha il capitale sociale suddiviso in 100 quote dal valore nominale di 10 euro e quotate al prezzo di 20 euro.
Abbiamo quindi:

- Capitale sociale = 1.000 euro
- Numero Azioni = 100
- Valore nominale unitario = 10 euro
- Prezzo = 20 euro
- Valore di mercato del capitale sociale = 2.000 euro

La società decide di raddoppiare il capitale sociale offrendo 1 azione "nuova" ogni "vecchia" posseduta, con emissione di 1.000 nuovi titoli al prezzo di 15 euro.
Avremo quindi:

- Numero nuove azioni = 1.000
- Valore nominale unitario = 10 euro
- Prezzo di emissione = 15 euro

Dopo l'aumento di capitale, il prezzo di mercato in equilibrio del titolo è di 17,5 euro; infatti:

[(numero azioni vecchie * prezzo) + (numero azioni nuove * prezzo di sottoscrizione)] / numero totale azioni =
[(1.000 * 20) + (1.000 * 15)] / 2.000 = 17,5 euro

Dopo l'aumento di capitale si ha:

- Capitale sociale = 2.000 euro
- Numero azioni = 200
- Valore nominale unitario = 10 euro
- Prezzo = 17,5 euro
- Valore di mercato del capitale sociale = 3.500 euro

Prima dell'operazione sul capitale, l'azionista Mario possedeva una quota del 10% .

- Numero azioni = 10
- Valore della partecipazione = 200 euro

- % di partecipazione = (200 / 2.000) = 10%

L'azionista Mario ha di fronte a sé due possibilità:

- 1ª possibilità: l'azionista decide di mantenere la quota di partecipazione del 10% e sottoscrive l'aumento di capitale (10 nuove azioni al prezzo di sottoscrizione di 15) esercitando il diritto d'opzione. La sua posizione diventa:
  - Numero azioni = 20
  - Valore della nuova partecipazione = 15 x 10 = 150 euro
  - Valore totale della partecipazione = ("vecchia" + "nuova") = 200 + 150 = 350 euro
  - % di partecipazione = (350 / 3.500) = 10%

- 2ª possibilità: l'azionista decide di non fare l'aumento di capitale. La sua posizione diventa:
  - Numero azioni = 10
  - Valore totale della partecipazione = (10 x 17,5) = 175 euro
  - % di partecipazione = (175 / 3.500) = 5%

Se l'azionista non fa l'aumento di capitale vede, quindi, diminuire il valore % della partecipazione e subisce una perdita patrimoniale di 25 euro:

Valore della partecipazione ante aumento di capitale - Valore della partecipazione post aumento di capitale = [(10 x 2) = 200 euro] – ((10 x 17,5) = 175 euro] = 25 euro

L'azionista che non sottoscrive, recupera, in tutto o in parte, la perdita vendendo il diritto d'opzione a chi, già azionista o vuole diventarlo, desidera fare l'aumento.
Se il diritto quota 2,5 euro, l'azionista non subisce alcun danno.
Valore della partecipazione post aumento di capitale:

(10 x 17,5) = 175 euro

Ricavo vendita diritto d'opzione:

(10 x 2,5) = 25 euro

L'esempio chiarisce che:

- Il vecchio azionista, che non sottoscrive, subisce una perdita patrimoniale se il prezzo di sottoscrizione delle nuove azioni è inferiore a quello di mercato: 15 euro contro 20 euro.
- Il vecchio azionista è pienamente compensato se cede il diritto d'opzione a un valore pari alla differenza tra il prezzo di mercato ex-ante e quello d'equilibrio ex-post dell'azione:

$$20 - 17,5 = 2,5$$

Conoscere la parità teorica (DOT) aiuta a decidere se cedere il diritto e acquistare l'azione ex oppure se conviene esercitare la prelazione.

- Se il diritto quota (DO) sopra la parità teorica (DOT), il socio vende e acquista l'azione.
- Allo stesso modo, il non socio che desidera possedere l'azione, non acquista la prelazione e negozia il titolo nel mercato.
- Le indicazioni sono opposte se il diritto quota sotto la parità.

Esempio 3 - Aumento di capitale a pagamento

Siano dati:

- DOT = valore di parità teorica del diritto d'opzione = 2,5 euro
- DO = prezzo di mercato del diritto d'opzione = 2,8 euro
- CS = costo di sottoscrizione della nuova azione = 15 euro
- PA = prezzo di mercato delle azioni = 17,5 euro

Il prezzo di mercato del diritto è maggiore della parità teorica :

DO > DOT ossia 2,8 euro > 2,5 euro

Il socio vende il diritto e acquista l'azione sul mercato.
La scelta riduce il costo di acquisizione del titolo (14,7 euro) sotto il costo di sottoscrizione (15 euro).
Costo acquisizione nuova azione:

- in caso di esercizio del diritto: 15 euro.
- in caso di cessione del diritto e acquisto dell'azione: (17,5 - 2,8) = 14,7 euro.

Il "non socio" acquista l'azione e non il diritto.
La scelta riduce il costo di acquisizione del titolo (17,5 euro) a una somma inferiore al totale del prezzo del diritto (2,8 euro) e del costo di sottoscrizione (15 euro).
Costo acquisizione nuova azione:

- in caso di acquisto del diritto e sottoscrizione: (2,8 + 15) = 17,8 euro.
- in caso di acquisto dell'azione nel mercato: 17,5 euro.

Per determinare la parità teorica o valore d'equilibrio del diritto è necessario considerare che le "vecchie" e le "nuove" azioni attribuiscono diritti identici (sono "la stessa cosa") e, quindi , devono avere un unico prezzo ex.

- Se così non fosse si potrebbe realizzare un profitto con un semplice arbitraggio: si vende quella con la quotazione maggiore e si acquista quella con il corso di borsa inferiore.

Immutate le altre condizioni, si può stimare il prezzo ex ponderando il prezzo delle "vecchie" azioni con il costo di sottoscrizione delle "nuove".

PTAex = [(NVA * PA cum) + (NAN * CS)] / (NAV + NAN)

Con:

- PTAex = prezzo teorico dell'azione dopo l'aumento di capitale (l'azione è priva del diritto d'opzione)
- NVA = numero di azioni "vecchie" (esistenti prima dell'aumento di capitale)
- PAcum = prezzo di mercato dell'azione prima dell'aumento di capitale (l'azione ha il diritto d'opzione)
- NAN = numero di azioni "nuove" (emesse)
- CS = costo di sottoscrizione delle azioni emesse.

Il valore d'equilibrio o parità teorica del diritto può essere ottenuto in due diversi modi:

- Come differenza tra PA cum e PTA ex:

  DOT = PA cum - PTA ex

- Come differenza tra PTA ex e CS, per il valore del rapporto (NAN / NAV):

  DOT = (PTA ex - CS) x (NAN/NAV)

Con i dati dell'esempio si ha:

PTA ex = [(100 x 20) + (100 x 15)] / (100 + 100) = 17,5 euro

DOT = (20 - 17,5) = 2,5 euro

DOT = (17,5 - 15) x (1/1) = 2,5 euro

Esempio 4 - Aumento di capitale a pagamento

La società Alfa annuncia un'operazione in cui agli azionisti esistenti, che possiedono in totale 62 milioni di titoli, che sul mercato fino a ieri quotavano 3 €, viene data la possibilità di sottoscrivere 7 azioni ogni 30 possedute, al prezzo unitario di sottoscrizione di 2,50 €.
Il mercato reagisce negativamente all'annuncio, e il titolo perde il 5% del valore di colpo.
Ricapitolando:

- Numero di azioni esistenti = n = 62.000.000
- Prezzo di mercato delle azioni = p = 3 €
- Rapporto di sottoscrizione = α = 7/30 = 0,233
- Prezzo di sottoscrizione = ṗs = 2,5 €/azione

Sapendo che il mercato reagisce negativamente all'annuncio con una perdita del 5% del valore, il prezzo del titolo dopo l'annuncio sarà:

p1 = 0,95*p = 0,95*3 = 2,85 €/azione

Calcoliamo:

- La raccolta di capitale prevista nell'operazione.

  Per calcolare la raccolta di capitale K prevista bisogna calcolare quante saranno le azioni di nuova emissione e moltiplicarle per il prezzo di sottoscrizione. Pertanto:

  K = α * n * ps =
  0,233 * 62.000.000 * 2,50 =
  36.115.000 di euro

- Il prezzo ex teorico delle azioni e il valore teorico del diritto di sottoscrizione.

  Determiniamo ora il prezzo ex teorico delle azioni e il valore teorico del diritto di sottoscrizione.

Supponiamo che un azionista prima dell'operazione possedesse 30 azioni per un valore di:

30 azioni * 2,85 €/azione = 85,50 euro

Per ogni 30 azioni possedute ne può sottoscrivere 7 nuove al prezzo ṗs = 2,50 €/azione. Se decide di aderire allora spenderà:

7 azioni * 2,50 €/azione = 17,50 euro

Il valore delle azioni, una volta completata l'operazione dovrà essere pari alla somma dell'ammontare investito (17,50 €) e della ricchezza prima detenuta (85,50 €). Quindi:

85,50 + 17,50 = 103 euro

Risulterà dunque che il valore del prezzo 'teorico' del titolo è:

103 / (30 + 7) = 103 / 37 = 2,7838 euro per azione

Di conseguenza, il valore teorico del diritto sarà pari a:

2,85 – 2,7838 = 0,0662 euro

- Cosa potrebbe fare un piccolo azionista, che detiene oggi 10.000 azioni, per arrivare, dopo l'operazione, a detenere non più di 12.000 azioni, e calcolare l'investimento necessario.

L'azionista detiene 10.000 azioni e questo, evidentemente, gli dà il possesso di 10.000 diritti. Sappiamo che però non vorrà sottoscrivere tutto l'aumento di capitale di suo diritto, ma solo la quota-parte che gli consente di avere 2.000 azioni in più.
Calcoliamo, anzitutto, quanti diritti (in totale D) si devono utilizzare per sottoscrivere 2.000 azioni.

Per fare questo basterà dividere il numero di azioni (2.000) per il rapporto di sottoscrizione α. Ci servono dunque:

$$\mathbf{D = numero\ azioni\ /\ \alpha = 2.000\ /\ 0{,}233 = 8.571\ diritti}$$

L'esborso totale *K* da sostenere sarà:

$$\mathbf{K = p * D * \alpha =}$$
$$\mathbf{2{,}5 * 8.571 * 0{,}233 = 4.992{,}60\ euro}$$

Questo in parte potrà essere finanziato con la vendita dei diritti in eccesso, che non servono per sottoscrivere le nuove azioni. Infatti, l'azionista avrà:

$$\mathbf{(10.000 - 8.571) * 0{,}0662 =}$$
$$\mathbf{1.429 * 0{,}0662 = 94{,}60\ euro}$$

L'azionista dovrà, quindi, investire:

$$\mathbf{4.992{,}60 - 94{,}60 = 4.898\ euro}$$

Esempio 5 - Aumento di capitale a pagamento

La società Beta intende finanziare i suoi progetti futuri di investimento con un aumento di capitale a pagamento.
La società ha un capitale composto da 44 milioni di azioni, che sul mercato valgono 5 euro. Agli azionisti esistenti verrà offerta l'opportunità di sottoscrivere 3 nuove azioni ogni 11 possedute, a un prezzo di 4 euro.
Ricapitolando:

- Numero di azioni esistenti = n = 44.000.000
- Prezzo di mercato delle azioni = p = 5 €/azione
- Rapporto di sottoscrizione = α = 3/11 = 0,273
- Prezzo di sottoscrizione = ps = 4 €/azione

Sapendo che sul mercato il tasso di interesse garantito dagli investimenti privi di rischio è pari al 2% annuale e che la volatilità annuale del rendimento delle azioni è pari al 18%, calcoliamo:

- La raccolta di capitale prevista nell'operazione.

  Per calcolare la raccolta di capitale attesa si moltiplicano il numero di azioni di nuova emissione per il loro prezzo di sottoscrizione:

  **K = α * n * ps = (3/11) * 44.000.000 * 4 =
  48.000.000 di euro**

- Il prezzo ex teorico dei titoli.

  Il prezzo ex teorico è dato da:

  **(44.000.000 * 5) + 48.000.000 / ((3/11) *44.000.000) +
  44.000.000 =
  4,786 €/azione**

- Il valore teorico del diritto di sottoscrizione.

  Il valore teorico dei diritti si trova sottraendo al prezzo cum il prezzo ex:

5 – 4,786 = 0,214 €/azione

- Quanto dovrebbe investire nell'operazione, al netto di eventuali introiti, un azionista che oggi detiene il 10% dei titoli e che sottoscriverà solo la metà dei diritti di sua spettanza.

Un azionista che possiede il 10% del capitale, oggi possiede 4,4 milioni di azioni, quindi gli spetteranno altrettanti diritti. Sappiamo che, però, eserciterà solamente la metà dei diritti di sua proprietà, quindi 2,2 milioni di diritti.
Essendo il rapporto di sottoscrizione pari a 3/11, potrà sottoscrivere:

2,2 milioni di diritti * (3/11) = 600.000 azioni

Spendendo 4 €/azione, l'investiento complessivo risulterà:

600.000 * 4 = 2.400.000 euro

Parte di tale spesa può, però, essere finanziata con la vendita dei diritti. In questo caso, potrà vendere 2,2 milioni di diritti al prezzo di 0,214 euro ciascuno, incassando complessivamente:

2.200.000 * 0,214 = 470.800 euro

Dalla differenza tra la spesa e l'incasso previsto si ottiene che dovrà investire di tasca sua:

2.400.000 – 470.800 = 1.729.200 euro

Esempio 6 - Aumento in forma mista

Si consideri il caso di una società che procede a un aumento di capitale offrendo:

- 1 nuova azione a pagamento ogni azione vecchia posseduta al costo di sottoscrizione di 2 euro
- 1 nuova azione gratis ogni azione vecchia posseduta.
- Il valore nominale dell'azione è pari a 2 euro.

Si noti fin da subito che il diritto gratuito non è negoziabile.

Si ipotizzi che il prezzo di mercato dell'azione prima dell'aumento (quotazione cum) sia pari a 10 euro; per calcolare il valore teorico dell'azione successivo all'aumento di capitale (quotazione ex) si utilizza la formula:

$$\mathbf{PTAex = [(NAV * PAcum) + (NANpag * CS) + (NANgr * 0)] / (NAV + NANpag + NANgr)}$$

Sostituendo i valori si ottiene:

$$\mathbf{PTAex = [(1 \times 10) + (1 \times 2) + (1 \times 0)] / (1 + 1 + 1) = 4\ euro}$$

Una volta trovato il prezzo teorico dell'azione ex, si calcolano i due diritti di opzione, quello relativo all'aumento a pagamento e quello relativo all'aumento gratuito, poiché il socio ha la facoltà di partecipare a entrambe le operazioni dell'aumento di capitale.
Per determinare il valore dei diritti si considerino le formule:

$$\mathbf{DOTpag = (PTAex - CS) \times (NANpag / NAV) = = (4 - 2) / (1/1) = 2}$$

$$\mathbf{DOTgr = (PTAex) \times (NANgr / NAV) = 4 / (1/1) = 4}$$

$$\mathbf{DOTtot = DOTpag + DOTgr = 4 + 2 = 10 - 4 = 6}$$

Nel caso in cui il socio aderisca unicamente all'aumento gratuito egli cederà il diritto di opzione a pagamento.
Come detto in precedenza, il diritto di opzione gratuito non è negoziabile, quindi il socio ritirerà le azioni gratuite per poi, se vuole, cederle sul mercato. Si ipotizzi ora che, successivamente all'operazione, il diritto a pagamento ha un prezzo di mercato di 1,6 corrispondente a un prezzo teorico di 3,6 euro contro un prezzo di mercato di 3,7 euro.
Per ottenere il valore teorico dell'azione corrispondente alla quotazione del diritto, si utilizza l'equazione che esprime la parità teorica, utilizzando come incognita del problema PTAex:

$$1{,}6 = (\mathrm{PTAex} - 2) \times (1 / 1)$$

Quindi, risolvendo rispetto a PTAex si ottiene:

$$\mathrm{PTAex} = 2 + 1{,}6 = 3{,}6$$

Nelle condizioni sopra descritte, il prezzo di mercato dell'azione è maggiore del prezzo teorico e il diritto di opzione a pagamento è sottoquotato. Pertanto, se si vuole partecipare all'aumento di capitale è più conveniente esercitare o comprare il diritto che acquistare l'azione nel mercato. La partecipazione all'aumento di capitale a pagamento ha un costo quantificabile in:

- Numero diritti x prezzo di mercato del diritto = 1 x 1,6 = 1,6 euro.
- Numero azioni x costo di sottoscrizione = 1 x 2 = 2 euro.
- Costo totale = 3,6 euro.

Il prezzo di mercato dell'azione è invece 3,7 euro.
Si perviene alla medesima conclusione stimando la parità teorica; si ottiene infatti:

$$\mathrm{DOTpag} = (\mathrm{PTAex} - \mathrm{CS}) \times (\mathrm{NANpag} / \mathrm{NAV}) =$$
$$(3{,}7 - 2) \times (1/1) = 1{,}7 \text{ euro}$$

La parità teorica è superiore al prezzo di mercato, quindi il diritto è sotto quotato e conviene sottoscrivere l'aumento.

Esempio 7 - Aumento in forma mista

Si consideri il caso di una società che procede a un aumento di capitale offrendo:

- 1 azione nuova ogni 2 vecchie possedute a 8 euro
- 1 azione nuova ogni azione vecchia posseduta gratis.
- Il diritto gratuito non è negoziabile.
- Il valore nominale dell'azione è 5 euro.

Per disporre, dopo l'aumento, di un numero intero di azioni, è necessario possedere almeno due azioni "vecchie".
Se si considera il prezzo cum di 20 euro, si ha:

PTAex = [(2 x 20) + (1 x 8) + (2 x 0)] / (2 + 1 + 2) = 9,6 euro

Stimato il prezzo teorico dell'azione ex, si devono calcolare due diritti, quello relativo all'aumento a pagamento e quello gratuito.
In effetti, il socio ha la facoltà di partecipare sia all'una che all'altra parte dell'operazione sul capitale; se decide aderire solo all'aumento gratuito cede il diritto a pagamento.
Si noti che il diritto gratuito non è negoziabile; il socio ritira le azioni gratuite e, se vuole, le cede sul mercato.

DOT(pag.) = (9,6 - 8)(1 / 2) = 0,8

DOT(gr.) = (9,6)(1 / 1) = 9,6

DOT(tot) = 0,8 + 9,6 = 20 - 9,6 = 10,4 euro

Il giorno x, il diritto a pagamento quota 0,7 corrispondente a un prezzo teorico ex di 9,4 euro contro un prezzo di mercato di 9,5 euro.
Cosa significa tutto ciò?
Come otteniamo il valore teorico dell'azione corrispondente alla quotazione del diritto?

L'equazione di partenza è quella che esprime la parità teorica con l'incognita di PTAex:

0,7 = (PAex - 8) x (1 / 2)

Si risolve rispetto a PTAex:

PAex = [8 + 2 x (0,7)] = 9,4

Il prezzo di mercato dell'azione è maggiore del prezzo teorico ex e il diritto a pagamento è sottoquotato.
Quindi, se si vuole partecipare all'aumento di capitale, conviene esercitare o comprate il diritto piuttosto che acquistare l'azione sul mercato.
Costo della partecipazione all'aumento di capitale a pagamento:

(numero diritti x prezzo di mercato del diritto) =
= (2 x 0,7) = 1,4 euro

(numero azioni x costo di sottoscrizione) =
= (1 x 8) = 8

costo totale = (1,4 + 8) = 9,4 euro

La quotazione di mercato dell'azione è 9,5 euro.
La conclusione è ancor più immediata se si stima la parità teorica.
D0T(pag.) = (9,5 - 8)(1 / 2) = 0,75

La parità teorica (0,75 euro) è superiore al prezzo di mercato (0,7 euro), il diritto è sottoquotato e conviene sottoscrivere.

Esempio 8 - Aumento con emissione di obbligazioni

Esaminiamo adesso l'esempio di un aumento di capitale a pagamento in forma mista, con contestuale emissione di azioni e obbligazioni convertibili.
Si consideri la seguente situazione; una società decide di effettuare un aumento di capitale offrendo ai soci:

- 2 azioni ordinarie ogni 10 azioni possedute al costo di sottoscrizione di 9 euro.
- 4 obbligazioni convertibili (rendimento 5%) ogni 10 azioni, con emissione alla pari (valore nominale dell'obbligazione) e rapporto di un'azione ogni obbligazione.

Poniamo arbitrariamente che la quotazione di mercato dell'azione prima dell'aumento di capitale sia pari a 13 euro e il valore nominale dell'obbligazione (costo di sottoscrizione) sia 11 euro.
Si inizia calcolando il prezzo teorico ex dell'azione successivo all'aumento, con l'ipotesi di conversione totale dei titoli emessi:

PTAex = [(13 * 10) + (2 * 9) + (4 * 11)] / (10 + 2 + 4) = 12 euro

Il passo successivo, trovato il valore di PTAex, è quello di stimare i diritti relativi alla parte azionaria e a quella obbligazionaria.

DOTaz = (12 - 9) * (2/10) = 0,6 euro

DOTobb = (12 - 11) * (4/10) = 0,4 euro

Per il calcolo del diritto totale si attribuisce all'obbligazione il valore dell'azione ex (12 euro):

DOTtot = (13 - 12) = 1 euro

Infine si determina il valore di parità teorica dell'obbligazione convertibile:

PTOex = (PTAex / CSobb) * 100 =

(12 / 11) * 100 = 109,09

PTOex è un valore di equilibrio perché rende indifferente convertire l'obbligazione e ottenere l'azione o non convertire l'obbligazione e acquistare l'azione direttamente sul mercato.
Vediamo la via indiretta per ottenere l'azione: esercizio del diritto di conversione e consegna dell'obbligazione.
Valore ceduto in cambio dell'azione:

[NO x (VO / 100)] x (VNO)

con:

- NO: numero obbligazioni.
- VO: valore obbligazioni.
- VNO: valore nominale obbligazioni.

Sostituendo:

(1 x 109,09/100) x (11) = 12 euro

Valore ricevuto in cambio della convertibile:

(Numero azioni x PTAex) = 1 x 12 = 12 euro

Esempio 9 - Aumento con emissione di obbligazioni

Si abbiano i seguenti dati relativi all'aumento di capitale con offerta di:

- 8 azioni ordinarie ogni 20 azioni ord/risp a 13,50 euro.
- 5 obbligazioni 3% ogni 20 azioni ord/risp alla pari (al valore nominale della convertibile).
- Le obbligazioni sono convertibili nel rapporto di 1 azione ogni obbligazione.

Nel calcolo del diritto dell'obbligazione si è attribuito all'obbligazione il valore dell'azione.
Il nominale dell'obbligazione è di 17,2 euro.
Come primo passo si procede al calcolo del prezzo teorico ex dell'azione, nell'ipotesi conversione totale:

$$\mathbf{PTA\ ex = (20 * 20) + (8 * 13{,}5) + (5 * 17{,}2) / (20 + 8 + 5) = 18\ euro}$$

Ottenuto il valore di PTAex, si stimano i diritti relativi alla parte azionaria e a quella obbligazionaria:

$$\mathbf{DOTaz. = (18 - 13{,}5) * (8 / 20) = 1{,}80}$$

$$\mathbf{DOTobbl. = (18 - 17{,}2) * (5 / 20) = 0{,}20}$$

Per il calcolo del diritto, all'obbligazione è stato attribuito il valore dell'azione (18 euro):

$$\mathbf{DOT = (20 - 18) = 2\ euro}$$

Infine si procede a determinare il valore teorico o di parità della convertibile:

$$\mathbf{PTobbl. = (PTA\ ex / CSobbl.) * 100 = (18 / 17{,}2) * 100 = 104{,}65}$$

PTobbl. è un prezzo d'equilibrio perché rende indifferente convertire e ottenere l'azione o non convertire e acquistare sul mercato l'azione.

Via indiretta per ottenere l'azione: esercizio del diritto di conversione e consegna dell'obbligazione.
Valore ceduto in cambio dell'azione:

[numero obbligazioni * (valore obbligazione / 100)] =
(1 * 104,65) * (17,2 / 100) = 18 euro

Valore ricevuto in cambio della convertibile:

(numero azioni x prezzo teorico ex dell'azione) =
(1 * 18) = 18 euro

Esempio 10 - Aumento con emissione di obbl. e warrant

Vediamo ora un esempio di aumento di capitale a pagamento in forma mista, con contestuale emissione di azioni, obbligazioni convertibili e warrant.

Si consideri la seguente situazione iniziale in cui una società approva un aumento di capitale da effettuarsi con l'offerta di:

- 1 azione con warrant ogni 5 azioni possedute al costo di sottoscrizione di 4 euro. I 5 warrant permettono, entro il termine di 2 anni, di sottoscrivere 1 azione al prezzo di esercizio (costo di sottoscrizione) di 2 euro.
- 2 obbligazioni convertibili (tasso di rendimento nominale 2%) ogni 5 azioni possedute emesse alla pari (il costo di sottoscrizione è uguale al valore nominale delle obbligazioni, ovvero 6 euro). Ogni obbligazione convertibile può essere convertita entro 4 anni in 1 azione al valore nominale (6 euro).

Per calcolare i diritti di opzione teorici si ipotizza che l'esercizio del warrant avvenga a fine periodo.

Alla convertibile è stato attribuito il valore dell'azione corrispondente.

Si ipotizza, infine, che il valore di mercato dell'azione prima delle operazioni sul capitale sia 9 euro.

Il calcolo del valore teorico dell'azione successivo all'aumento di capitale considera il caso di conversione ed esercizio totali.

Sappiamo che servono 5 warrant per sottoscrivere 1 azione, pertanto, affinché mi vengano attribuite 5 azioni nuove, devo possedere 25 azioni vecchie.

Quindi, per fare un aumento completo si devono possedere 25 azioni vecchie, con le quali si ottengono 5 azioni nuove, 5 warrant (con i quali si ottiene 1 azione) e 10 obbligazioni convertibili.

Considerando quindi il possesso di 25 azioni si ottiene il seguente prezzo teorico di equilibrio:

PTAex =
[25 * 9) + (5 * 4) + (10 * 6) + (1 * 2)] / (25 + 5 + 10 + 1) ≈ 7,49 euro

Trovato PTAex, si stima il valore di equilibrio del diritto di opzione dell'obbligazione convertibile:

DOTobb = (7,49 - 6) x (10/25) ≈ 0,6 euro

Per il calcolo della parità teorica del diritto di opzione della parte azionaria DOTaz si deve considerare anche il valore del warrant, poiché la sottoscrizione delle azioni può avvenire anche con l'esercizio del warrant.
Ipotizziamo per semplicità che il valore del warrant (di solito calcolato applicando il modello di Black e Scholes), sia pari al prezzo di esercizio, ossia 2 euro.
Pertanto:

DOTaz =
[(7,49 - 4)(5) + (7,49 - 2)(1)] / 25 ≈
0,89 euro

Sommando i due diritti si ottiene il valore del diritto di opzione totale:

DOTtot =
(9 – 7,49) ≈ (0,6 + 0,89) =
1,49 euro

Il prezzo teorico della convertibile si ottiene dal rapporto tra PTAex e il valore nominale dell'obbligazione moltiplicato per 100:

PTOex =
(PTAex / CSobb) x 100 =
(7,49 / 6) x 100 = 101,25

Esempio 11 - Aumento con emissione di obbl. e warrant

Vediamo ora un esempio di aumento di capitale a pagamento in forma mista, con contestuale emissione di azioni, obbligazioni convertibili e warrant.
Si consideri la seguente situazione iniziale in cui una società approva un aumento di capitale da effettuarsi con l'offerta di:

- 1 azioni ordinaria con warrant ogni 10 azioni ord./risp. a 3,6 euro. I 10 warrants possono essere utilizzati entro 3 anni, per sottoscrivere 1 azione ordinaria a 4 euro.
- 3 obbligazioni 2% ogni 10 azioni alla pari (il valore nominale delle obbligazioni è di 5,5 euro). Le obbligazioni possono essere convertite entro 5 anni in una azione ordinaria alla pari.

Nel calcolo dei diritti teorici si è ipotizzato di esercitare il warrant a fine periodo e di stimare il valore con il modello di Black e Scholes. Alla convertibile è stato attribuito il valore dell'azione corrispondente.
Si procede al calcolo del valore teorico dell'azione ex nell'ipotesi di conversione ed esercizio totali.
Per fare un aumento completo si devono possedere 100 azioni "vecchie" e si ottengono 30 azioni "nuove", 30 warrant e 30 convertibili.
Disponendo di 30 warrants e di 30 convertibili si ottengono rispettivamente 3 e 30 azioni "nuove".
In totale le azioni "nuove" sono 63 e si aggiungono alle 100 "vecchie".

PTA ex = [(100 * 7,6) + (30 * 3,6) + (30 * 5,5) + (3 * 2)] / (100 + 30 + 30 +3) = 6,37 euro

Si stima la parità teorica della convertibile:

DOTobbl. = (6,37 - 5,5) * (30 / 100) = 0,26

Il calcolo del DOTaz. richiede la conoscenza del valore del warrant, perché la sottoscrizione delle ordinarie può avvenire anche con l'esercizio del warrant.
Applicato il modello di Black e Scholes, si è ottenuto per il warrant, il valore di 2 euro.

DOT az. =
[(6,37 - 3,6) * (30) + (6,37 - 2) * (3)] / 100 =
0,96

La somma dei diritti corrisponde al diritto totale.

DOT = (7,6 - 6,37) = (0,96 + 0,26) = 1,22 euro

Il prezzo teorico della convertibile è dato dal rapporto tra il prezzo ex dell'azione diviso il nominale dell'obbligazione per 100. Si ricorda che la convertibile quota, come i bond, in percentuale.

PTobbl.cv. = (6,37 / 5,5) * 100 = 115,82

E' lecito chiedersi perché l'emittente offra convertibili.
Il collocamento dell'obbligazione consente di acquisire risorse a un tasso inferiore a quello che si paga sui bond "semplici" con la possibilità di trasformare il debito, in tutto o in parte in azioni.
Il risparmiatore a sua volta, ha un tempo maggiore per decidere: acquisire le azioni convertendo, vendere il titolo o mantenerlo come pura obbligazione.
Considerazioni simili si possono fare per il warrant: lo si può esercitare o cedere sul mercato.
La regola è sempre la stessa:

- se il valore teorico è maggiore di quello di mercato conviene offrire lo strumento (convertibile o warrant)
- mentre conviene esercitare nell'ipotesi contraria.

Made in United States
Orlando, FL
03 November 2026

90134678R00184